# 全球 100 个
# 亲子旅行地

探索之旅编委会 编著

北京出版集团公司
北京出版社

图书在版编目（CIP）数据

全球100个亲子旅行地 / 探索之旅编委会编著.——北京：北京出版社，2018.1
ISBN 978-7-200-13348-6

Ⅰ.①全… Ⅱ.①探… Ⅲ.①旅游指南—世界 Ⅳ.①K919

中国版本图书馆CIP数据核字(2017)第252432号

---

全球100个亲子旅行地
QUANQIU 100 GE QINZI LÜXINGDI

探索之旅编委会 编著

\*

北京出版集团公司
北京出版社 出版
（北京北三环中路6号）
邮政编码：100120

网　　址：www.bph.com.cn
北京出版集团公司总发行
新 华 书 店 经 销
北京华联印刷有限公司印刷

\*

787毫米×1092毫米 16开本 16印张 300千字
2018年1月第1版 2018年1月第1次印刷
ISBN 978-7-200-13348-6
定价：49.80元
如有印装质量问题，由本社负责调换
质量监督电话：010-58572393

# PREFACE 前言

　　在假日，家长和孩子一起去异国他乡，在风景名胜赞叹大自然的瑰丽和鬼斧神工的奇妙、在历史古迹前感叹古人的伟大杰作和文化的博大精深、在游乐园尽情嬉戏玩耍，这一种两代人共同经营的亲子旅游，是最近被大众追捧的旅游方式。平日里，家长大多被繁忙的工作所累，很难与孩子交流沟通，亲情就这样一点点流失了。一年365天的日子，家长抽出宝贵的几天，带孩子去异国他乡旅游。在旅游过程中，孩子可以聆听家长关心备至的絮絮叨叨，家长可以了解孩子的内心想法。密切的情感交流，填补两代人的代沟，淡化的亲情就这样又变得浓郁醇香。

　　世界如此大，风景各异。孩子处在人生萌芽期，心灵是稚嫩的，也是富于想象力、充满好奇心的。亲子游不仅可以丰富孩子的知识面，还可以锻炼孩子的体力、增长孩子的见识。在探索未知、跋山涉水、玩乐嬉闹的过程中，家长可以以风景名胜或者历史古迹为例，直接或潜移默化、润物细无声地教育孩子做人与做事的道理，更有利于孩子的茁壮成长。亲子游的种种优点，成为家庭教育的最好选择。本书就以亲子游为主题，以优美的文字和图片为载体，呈现世界各国亲子游的最佳旅游胜地，以飨广大读者。

# 目录 CONTENTS

## 第一章 童话仙境，找回心灵的纯真

001 **张家界国家森林公园** / 012
《阿凡达》的科幻世界

002 **圣瓦西里升天大教堂** / 015
多彩洋葱头的童话风情

003 **新天鹅堡** / 018
睡美人公主的美丽童话

004 **罗滕堡古城** / 020
童话小镇

005 **科尔马小镇** / 023
《美女与野兽》之体验

006 **圣米歇尔山** / 026
《长发公主》的原型王国

007 **童话小镇欧登塞** / 028
邂逅童话大师安徒生

008 **伊卢利萨特** / 030
冰雪王国的童话世界

009 **棉花堡** / 033
童话中的皇帝瘾

010 **泰姬陵** / 036
迪士尼《阿拉丁》的童话城堡

第二章

## 阳光海滩，享受海风椰林的浪漫

011 夏威夷考爱岛海滩 / 040
儿童探知馆

012 撒丁海滩 / 043
世外桃源的美丽淡泊

013 兔子海滩 / 046
拥有阳光心情

014 科特思洛海滩 / 048
孩子的海洋圣地

015 邦迪海滩 / 050
甜蜜的亲情

016 德班海滩 / 053
海洋知识博物馆

017 卡隆海滩 / 056
探索普吉岛知识

018 艾图塔基海滩 / 059
安全天堂

019 粉色沙滩 / 061
无比辉煌的音乐时代

020 沙努尔海滩 / 064
热辣辣的风情

021 长滩岛 / 066
贝壳项链与沙雕的礼物

第三章

## 海岛丛林，扑入热辣辣的海洋文化风情中

022 三亚 / 070
热带雨林的浪漫

023 青岛 / 072
夏日避暑首选

024 夏威夷群岛 / 074
热带风情

025 塞班岛 / 076
太平洋的壮丽海景

026 悉尼 / 078
羊背上的海滨城市

027 斯米兰群岛 / 080
观鱼世界的美妙

028 **济州岛** / 082
石爷爷的微笑

030 **毛里求斯** / 086
上帝的伊甸园

029 **神仙珊瑚岛** / 084
和宝宝去丛林探险

## 第四章 梦幻邮轮，做勇敢睿智的航海家

031 **迪士尼梦想号** / 090
迪士尼的动画梦想

035 **钻石公主号** / 098
北国风光

032 **嘉年华梦想号** / 092
巨大的水上乐园

036 **新阿姆斯特丹号** / 100
欧洲文化体验

033 **海洋魅力号** / 094
梦工厂的动画情节

037 **玛丽皇后二号** / 102
璀璨的银河星空

034 **挪威爱彼号** / 096
海绵宝宝的微笑

038 **风神号** / 104
户外运动

## 第五章 主题乐园，挥洒欢乐的笑声

039 **长隆欢乐世界** / 108
童真世界

042 **香港海洋公园** / 114
海洋教育

040 **上海科技馆** / 110
梦幻科技

043 **垦丁海洋博物馆** / 117
海底世界百科全书

041 **诺亚方舟主题公园** / 112
科普世界

044 **Hello Kitty 乐园** / 119
女孩子的最爱

045 **迪士尼乐园** / 121
卡通人物的世界

046 **乐高乐园** / 123
孩子成长的体验

047 **奥兰多迪士尼乐园** / 125
玩乐天堂

048 **环球影城** / 127
梦幻仙境

049 **皮拉图斯山吊索公园** / 130
孩子素质拓展基地

050 **太阳城** / 132
热带的非洲风情

051 **欧洲主题公园** / 134
微缩欧洲 1 日游

## 第六章 奇幻魔都，玩转风情各异的都市文明

052 **洛杉矶** / 138
美国梦

053 **伦敦** / 140
趣味无穷

054 **罗马** / 142
神奇世界

055 **圣彼得堡** / 144
西方的窗口

056 **瓦哈卡** / 146
五彩斑斓

057 **温哥华** / 148
悠闲世界

058 **哥本哈根** / 150
古老与现代

059 **伊斯坦布尔** / 153
天方夜谭

060 **里斯本** / 156
大航海时代辉煌重现

061 **新加坡** / 158
花园城邦

062 **马斯喀特** / 160
年轻人的探险胜地

## 第七章 沧桑古迹，追忆历史风韵

- 063 **西安秦始皇兵马俑** / 164
  历史的澎湃

- 064 **八达岭长城** / 166
  历史的沧桑

- 065 **自由女神** / 169
  自由的召唤

- 066 **巴黎铁塔** / 171
  文化的浪漫

- 067 **宙斯神像** / 174
  天神的传说

- 068 **罗德斯岛巨像** / 176
  神的战斗

- 069 **金字塔** / 178
  法老的微笑

- 070 **阿提密斯神殿** / 180
  中古文明的宏伟

- 071 **摩索拉斯陵墓** / 182
  探寻中世纪文化

- 072 **吴哥窟** / 184
  佛教文化的伟大

- 073 **亚历山大港灯塔** / 186
  地中海文明之奇迹

## 第八章 秀美山光，扑入大自然的怀抱

- 074 **九寨沟** / 190
  童话世界的美丽

- 075 **黄山** / 192
  手牵手的悠闲时光

- 076 **富士山** / 194
  日本民族的象征

- 077 **约塞米蒂国家公园** / 196
  火焰瀑布的绝美

- 078 **落基山国家公园** / 198
  震撼心灵的山谷美

- 079 **萤火虫洞** / 200
  梦幻迷离的星空

- 080 **丹顿农山脉国家公园** / 203
  悠然的静谧深处

- 081 **阿尔卑斯山** / 205
  音乐之声的迷离

## 第九章 湖光艳影，大地碧绿的瞳孔

- 082 **丹江口水库** /210
  神州的天涯明珠

- 083 **青海湖** /212
  高山下的花环

- 084 **五大湖** /214
  世界最大淡水湖

- 085 **尼斯湖** /216
  水怪的神话

- 086 **粉红湖泊** /218
  世界十大奇景

- 087 **瓦卡蒂普湖** /220
  魔幻电影《指环王》的童话

- 088 **维也纳地下童话王国** /222
  天鹅湖上的芭蕾舞

- 089 **日内瓦湖** /224
  浮云间的蓝色沉淀

- 090 **死海** /226
  地球的肚脐眼

- 091 **的的喀喀湖** /228
  位于世界之巅的湖泊

## 第十章 动物世界，欣赏生命的多姿与美妙

- 092 **广州长隆野生动物世界** /232
  孩子的动物世界

- 093 **冲绳水族馆** /234
  海底生物奇妙世界

- 094 **黄石国家公园** /237
  奇妙无比的国家动物公园

- 095 **多伦多动物园** /239
  动物知识课堂

- 096 **悉尼野生动物园** /242
  考拉袋鼠的微笑

- 097 **马赛马拉国家公园** /244
  热带动物之风情

- 098 **加拉帕戈斯群岛** /247
  野生动植物的天堂

- 099 **克鲁格国家公园** /250
  野生动物的天堂

- 100 **迪拜水族馆** /253
  最大的海底生物剧场

# 第一章
# 童话仙境，找回心灵的纯真

每个大人曾经都是孩子，每个孩子都要变成大人。无论大人还是孩子，童年时候都珍藏着一份纯久弥香的童话梦：希望整个世界就如童话一般美好，希望自己的梦想都能如愿成真。在这个世界上，就有如童话仙境一样美丽的胜地，那里有风景如画的城堡、小屋、湖泊和田园村庄。在假期时，家长带着孩子去旅游吧！在美如童话的仙境、在诗意的风景中度过美好时光！与童话故事中的公主与王子生活，让童话梦由梦想变为真实！

# 001

# 张家界国家森林公园

## 《阿凡达》的科幻世界

关　　键　　词：阿凡达　奇峰峻岭　云雾缭绕
国　　　别：中国
地　　　区：中国湖南省张家界
最佳旅游时间：春秋两季

▼ 张家界玻璃栈道令胆小者望而生畏

当美国科幻大片《阿凡达》在全球上映热播的时候，外星球潘多拉星球蔚蓝的天空、绿发似的茂密森林、巍峨壮丽的大山、清澈见底的小溪，使人拍案叫绝。尤其是片中的"哈利路亚山"美妙绝伦的风景，如同童话故事里的仙境，令无数人为之倾倒。在现实生活中，也真的有像潘多拉星球一样的童话仙境，那就是中国湖南省的张家界国家森林公园。张家界国家森林公园一直以谷显幽、峰称奇、林见秀闻名于世。家长在假日的时候，带孩子去张家界国家森林公园旅游，在阿凡达的科幻世界中，给予孩子童话仙境一样的梦幻体验。

张家界作为世界著名的旅游城市，建立了完善的交通系统，飞机、大巴都可以抵达该市，然后在市里乘坐旅游大巴到达国家森林公园。走进这儿，游客会发觉这里的空气特别清新，毫无杂质，甚至可以呼吸到花草树叶散发的清香气息。没错，张家界国家森林公园是世界著名的天然氧吧，因空气质量好而闻名遐迩。沿着山路的石阶上行，就会发现这儿的山峰托出了一个奇山峻岭的世界。这些山峰破土而出、高耸入云，重重叠叠地挨在一起，多彩多姿。有的山峰如两根尖尖的春笋，有的山峰如捧着鲜花的少女，有的山峰如背着小背篓的瑶族妇女，有的山峰如宝剑锋利独峙……它们用拥抱、微笑、絮絮低语、站立等姿态排列在游人的面前，美不胜收，令人陶醉不已。

登山过了黄石寨、金鞭溪，家长可以选择爬乱窜坡的小道或者乘坐白龙天梯的方式到达山顶的景区——袁家界。这是张家界国家森林公园里最美的地方，也是电影《阿凡达》的外景取材地。只要举目远望，就可以

▲ 玻璃吊桥惊险而刺激

欣赏到一幅凌空而出的田园山水画，如海市蜃楼一样悄然而临，梦幻又清新自然。孩子则会快乐地大叫："这里太美了，我真的到了《阿凡达》中潘多拉星球的世界了！"没错，潘多拉星球那个美妙绝伦的童话仙境就是取景于此。站在观景台上，游人如雄鹰鸟瞰大地，可以看到眼底是深不可测的空灵的幽谷，突立着千百根奇伟的石柱、石峰。石柱、石峰大约三千柱，神态多姿，雄险秀野。游客俯瞰脚底，可以看到脚下山峰的峰体造型奇特，海拔高度约1 074米，垂直高度为150米，如一株秀竹垂直屹立在大地上。山峰顶部植被郁郁葱葱，峰面岩石俊俏，如英武的将帅，又如刀斧般冷峻锋利。由于它的顶天立地的气势，被取名为乾坤柱，意为主宰天地乾坤。2008年12月，好莱坞著名摄影师就在这儿为电影《阿凡达》进行了4天的外景拍摄。这儿就成为影片《阿凡达》中潘多拉星球的取景地。其中，乾坤柱就是"哈利路亚山"（悬浮山）的原型。

这时，家长可以对孩子讲述"袁家界"的来源传说——唐朝后期黄巢起义失败之后，朝廷捉拿义军。黄巢手下一名姓袁的将士，为了躲避朝廷军队

## 亲子理由

① 能使孩子欣赏大自然的奇山峻岭

② 对孩子开展领略美景、快乐生活的人生教育

③ 登山运动可锻炼孩子的体魄

第一章　童话仙境，找回心灵的纯真 | 013

▲ 云雾缭绕下的张家界天门山风景优美

## 不可不游

**天门山**

张家界的天门山保存着完整的原始次生林。古树参天，藤蔓缠绕，青苔遍布，石笋、石芽举目皆是，处处是有如天成的"盆景"。最为重要的是，天门山有着云雾缭绕、变幻莫测的云海景象，给游人留下难以忘怀的美丽记忆，被世人誉为"世界最美的空中花园和天界仙境"。

的追捕，就来到了这里过隐居的生活。他垦荒种粮，结庐为舍，并以自己的姓氏为这处深山野岭命名，"袁家界"这个杳无人烟的地方，从此有了名字，并且流传至今。这时，家长可以告诉孩子，对自然美景的欣赏实际上都在于心灵的体验。在人生道路上会有许多不如意，我们只有勇敢面对这些不如意，学会寻找快乐，才能拥抱心中的美景。

家长还可以拉着孩子的手，走走袁家界另一个标志性的景点——天下第一桥。它是在两山之间天然形成的一座石桥，这也是迄今为止世界上落差最大的天然石桥。桥面苍松挺拔，桥栏藤蔓垂挂。走在石桥上，目光所及之处都是悬崖峭壁。深渊如同一潭碧水，微风吹过，晃动的树叶如同漱滟的水面，不可触及却又美得令人心醉。

总之，在张家界的奇峰峻岭，孩子可以欣赏大自然的美景，获得童话般的奇幻体验，张家界乃是亲子游的最佳目的地。

### 温馨提示

1. 张家界是无烟地区，家长一定注意控制烟瘾
2. 爬山时最好少带行囊，要穿防滑、软底的运动鞋
3. 爬山请携带清凉油、雨具、防晒霜

002

# 圣瓦西里升天大教堂
## 多彩洋葱头的童话风情

关　键　词：16世纪　沙俄　洋葱头
国　　　别：俄罗斯
地　　　区：俄罗斯莫斯科市中心红场南端
最佳旅游时间：全年皆宜

意大利童话作家所著的《洋葱头历险记》中可爱的、胖墩墩的、亲切的洋葱头卡通形象，是多么深入孩子的心灵。在这个世界上就存在洋葱头卡通形象般的建筑物，那就是俄罗斯的圣瓦西里升天大教堂。在假日，家长可以带着孩子去参观圣瓦西里升天大教堂，让孩子找到心中的洋葱头，给予孩子五彩斑斓的童话记忆。

圣瓦西里升天大教堂位于俄罗斯首都莫斯科市中心红场南端。从国内出发，火车和飞机都可以抵达首都莫斯科。圣瓦西里升天大教堂修建于

▼ 鲜艳的圣瓦西里升天大教堂在蓝天白云的映衬下，更加漂亮

第一章　童话仙境，找回心灵的纯真

▲ 造型各异的"洋葱头"是这个教堂的独特设计

16世纪，是纪念沙皇伊凡雷帝平定喀山汗国所修建的。教堂展现了16世纪俄罗斯民间流传的建筑艺术风格，由于其造型别致，被世人亲切地称作"多彩洋葱头"。

　　孩子只要站立在教堂门口，就会惊呼：动画片里的"洋葱头"在这儿出现了！"洋葱头"有9个，还是金色的！没错，这一座教堂有9个绚丽多彩的洋葱式圆顶，好似童话中的"洋葱头"。在9个"洋葱头"圆顶中，最高耸的是一座高达47米的中央塔楼。塔楼形状如硕大的"洋葱头"，圆顶金光灿灿，塔身是棱形柱体，上层刻有神龛，下层是一圈形状为长圆形的窗口。环绕在最高的中央塔楼四周的是4座形状如八角形塔的大礼拜堂，顶部也是硕大的"洋葱头"穹顶。在这个4个塔楼之间的斜对角线上，矗立着4个小礼拜堂，顶部也是"洋葱头"穹顶。这8个塔楼正门的位置，都朝着中心教堂。在教堂外面，是环绕四周的精致的楼梯和走廊。9个洋葱式圆顶在蓝天

## 亲子理由

❶ 俄国民间故事最佳体验之地
❷ 开展增强孩子自信心的励志教育
❸ 了解沙皇俄国的历史

白云的衬托下，绚丽多姿、熠熠闪光，向游客露出微笑，带给孩子快乐而难忘的体验。

教堂的建筑材料在色彩选用上也是非常用心的。整座教堂的建筑材料以红砖为主，以红色为主要基调，并镶嵌白色的石构件作为装饰。建筑色彩上以红色为主，配上绿色、黄色等明亮鲜艳的色彩，显得整座教堂富丽堂皇、壮丽宏伟，洋溢着节日般的喜庆气氛，带给孩子优美、丰满、梦幻的童话想象。

圣瓦西里升天大教堂现在改为俄罗斯国立历史博物馆分馆。家长可以带着孩子走进大教堂参观。教堂的过道和门窗边的空墙上，绘有16—17世纪有关俄国历史的壁画。在教堂殿堂，展览着16世纪俄罗斯军队攻克喀山使用的武器装备、喀山王国被围的模型、16—17世纪沙皇俄国的文物。走到大教堂的地下层可以看到一个暗室，有一处供通风用的细小的、尖拱形的缝隙。在1595年，这个暗室用来存放沙皇俄国的国库官款，现在陈列的是古代文物。

从大教堂出来之后，家长可以带着孩子参观圣瓦西里升天大教堂所在的红场，在教堂前面是俄国两个著名的民族英雄——波扎尔斯基和米宁的雕像。这两个民族英雄在1611—1612年间，打败了波兰侵略军，解放了首都莫斯科。在红场西侧，是著名的克里姆林宫。克里姆林宫呈三角形，周长约2 000米，东南部与红场相邻，南邻流经莫斯科的莫斯科河。宫内有20多座塔楼，参差不齐地立在三角形的宫墙边，在宫墙上立有5座城门塔楼。远远眺望，克里姆林宫如同一座森严宏伟的城堡。家长可以对孩子讲述克里姆林宫的历史：在十月革命之前，它是俄国沙皇的宫殿；苏联成立之后，它是党政机关所在地；苏联解体之后，它是俄罗斯政府的代称。

最有特点的还是在夜幕降临、华灯闪耀之时，圣瓦西里升天大教堂在霓虹灯的渲染下，童话色彩越发鲜艳，景致越发迷人。这时候，红场上有投影机在"洋葱头"教堂上投影，以屏幕动画的方式讲述俄罗斯的历史。家长可以在这里驻足，让孩子通过观看影片，了解俄国历史。

▲ 教堂不远处的儿童游乐场所

**不可不游**

**梅利霍沃庄园**
莫斯科附近很精致的小庄园，俄罗斯文豪契诃夫的故居。庄园修建于19世纪，景色非常美丽，种满了鲜花和果树，充满诗意的田园风光能令游客感受俄罗斯的文化情调与大文豪的激荡人生。梅利霍沃庄园最宝贵的遗产是一幢淡色的坡顶厢房，那是与契诃夫同时代的真实建筑物，他在这里度过了人生最美好的一个阶段。

> **温馨提示**
> 
> ❶ 莫斯科所处的纬度比较高，气候严寒，注意保暖
> ❷ 由于宗教信仰的缘故，教堂内不许拍照
> ❸ 在首都莫斯科乘坐到达红场的公交车，或者乘地铁在亚历山大花园站下车，或乘坐1、2、8、25、33路无轨电车到达

第一章 童话仙境，找回心灵的纯真 | 017

# 003

## 新天鹅堡
### 睡美人公主的美丽童话

关　键　词：睡美人　浪漫色彩　田园风
国　　　别：德国
地　　　区：德国巴伐利亚西南方阿尔卑斯山麓
最佳旅游时间：全年皆宜

**亲子理由**

❶ 对孩子进行艺术美的知识教育
❷ 对孩子开展独立思考、保持个性的教育
❸ 登山运动，锻炼体魄

▼ 霞光下的新天鹅堡景色更加迷人

美国迪士尼动画大片《睡美人》中美丽的公主躺卧在散发着如梦似幻、纯洁烂漫气质的白色城堡中，令无数孩子羡慕不已。睡美人公主的城堡原型就是德国慕尼黑菲森的新天鹅堡。新天鹅堡处于风景宜人的阿尔卑斯山脉，独有的浪漫气质和祥和的田园风情吸引无数家长带着孩子来此一游。家长可以在城堡中追溯孩提时的童话梦，孩子可以在童话梦境般的城堡中找回纯真的自己。

慕尼黑作为德国南部第一大城市，有着完善发达的交通网络系统。只要先坐飞机到慕尼黑，然后再坐 2 小时的火车就能到达小镇菲森。在小镇菲森，坐上 76 路公交车就可以抵达新天鹅堡。

新天鹅堡物如其名，外表如同天鹅一样洁白，又如同天鹅一样亭亭玉立地翘立在蓝天白云所衬托的群山碧树之间。新天鹅堡位于阿尔卑斯山脉的山顶，从山麓走到山顶需要花费一段时间。为了观赏山上沿途的风景，家长可以带着孩子选择徒步登山的方式到达城堡。

登山小道都有路标指向山顶，不用担心会迷路。尤其是夏天的阿尔卑斯山，绿树葱葱，繁花盛开，蝉在树林中的鸣叫声，夏风中花的香气，可以令游客享受山林美景的熏陶。

沿着山路，大约走 30 分钟，就会到达玛丽安桥。这座桥是欣赏新天鹅堡最传统、视野最佳的看台。桥悬在两山崖之间，高百米，桥底是拼接的木质桥板。家长拉着孩子的手踩在桥上面的时候，会听到咯吱咯吱的响声，能感受到桥板微微地上下浮动。抬头的时候，会看到蓝天白云下新天鹅堡的轮廓。此处青山环绕，是拍摄新天鹅堡绝美侧影的最好角度，也是留住美丽倩影的最佳位置。

▶ 远处的雪山与近处的鲜艳的树木构成新天鹅堡壮美的景色

走过玛丽安桥，沿着山上小道走三四十分钟，就走到新天鹅堡的正门。新天鹅堡坐落在青山碧野之间，如同一位不受尘世间凡事纷扰的山间仙子。进了大门，在富丽堂皇的城堡内典藏着世间罕见的奇珍异宝，墙上挂着的都是精美的绘画作品。这里最辉煌的是帝王大厅。帝王大厅有着巨大的蓝色天花板，如同蓝色的苍穹。在蓝色天花板上点缀着灿烂的星辰，象征着大自然浩瀚无边的星空。地板上有着各色马赛克铺成的动植物图案，象征着博大精深的大地。大厅高耸的天花板上悬挂着一个巨大的、金灿灿的皇冠，上面一共竖立着96根蜡烛，象征着至高无上的王权。

这时，家长可以对孩子讲述天鹅堡的创建者——巴伐利亚的"童话国王"路德维希二世的故事。他高大英俊，喜欢自然山水与浪漫生活，却不喜欢政坛上的繁杂事务和钩心斗角。这个"童话国王"为了实现艺术梦想，在1869—1886年建造了新天鹅堡，借这一种方式来逃避现实的种种烦恼，生活和童话的界线就这样渐渐模糊了。"童话国王"将自己卓越的幻想与才华寄托在山水城堡之间，把艺术的童话变为了现实。家长可以借此教育孩子：每个人都应该有一座自己的城堡，让梦在城堡里自由飞翔，只有这样的生活，才是属于自己的人生。所以，人应该有自己的个性，享受独一无二的惬意人生！

新天鹅堡背后的醉人山谷和福尔根湖也是非常值得游玩的景点，湖水波光潋滟，山谷青翠迷人。当家长和孩子欣赏过这一片迷人的山谷田园风光之后，就可以下山了。这一次的旅游不仅让孩子获得了艺术美的熏陶，还锻炼了孩子的身体。

### 温馨提示

1. 从阿尔卑斯山麓到山顶的新天鹅堡，徒步需要好的体力，需要量力而行
2. 山林间蚊虫比较多，需要带清凉油、药品等

## 不可不游

**玛丽安桥**

在新天鹅堡的南面有两座山，玛丽安桥将它们连接在一起。它横跨在山谷之上，站在新天鹅堡的院子里就能看到。而在玛丽安桥上，又能拍摄到新天鹅堡最美丽的侧影。

**旧天鹅堡**

在德国巴伐利亚州施万高镇管辖下的霍恩施万高村有一座城堡，它与新天鹅堡隔山相望，又被人们称为旧天鹅堡。这座城堡是路德维希二世童年居住的地方。

## 004

# 罗滕堡古城

## 童话小镇

关 键 词：塔楼　格林童话　中世纪
国　　　别：德国
地　　　区：德国巴伐利亚州西北部佛兰肯地区的陶伯河畔
最佳旅游时间：1—10 月

白雪公主和七个小矮人、灰姑娘与白马王子、小矮人与鞋匠……这些家喻户晓、情节曲折、色彩斑斓、想象力丰富的童话故事来自德国格林兄弟所著的《格林童话》。《格林童话》一篇篇梦幻般的童话故事犹如璀璨的明珠，影响着一代又一代人的童年。直到现在，《格林童话》在孩子的群体中仍然具有深远的影响。听《格林童话》长大的家长也知道，这些童话故事的素材来源于风光秀美的德国。在德国，童话色彩保留最为浓厚的地方是罗滕堡古城。放假的时候，家长带孩子去德国的罗滕堡古城旅游，在古城氤氲的童话氛围中，家长可以重温童年的童话记忆，孩子也能找回快乐的自己。

德国罗滕堡古城的交通是非常便利的，只需要先从国内坐飞机抵达德国的法兰克福，再转两次火车就可以到达这座名满天下的古城了。穿过古朴的城门，迎面而来的是一条漂亮的小街，街道两旁是外表色彩缤纷、有巧克力色花纹、尖顶的半木房子，窗台上铺满了五彩斑斓的鲜花。路面不宽，却是用鹅卵石和小青石铺砌而成的。然后一直走着，到了集市广场，便是罗滕堡的市中心，也是旅游的中心。

▼ 罗滕堡古城的古董店，真是应有尽有呀

在集市广场里，有塔楼和市政厅等古老的建筑物。塔楼是俯瞰整个罗滕堡小城的最佳地点，高达 60 米。楼梯狭窄陡峭，只能容 1 个人通过，弯弯曲曲地通达塔顶。在这里，家长与孩子在塔顶上可以吹着微风，俯瞰城墙之外巴伐利亚地区美丽的田园风光，以及城墙内古城的美丽全貌。其中，流经城区的陶伯河如一条玉带，包围着这座古城。在澄净的蓝天白云下，城外恬静的田园风光和城内积木般的楼房交相辉映，美妙绝伦，令人陶醉不已。

▲ 整齐划一的红顶房子使这个小镇更加美丽迷人

下了塔楼，穿过集市广场，沿着陶伯河边的街道散步，可以欣赏到中世纪的生活痕迹，如河岸的古朴磨坊。无论家长还是孩子，都会联想起《格林童话》中磨坊主和他女儿的故事。街道的小店，都有一个个精心布置的橱窗，里面装饰着旋转的小木马、带着光环的天使、神态各异的可爱猫咪、盛装的洋娃娃、梳着麻花辫的小女孩、涨红脸的小男孩，还有许多趣味横生的童话卡通形象。此外，街道两旁还有博物馆、修道院、教堂、葡萄酒馆、纪念碑等历史古迹。古色古香的布局令人惊叹欧洲中世纪的时光并没有流失！孩子也会惊呼：王子、公主、骑士等童话形象在这儿又重现了！

在罗滕堡古城有两处孩子感受童话世界的最佳场所，那就是绅士大街上两个很特别的博物馆：一个是玩具博物馆，另一个是圣诞博物馆。在玩具博

### 亲子理由

❶ 令孩子获得童话美的体验

❷ 令孩子感受欧洲中世纪的文化氛围

❸ 对孩子开展勇敢自信的教育

第一章 童话仙境，找回心灵的纯真 | 021

▲ 风景优美的古城，房子的设计很独特

## 不可不游

### 集市广场
这里是罗滕堡的市中心，广场上有一座塔楼，高60米，是观赏罗滕堡的最佳地方，站在这里能俯瞰到罗滕堡的全貌。但早期这座塔楼却并不是用来观赏风景的，而是作为瞭望塔用来防御敌人入侵的。

### 圣诞博物馆
位于罗滕堡古城的大街上，博物馆里展示的是圣诞市场的情景、各种各样的圣诞树，还有装饰圣诞树的挂件和蜡烛，以及各种手工艺品，非常梦幻。

物馆中，橱窗里展现的是有几百年历史的玩具，这些玩具精致可爱、颜色丰富、种类繁多。圣诞博物馆展览的是圣诞树、圣诞蜡烛、圣诞挂件等圣诞用品。商品数量庞大、色彩丰富，让人仿佛进入了一个温暖的童话世界，令孩子产生了童话般梦幻的感觉。

从博物馆出来之后，家长可以带着孩子在城堡花园晒晒太阳、品尝点心，享受童话中古堡里王子公主的诗意生活，这儿的居民也许会为你们讲述一个古城流传的英雄故事。在17世纪席卷欧洲的三十年战争中，天主教军队包围这座古城的时候，市长为了保卫这座城市，与天主教将领打赌，如果市长一口气能喝光5升酒，对方就高抬贵手，放过小城。结果市长做到了，天主教军队只能遵守诺言，就此撤兵。古城的童话风格，就这样保存下来。借此故事，家长可以教育孩子：学会勇敢，学会自信，才能拥抱心中的梦想。

此外，罗滕堡古城还有许多风景宜人的胜地。一切都表明，罗滕堡古城是格林童话的完美体现，是亲子游的最佳童话旅游胜地。

> **温馨提示**
> ❶ 罗滕堡古城都被围墙圈起，需要全程步行，所以最好穿一双平底鞋
> ❷ 罗滕堡古城的餐馆提供的都是本地传统菜，要做好吃不惯的思想准备

# 科尔马小镇
## 《美女与野兽》之体验

关　键　词：水城　童话　历史
国　　　别：法国
地　　　区：法国阿尔萨斯地区科尔马小镇
最佳旅游时间：全年皆宜

当日本动画片《哈尔的移动城堡》播放的时候，孩子都惊叹城堡所在地区的风景如此秀美，如熠熠闪光的明珠，奇幻、浪漫，又是如此令人神往。实际上，这部动画片中小镇的取景地，正是法国东北部阿尔萨斯地区的科尔马小镇。此外，它还是著名迪士尼动画大片《美女与野兽》中美女与野兽相遇的浪漫之地。在假期到来的时候，家长带孩子去法国的科尔马小镇旅游，能使孩子获得身临其境的童话体验，让孩子拥有童话般的快乐回忆。

要抵达法国小镇科尔马，可以先坐飞机到达巴黎，然后在巴黎东站乘坐快速列车，两三个小时的光景就到达目的地了。在火车站，有到达老城区的

◀ 伊尔河支流酪赫河从科尔马小镇穿过

▲ 风景优美的科尔马小镇

## 亲子理由

❶ 令孩子感受动画大片的童话美景
❷ 对孩子开展世界历史的教育
❸ 对孩子开展顽强拼搏的教育

公交巴士。在科尔马的老城区，任何人都会惊叹，这就是《美女与野兽》中爱情故事的发生地呀！小镇的街道铺砌的是中世纪留下的古朴鹅卵石。街道两旁矗立着童话格调的屋子，这些童话小屋的屋顶是用木头支架搭建而成的，横斜相互交叉，形状各异。屋子配上浅绿清新、深褐神秘、红艳饱和、鹅黄粉嫩等五彩斑斓的墙面，以及绚丽多姿的扇窗，使这个小镇洋溢着五彩斑斓的童话氛围。街道两旁的餐馆等店铺里，挂着许多精致的铸铁招牌。这些招牌图案构思巧妙地绘制出商店的特色形象。在露天的咖啡馆里，晒着太阳，点上想喝的饮料，在椅子上闲躺，童话般的浪漫生活就这样开始了。

科尔马小镇童话情调最为浓厚的时间是年末和年初。每当这时，科尔马小镇街道两边的屋子、商店、餐馆都装饰着亮闪闪、琳琅满目的圣诞饰品。在空地上，云集着售卖卡通圣诞物品的集市。节日的气氛把小镇渲染得如童话世界一般温暖热闹。在街道的角落还摆设着旋转木马、跷跷板、滑梯等游乐设施，能让孩子快乐地玩耍、尽情地欢笑。人们哪怕只是在小镇随意乱逛，都会觉得仿佛置身于梦幻浪漫的童话情境之中。小镇的美食令游客觉得在这儿生活就如在童话中生活一样美好！家长带着孩子，可以选在小镇某个餐馆、酒吧或者小店里，尝一下这儿盛产的法国最好的美食——白葡萄，以及由白葡萄酒腌的甘蓝菜，让味觉获得美妙的享受，体验童话故事梦幻色彩的惬意。

家长如果带着孩子乘着小船游览科尔马小镇，可以享受到缱绻的情调。法国的伊尔河支流酪赫河从小镇中央缓缓淌过，河流曲折蜿蜒，犹如缠绕在美丽少女身上的碧绿丝缎。当坐上小船时，船夫撩起长篙，轻轻划开水面，河面水波微微荡漾。水巷悠长静谧，河岸绿树浓荫，如同一幅色彩浓烈的水彩画。碧绿的河面，偶尔有鱼儿跳起落下的水声，泛起一圈圈涟漪。在河边水草中，偶尔响起水鸡和野鸭扑棱的翅膀声。小船从一个个桥洞下钻过，桥两端都有断断续续的鲜花点缀。河道中最精华之处，是"小威尼斯"这一河段。在这儿，河两岸是一幢幢粉蓝、鹅黄、艳红、草绿等颜色的建筑，如同积木砌成的双层木筋屋。这些五彩缤纷的木筋屋散发着童话般的色彩和历史的韵味，如水彩画的调色盘一样，紧紧毗邻着碧绿的河流。任何人只要拿出相机，在这儿选取一个位置按下快门，都是一幅精美绝伦的清新美图。

▲ 镇上漂亮的房子

科尔马小镇的亮点并不仅仅在于这些，它的名气还来源于沧桑的历史。家长在这儿可以对孩子讲述科尔马小镇的历史。它位于法国的阿尔萨斯地区，德法边境，曾17次易主于德国，后来法国人民怀着爱国之心，浴血奋战，夺回了自己的国土。中学语文课本中都德的《最后一课》，背景也是取材于此。此外，它还是自由女神像的作者——著名法国雕塑家弗雷德里克·奥古斯特·巴托尔迪的故乡。家长可以带孩子在科尔马小镇的广场上观摩象征自由民主的雕像，同时借小镇的历史告诉孩子法国的这一片美丽国土是法国人民努力获得的。因此，自由、梦想、美好的生活，都是要靠自己的艰苦奋斗才能获得。人活在世上，应学会拼搏，这样才能实现梦想，获得自由，童话般的梦幻生活才会属于自己。

**不可不游**

**运河风景**

坐船游览伊尔河支流酪赫河，可以看到以前的船夫和洗衣店在清澈河流中的倒影，景色美丽。两岸有排列整齐、风格迥异的木筋房、灿烂盛开的鲜花、古老的吊桥，美妙绝伦的水城情调令游客们陶醉。

**温馨提示**

① 不识水性的游客坐船游运河时应特别注意安全
② 有高血压的游客切忌饮太多的葡萄酒
③ 请为孩子准备便装，方便他们玩耍

第一章　童话仙境，找回心灵的纯真 ｜ 025

# 006

## 圣米歇尔山
### 《长发公主》的原型王国

关　键　词：修道院　长发公主　大天使
国　　　别：法国
地　　　区：法国芒什省的大西洋海岸
最佳旅游时间：4—9月

当迪士尼动画大片《长发公主》上映的时候，无数女孩心中的公主情结、男孩心中的王子情结随之泛涨起来了。女孩子们都曾幻想成为童话中美艳惊人、气质高雅的公主，每个男孩也梦想成为童话中勇敢帅气的王子。实际上，男孩女孩不需要期盼魔法的降临，因为在世界上就有公主梦、王子梦诞生的原型地方，那就是法国的圣米歇尔山。它位于法国芒什省一座花岗岩小岛上，距海岸两千米，面向英吉利海峡，名列《世界遗产名录》。圣米歇尔山历史悠久，风景优美，在假日的时候，家长可以带着孩子去法国的圣米歇尔山旅游，圆孩子的公主梦、王子梦。

圣米歇尔山位于海岛上，交通不太方便。欧洲铁路公司为游客提供了既节省时间又便捷的交通方式——先在巴黎蒙帕尔纳斯火车站乘坐抵达雷恩的TGV高速列车，然后从雷恩车站乘坐抵达圣米歇尔山的大巴。火车票和大巴票都可以在网上预订。

▼ 山下的羊群悠闲地啃食着小草

下了巴士，游人可以看到一片洁白的沙滩连接着烟波浩瀚的湛蓝海水。在蔚蓝的苍穹下，锥形的圣米歇尔山在烟波浩渺的海面中拔地而起。锥形的小山上高高矗立的圣米歇尔山教堂建筑，使整座小岛弥散着神秘的气息。喜欢看动画片的孩子会惊呼：迪士尼动画片中长发公主的城堡在这儿呀！没错，这就是《长发公主》科罗娜王国的原型地。导游或者当地居民会对游人讲述圣米歇尔山的神话传说：《圣经》中神圣的天使圣米歇尔托梦给法国著名的圣欧贝尔主教，让主教以他的名义在这个小岛修建一座圣堂。于是，圣米歇尔山就成了重要的朝圣地。

圣米歇尔山有一段长堤与陆地连接，游人可以选择步行、乘免费巴士或者坐马车的方式穿过长堤。这里的餐馆、商店、旅馆还保持着中世纪欧洲建筑物的风格。山不高，沿着青石板路拾级而上，20分钟就可以到达山顶的修道院，这就是以天使圣米歇尔的名字命名的教堂，现在被联合国列入《世界遗产名录》，也是在法国旅游必去的景点。随着时光推移，修道院几番扩建，形成今天壮观庞大的建筑群。圣米歇尔修道院具有古罗马、哥特、火焰哥特3种建筑风格。在古朴的建筑城墙上，青翠的树林与蓝天碧海浑然一体。淡灰色的城墙和城垛中冒出的高耸角楼和秀气尖塔、沧桑的台阶与小院，为整座修道院印上了阴柔娇媚的秀色。建筑物淡雅的秀色使孩子惊讶自己是在《长发公主》高贵神秘的科罗娜王国之中，还是在影片《魔戒》的奇幻世界中呢？

在教堂钟楼的顶端，矗立着高贵的大天使圣米歇尔雕像。大天使一身金装，在灿烂阳光辉映下显得格外炫目耀眼。家长可以指着展翅欲飞、手持利剑欲斩恶魔的大天使告诉孩子，它就是《圣经》故事中守护天堂，战胜魔鬼撒旦，英勇无比的大天使。这儿也有不少摄影工作室，是法国著名的婚纱照摄影地。家长可以让孩子穿上美丽的服装，把孩子打扮成童话里的公主或者王子，告知孩子："你若盛开，蝴蝶自来"，只有做一个像大天使圣米歇尔一样勇敢善良的人，才能成为高贵的公主或者王子，收获幸福的人生。

在傍晚的时候，家长可以带着孩子在城堡的某一处角落眺望黄昏夕阳映衬的海水潮汐美景。此时，海浪一波一波地涌来，淹没了长堤，把圣米歇尔山变为了一座海中孤岛。火红的晚霞燃烧着一望无垠的碧海蓝天，壮丽的风景气势磅礴，令来这儿的游客心灵也受到了美的洗涤。

▲ 教堂修建在圣米歇尔山山顶，雄伟壮观

### 亲子理由

❶ 圆孩子的公主或王子梦
❷ 对孩子进行善良勇敢的人生励志教育

### 不可不游

"朝现夕隐"现象
圣米歇尔山最有神秘感的是"朝现夕隐"现象：白天大海退潮时，水落石出，通往修道院所在的岛的路显现出来，可是到了黄昏就开始涨潮，天一黑，岛就变成了孤岛。岛屿的神秘气质令游客仿佛回到了中世纪。

> **温馨提示**
> ❶ 从巴黎到圣米歇尔山，来回车程8个小时，但巴士班次不多，需要安排好行程
> ❷ 每年有两次震撼人心的涨潮，时间为春季3月21日左右和秋季9月23日左右
> ❸ 涨潮时，人山人海，家长需要看紧孩子，以免走失

# 007

# 童话小镇欧登塞

## 邂逅童话大师安徒生

关　键　词：安徒生　悠闲　童话
国　　　别：丹麦
地　　　区：丹麦哥本哈根和日德兰半岛之间
最佳旅游时间：全年皆宜

**亲子理由**

❶ 家长可以安徒生为例，对孩子开展自强、奋发进取、追求梦想的励志教育

❷ 丹麦小镇欧登塞童话般的城市风格，令孩子享受到美的熏陶

▼ 欧登塞的传统房屋

丹麦小镇欧登塞——安徒生童话的发源地，是一座由童话梦想建筑的小镇。小镇童话梦想的编织者，就是丹麦著名的童话大师安徒生。在这里，孩子可以追根溯源，寻找到安徒生童话中丑小鸭、白天鹅、美人鱼、公主、小锡兵的原型。欧登塞有着浓郁的童话氛围，家长可以在假期带孩子去游览一番，让孩子在童话大师的故乡编织心中的童话梦，并教育孩子执着努力，把童话梦想变为现实。

丹麦为了发展旅游业，建立了完善的交通网络系统，去欧登塞小镇非常快捷方便。只需要先坐飞机抵达丹麦首都哥本哈根，然后转火车，75分钟之后能就到达目的地。在欧登塞小镇，路面都是用古朴的鹅卵石和砖块铺设而成。城市建筑物只有1层楼的高度，外表颜色丰富多彩又富有个性，形状小巧精致。这些房子配着白色的小窗户和高烟囱，在街道两边整齐有序地排列着。这儿没有城市的喧嚣和嘈杂，弥散着的是静谧的空气，似乎连呼吸都会破坏了城市宁静的气氛。孩子在这个小镇，会觉得仿佛进入了安徒生童话故事中的一个仙境，为七彩斑斓的童话色彩而迷醉。

欧登塞小镇不大，在小镇上家长带着孩子散步，没多久就可以看到流经城市的欧登塞河。这一条河如同青罗带，从小镇中间蜿蜒流过，静静流淌。河流两岸花木葱茏，空气清新。在河边的石凳上，可以欣赏长长的垂柳拂过的倩影，在树荫下享受闲暇自在的时光。在河畔散步的时候，可以看到街头矗立着的安徒生的雕塑，以及安徒生童话故事中各种角色的雕像。这些雕像如同电视屏幕一样把安徒生童话中的情

节一帧帧展现在世人面前。小镇渲染的童话气氛令孩子欢腾不已，也令家长赞叹不已。

在小镇道路两旁，有指引去安徒生故居和博物馆的路标。顺着路标可以来到一座修建于14世纪的圣克努特教堂。在教堂背后有一个公园，公园里有一尊铜像，热爱童话的孩子只要看到它就会惊呼——啊，这就是童话大师安徒生，我终于来到了他的故乡！

▲ 欧登塞河里的脚踏船整齐地排列着

在安徒生公园，很容易找到安徒生故居。故居只有1层楼高，有六七个房间，简陋的布置使人惊讶于19世纪丹麦下层人民生活的贫苦。公园里有宣传海报，内容是每天3场安徒生花车巡游，巡游开始时间分别是11:00、13:00、15:00。在巡游过程中，花车上的演员们将会表演20个精彩绝伦的安徒生的童话故事。

逛完故居之后，家长可以带着孩子参观相邻的"打火匣"童话体验馆。在这里，孩子们可以扮演安徒生童话中的角色，玩一把真正的COSPLAY（角色扮演）。这种游戏对孩子想象力、实践动手能力、交际能力的培养是非常有益的。

博物馆里的资料是安徒生一生经历的展现，这时候，家长可以跟孩子讲述安徒生的故事。博物馆最显眼的是环绕大厅的壁画，展示了安徒生一生的经历，从一文不名的穷鞋匠的儿子，历尽艰辛，勤奋努力，成为著名的童话作家。这时候，家长可以对孩子进行人生励志教育。如可以让孩子以安徒生为榜样，树立坚定的意志，执着追求人生的梦想，打造辉煌的人生。

此外，欧登塞还有许多历史文化遗产，如古老教堂和古城堡，以及图书馆、博物馆和档案馆，并经常举办艺术展览、电影节和音乐会等文化活动。欧登塞以其童话般的色彩、浓郁的文化氛围，成为亲子游胜地。

## 不可不游

**安徒生故居博物馆**
位于欧登塞市区的安徒生故居博物馆，于童话作家安徒生诞生100周年时建造。红瓦白墙，具有19世纪北欧的建筑风味。在这里，可以感受到安徒生生活时代的气息。博物馆里有安徒生的作品手稿和其他艺术家创作的有关安徒生的作品。

**欧登塞动物园**
丹麦最著名的动物园是欧登塞动物园，这里有来自世界各地的动物。动物园中有一块与欧登塞河相连接的区域，里面有河流、沼泽地和草原，非常适合非洲野生动物生活，因此被规划为非洲野生动物园区。

### 温馨提示

① 小镇安静悠闲，不宜大声喧哗吵闹
② 丹麦地处北欧，气候比较寒冷，请多带衣服

## 008

# 伊卢利萨特

## 冰雪王国的童话世界

关　键　词：冰川　雪橇　极光
国　　　别：丹麦
地　　　区：丹麦格陵兰岛伊卢利萨特
最佳旅游时间：5—9月

位于格陵兰岛上的伊卢利萨特，是一个极具童话情调的北欧小镇。那里雄伟的冰川、白雪皑皑的冰雪世界、漫步在地平线上的北极熊、划着雪橇的因纽特人、绚丽多彩的极光，使人仿佛置身于童话世界里的冰雪王国一样。在假期，家长带孩子去格陵兰岛旅游，欣赏被冰雪渲染的童话世界美景，无疑是一件充实又有意义的事情。

在交通方式的选择上，游客可以先从国内坐飞机抵达格陵兰岛机场，然后从机场转机抵达伊卢利萨特机场。漫步在伊卢利萨特，游人会看到一个冰清玉洁的世界，一切景色都流露着清新自然的气质，恍如冰雪女王特意为人类营造的一个童话王国。永无止境的峡湾与山峦，纯净清澈的天空与大海，未经过世俗之气浸染的因纽特文化，都会令游人心醉神迷。

小镇的建筑依着山地而建，高低错落，外观色彩艳丽，呈现出五彩缤纷的视觉效果。小镇毗邻大海，走在小镇的西海岸可以欣赏美丽的迪斯科海湾景色。海湾的建筑物都是临海而建，在朝阳初升或者夕阳西下时，天边的彩霞、冰山、海水浑然一体，配上多彩多姿的房屋色调背景，犹如童话般奇异梦幻，使人仿佛置身在一幅风景优美的画卷之中。

▼ 岛上美丽的小房子，格外引人注目

面对着浩瀚的大海，游人只要坐在光秃秃的岩石上，就可以看到在太阳光辉的反射下，海水中的浮冰变幻着的五彩斑斓的色彩。有的如洁白的玉石，有的如蓝绿的翡翠。映衬在浮冰之上的是荡漾其中的船只与穿梭在海上的快艇，一派祥和、淳朴又清新的自然景象。

站在海边矗立的岩石上，游人可以看到到处有被铁

▲ 极光是格陵兰岛上的奇特现象

链子拴着的洁白毛色动物，这是小镇的因纽特人专门用来拉雪橇的狗。狗拉雪橇不仅是小镇必要的交通方式，也是必需的旅游项目。当孩子看着因纽特人穿着棉袄坐在雪橇上前行，前面是洁白毛色动物的时候，会非常欣喜——仿佛看到了拉着雪橇的圣诞老人，由此会更喜欢这一片美丽大地！

伊卢利萨特位于北极圈之内，在每年的 5 月 21 日至 7 月 24 日期间，游人会看到罕见的极光现象。午夜零点，阳光透过云层照射在洁白的冰峡湾上，千姿百态的洁白冰山如同抹上了一层绚丽的色彩，天空中布满五彩缤纷的彩霞，船只安静地徜徉于水面上，如同色彩浓烈的风景油画一样迷人！

午夜坐船游冰山是伊卢利萨特富有特色的旅游项目。这一项目从 5 月 21 日开始，9 月 1 日结束，时间为 22:00 至凌晨的 12:30。坐游船时，游人站在甲板上，可以看到海面上浮着巨大的冰山，如同童话里的巨人矗立在面前。然而，人们看到的只是冰山一角，大部分的冰山都埋于水面之下。游船在冰山之间穿梭游弋、扬帆远航，时不时还可以聆听冰山解体

**亲子理由**

欣赏自然又清新的冰川美景，领略童话世界里冰雪王国的气质

第一章 童话仙境，找回心灵的纯真 | 031

▲ 狗拉雪橇是格陵兰岛的一大特色

## 不可不游

**Karrat 岛**

这是格陵兰岛附近的一个小岛，是一个被冰雪覆盖的纯净世界。这里比较受欢迎的娱乐项目是狗拉雪橇、冰山观赏以及攀登附近的花谷。这里还保留着因纽特人原始的历史文化风情，给游人踏入世外桃源的感觉。

时的轰鸣声，激动人心。

游人还可以选择徒步远足冰峡湾。冰峡湾有红、黄、蓝 3 条徒步路线供游人行走。当涉足在冰峡湾的小路或者木栈道上，游人将会看到远处高低不同的冰山，在阳光照射之下呈现出丰富的层次感，并清晰地展现出各种形状的轮廓。在这个神奇的世界中，任何人都会忘记自己的存在，融入一个忘我的冰雪世界中……当观赏因纽特人居住的房屋时，四周是白雪皑皑的世界，人们联想到的是童话中冰雪世界的晶莹宫殿。看来，这个小镇就是用童话的美来留住游人的心的。

### 温馨提示

注意保暖，保持干燥。带上质量好的速干衣、防风防雨的冲锋衣、结实保暖的靴子，还有手套、帽子和围巾，太阳镜和防晒霜也是必备的。

009

# 棉花堡

## 童话中的皇帝瘾

关　键　词：棉花堡　皇冠　温泉
国　　　别：土耳其
地　　　区：土耳其的代尼兹利
最佳旅游时间：4—10 月

　　童话里皇帝佩戴的高贵又优雅的皇冠多么令怀着童话情结的孩子喜爱。世界上也存在如皇冠一样神圣的地方，那就是土耳其的棉花堡。那儿有如瑶池仙境的温泉和美如画卷的风景，能给予孩子难忘的梦幻体验。家长可以在假日的时候，带孩子去土耳其的棉花堡旅游，留给孩子一段快乐的童年记忆。

　　棉花堡位于土耳其的纺织工业重镇代尼兹利。游客可以先坐飞机到土耳

▼ 游客在希拉波利斯古城遗址参观

第一章　童话仙境，找回心灵的纯真 | 033

▲ 六月是游客泡温泉的旺季，因此游客很多

其的第 3 大城市伊兹密尔，然后坐火车，大约 4 小时之后就能到达代尼兹利。在代尼兹利的汽车总站乘坐小型巴士，巴士每 15 分钟一趟，约 30 分钟便抵达目的地——棉花堡了。

在海拔 400 米的棉花堡景区，孩子都会惊讶于眼前层层搭建在山坡上的玉阶，洁白如棉花，又如棉花一般蓬松。这些石阶披着轻灵的水纱，衬着阳光熠熠生辉，如童话里皇帝佩戴的圆形皇冠一样辉煌梦幻。层层叠叠的"棉花"如同被白雪覆盖的梯田，使孩子恍如置身于童话世界中的冰雪王国，又如同处在瑶池的玉宇琼楼。汩汩溪流从高处顺着岩石缝隙潺潺而下，在玉阶之间蓄水成塘，形成一汪汪淡蓝的泉水池。池面静如翡翠，升腾的水蒸气使棉花堡氤氲在淡雅的雾气中。家长可以带着孩子赤足踏上玉阶，享受泉水对足部的滋润。玉阶上粗糙不平的阶面比较扎脚，却对足部有着按摩的作用。这些泉水含有丰富的矿物质，对多种疾病都有神奇的疗效。"棉花堡"的神奇，使之享有世界奇观的美誉，也是古罗马时代达官贵人

## 亲子理由

❶ 皇冠一般高贵奇幻的旅游地能让孩子享受精神的熏陶
❷ 神奇的温泉，对孩子身体非常有益

◀ 格外美丽的棉花堡的钙化池

和财阀富豪的疗养地。

拾级而上，爬到坡顶向远方眺望，看到坡下层层叠叠的小水池如同灌水的梯田，蓝盈盈亮晶晶的泉面倒映着蓝天白云的倩影。在远处是小镇的房屋、山脚的树林，这一幅空旷辽远、沉静、大气的美景，震撼人心。在黄昏时分，金黄的太阳落到地平线以下，光芒由金色一点点变为绯红、殷红、桃红，以至于最后的玫瑰灰。此时"棉花堡"就如同一朵洁白的莲花，忠实地记录天空色彩的变幻，幻化出奇异的光影色彩。站在堡顶眺望四周，山脚下炊烟袅袅，晚霞辉映的小镇五彩斑斓，与披上薄薄金纱的棉花堡构成了绚丽的画卷。虽然晚霞短暂，但它带来的美感一定长留在游客的记忆之中。

对着如此良辰美景，家长可以对孩子讲述棉花堡的神话传说：传说古代的牧羊人安迪·密恩喜欢上美丽的月神瑟莉妮，为了与女神约会竟然忘记了挤羊奶，最终使羊奶在地面上恣意横流，覆盖住了这一座丘陵，"棉花堡"羊奶一样洁白的外观就这样出现了。

神话传说的存在实际也是表达了人们对棉花堡的美丽和神奇的喜爱。在"棉花堡"背后是一处古埃及艳后的"古董游泳池"，相传她就在那儿游泳、泡温泉疗养。那儿泉水清澈，温度适宜，可以清晰地看到古希腊古罗马时代的大理石残块。家长可以带着孩子泡温泉，享受古代皇宫高贵至尊的生活，感受历史留下的古韵。

## 不可不游

**希拉波利斯古城**
希拉波利斯古城是古罗马帝国留下的古迹，那里的断壁残垣能让人感受到古希腊和古罗马风格融合的建筑风情。从古罗马时代起，这里的雪白石灰石和热泉就一起被认为具有神奇的巨大魔力，吸引着无数游客前来观赏游玩。

### 温馨提示

① 为了保护温泉水质，当地政府规定游客需要脱鞋袜才能踏入温泉，游客需准备包包存放鞋袜

② "棉花"玉阶比较坚硬，踏足时需要小心翼翼

第一章 童话仙境，找回心灵的纯真 | 035

# 010

## 泰姬陵
### 迪士尼《阿拉丁》的童话城堡

关　键　词：奇迹　伊斯兰教风格　凄美爱情故事
国　　　别：印度
地　　　区：印度北方邦的阿格拉城
最佳旅游时间：10月下旬至次年3月

**亲子理由**

对孩子开展有关古代印度文化的教育

▼ 泰姬陵壮观雄伟，景色迷人

在印度矗立着一座精美绝伦、气势恢宏、举世无双的建筑物，那就是泰姬陵。它的富丽堂皇和梦幻，成了孩子们喜爱的迪士尼动画大片《阿拉丁》中苏丹宫殿的背景取材地。在假日，家长可以带着孩子去印度观摩这一座闻名天下的建筑物，让孩子在建筑物中享受艺术美的熏陶，在异国他乡获得童话梦幻般的体验，给孩子一个快乐的假期记忆。

泰姬陵全称为"泰姬玛哈陵"，位于印度北方邦的阿格拉城内、亚穆纳河右侧。可以先从国内乘坐飞机到印度第2大城市新德里，然后可以选择飞机、火车、长途汽车这3种方式到达不远处的阿格拉，在市内坐电动三轮车就可以到达这一个举世瞩目的景点了。

在售票处买了门票，不用走多远，就会看到一座宏伟气派的拱门。拱门高达30米，由红砂岩构成，门上镶嵌着美丽的花朵，刻着工整优美的书法，顶部还矗立着一座精美的八角亭，这就是泰姬陵的大门了。紧接着，一座纯白的大理石建筑物就会出现在游客的视野中。孩子们也许会欢腾不已，惊呼着："太神奇了，太美丽了，这个世界上竟真的有阿拉丁神灯中精灵变幻的城堡呀！"没错，这就是风靡全球的迪士尼大片《阿拉丁》中苏丹宫殿的取景地。从远处眺望，泰姬陵洁白的外表端庄大气，墙上镶嵌的色彩艳丽的藤蔓花朵是由水晶、翡翠、红宝石、绿宝石、玛瑙等宝石装饰成的，门窗和寝宫围屏采用镂雕的菱形配花边小格白色大理石。泰姬陵的建筑布局和建筑构思充分体现了伊斯兰建筑艺术气势恢宏、庄严肃穆的特征，具有极高的艺术价值，是伊斯兰教建筑的代表作。它因绚丽夺目，在2007年更被评为世界新七大奇迹之一。

走进大理石建筑物，映入眼帘的是一处莫卧儿花园。花园的占地面积很大，中央有一处大理石水道，水质清澈，倒映着旁边的建筑物，恍如两座泰姬陵交相辉映。水道两旁种植有柏树和果树，是死亡和生命的象征。整座花园肃穆的环境令人屏住呼吸，虽然是一座陵寝，却没有冷寂。游客在这儿只能感受到建筑物的和谐对称。花园和水中倒影的互相融合，这可真是令人佩服不已的建筑奇迹！

沿着水道拾级而上，踏上一座三四层楼高的大理石基座，就是这个建筑物的核心——泰姬陵墓了。需要注意的是，墓室里面是不允许拍照的。墓室中央矗立着一块大理石结构的纪念碑，上面刻着几行波斯文字：封号宫中翘楚泰姬玛哈之墓。这就是印度莫卧儿王朝第5代皇帝沙贾汗爱妃之墓了。这时候，家长可以跟孩子讲述泰姬陵的历史传说。这一座陵墓是印度莫卧儿王朝第5代皇帝沙贾汗为了纪念死去的宠妃蒙泰姬建的。据说这位皇帝的宠妃拥有波斯血统，擅长诗琴书画，性格温柔，两人情深意笃。为了纪念红颜薄命的爱妃，这个皇帝忘记了朝政，懒怠了政事，动用了全国的钱财、物力和人力，修筑了这座千古流芳的陵墓。伟大的艺术陵墓虽然修建完成了，却耗费了国力，皇帝也被儿子篡夺了皇位，被囚禁至死，葬于泰姬陵旁边，这就是这段凄美的爱情故事的结局。

泰姬陵早上、中午、傍晚、晚上四个时间的景色是不同的，朝霞时分的泰姬陵，是静静的；中午时分，顶着蓝天白云的泰姬陵，是光彩夺目、玲珑剔透的；傍晚时分的泰姬陵，是最妩媚的；月色朦胧下的泰姬陵，是清雅出尘，如同仙女般圣洁美丽的。泰姬陵超凡脱俗的高雅、神圣与美丽，决定了它是亲子游的最佳之地。

▲ 穿着红色纱丽服的女子走过泰姬陵

### 不可不游

**月光花园**

月光花园位于亚穆纳河畔，是正对着泰姬陵的一座植物园。其特殊的地理位置为游客提供了一个远离人群静静欣赏泰姬陵的绝佳地点。在这里，除了可以看泰姬陵日落时的美景，还可以在公园里沿着亚穆纳河散步，也可以在戏水的水牛和小鸟的陪伴下安静地欣赏没有游客踪迹的泰姬陵。

**温馨提示**

1. 星期五只对穆斯林开放
2. 进泰姬陵需脱鞋
3. 夏天去泰姬陵，陵墓前的平台温度很高，要注意降温

# 第二章
# 阳光海滩，享受海风椰林的浪漫

蔚蓝的大海是人类的母亲，是人类一切生命的发源地，也是美的胜地。在炎热的盛夏，如果有机会，父母带孩子到一望无际的海边，让湛蓝海景冲淡生活中的点点烦恼，在沙滩享受悠闲拾贝壳的时光，在大海宽阔的怀抱中锻炼体魄，是一件非常惬意的事情。还等什么？这个夏季就去全球著名的海滩，追逐海浪，享受大海风情，让大海美景留给你快乐的假期记忆吧！

# 011

## 夏威夷考爱岛海滩

### 儿童探知馆

关　键　词：海龟　大百科全书　探知
国　　　别：美国
地　　　区：美国夏威夷考爱岛
最佳旅游时间：全年皆宜

美国夏威夷考爱岛，是夏威夷群岛较知名的一个。在这里，时光也会不知不觉地停下脚步。这儿有绵长的海滩、美丽的鲜花、茂密的树林，不仅是新婚夫妻度蜜月和情人寻浪漫的理想之地，也是家庭旅游度假绝佳的地方，并且这里水域比较浅，适合孩子潜水。此外，在海岛上还有适合孩子游玩的主题公园和博物馆。在假期，家长带孩子去美国夏威夷的考爱岛旅游，不仅能欣赏夏威夷海滩的美景，也可以拓宽孩子的知识面和视野，培养孩子的才气，达到寓教于乐的亲子游目的。

考爱岛是美国夏威夷群岛的第4大群岛，是一个火山岛。可以先从国内坐飞机到美国的夏威夷大岛，然后再从大岛转到考爱岛。从机场坐巴士到海滩的时候，游人肯定会爱上这个风光旖旎的海岛。当车子缓缓行过佩佩溪谷的时候，游客会看到一派祥和宁静的田园风光。在雨后天晴的时候，可以观赏到五颜六色的彩虹，有时一天可以看到几次彩虹，运气好的话还可以看到两条彩虹相互重叠的美景。

▼ 海滩上的老乌龟也出来晒太阳

考爱岛的沙滩比夏威夷其他岛屿的沙滩要密集。这儿的海滩主要是纯白色的，每一个沙滩都有独特的运动和特有的风景。如果喜欢潜水，可以去东部海域；如果爱好游泳，可以去南部海滩。最受游客欢迎的是考爱岛南部的波普海滩。波普海滩的海岸线不长，仅有2 000米，却水清沙白，风景绮丽。清澈的海水呈绿松石色，温柔地拍打着月牙般的海滩。这儿的蓝天碧水，是冲浪爱好者、浮潜爱好者、游泳爱好者的运动天堂。在这儿浮潜，可以与太平洋中色彩缤纷的鱼群亲密接触，可以观赏美丽的夏威夷马林鱼。海滩有适合儿童游泳的浅水区域，能令孩子快乐地玩耍。在绿荫如盖的棕榈树下，家长可以与孩子在野餐桌旁享受美味佳肴。如果不想运动，可以躺卧在铺开的毛巾被上，双手枕在脑后，明媚的阳光在棕榈树摇曳着的枝叶间投下的温暖会使你感受到天堂般的惬意。

▲ 景色优美的夏威夷考爱岛海湾

　　海洋生物也垂青波普海滩的迷人景色。在11月和翌年3月，游客能看到座头鲸在岸边壮观地喷水，庞大的夏威夷绿海龟在海水中玩闹嬉戏。最令游客惊喜的是濒临灭绝的夏威夷僧海豹也会与游人一样，在沙滩上懒散地晒着太阳。这些国内罕见的可爱海洋动物，不仅让家长觉得到了一个神奇的海洋动物世界，更会令孩子欢喜不已。黄昏时刻，在波普海滩观赏壮丽的落日，会给一天的旅程画上完美的句号。

　　除了海水，考爱岛还有令人叹为观止的儿童大百科全书主题公园和博物馆。在岛上有著名的夏威夷儿童探知馆，里面的模拟城镇展区里，有着

### 亲子理由

❶ 可以看到国内罕见的海龟、海豹、鲸鱼喷泉

❷ "大百科全书"似的公园和博物馆，可以令孩子增长知识

❸ 孩子可以在这里安全地潜水或游泳

第二章　阳光海滩，享受海风椰林的浪漫　｜　041

▲ 岛上的日出也很迷人

## 不可不游

### 直升飞机上的美景
游客可以乘坐直升飞机在空中俯瞰蓝天白云灿烂的阳光下岛上苍翠繁茂的树林，以及高耸入云的山脉与宁静优美的潟湖交相辉映的美景。美丽多彩的风景一定会令游客陶醉不已。

### 威米亚峡谷
威米亚峡谷拥有色彩斑斓的山脉，大自然鬼斧神工的景致令游客赞叹不已。

微小的城镇事物的模型，如汽车、医院、修理厂、超市、餐厅等。孩子可以自由选择，发挥丰富的想象力，动手用这些微小的模型组建自己喜欢的城镇。在组建城镇过程中，孩子会学习到有关超市建立、医院建立、餐厅建立等方面的知识。家长可以带孩子参观考爱岛种植园，带着孩子乘坐窄轨列车探索种植园，体验农场主种植农作物的生活。家长还可以让孩子在种植园内登上"卡拉卡瓦国王式"的板车，了解香蕉、甘蔗、咖啡、木瓜、硬木树种等热带植物的种植历史，学习考爱岛农业的相关知识。家长更可以带孩子去参观蕨类植物保护区，学习蕨类植物知识。这些公园和博物馆，一定会令孩子学到课外知识，丰富阅历，使孩子玩得开心，学得快乐。

### 温馨提示
① 岛上消费高、中、低三档都有，游客可以选择适合自己的
② 岛上有许多适合徒步的景点，可以携带登山鞋或运动鞋

# 撒丁海滩
## 世外桃源的美丽淡泊

关　键　词：世外桃源　美丽海滩　淡泊
国　　　别：意大利
地　　　区：意大利撒丁岛
最佳旅游时间：春夏之交或者秋季

陶渊明的《桃花源记》向世人描绘了一个没有战争、超凡脱俗、美丽富饶、闲暇安逸的理想世界。这个世外桃源如同明珠上的光芒，令人无限神往。在这个世界上真的有像世外桃源一样的美丽世界，那就是意大利的撒丁海滩。在无数欧洲人看来，撒丁岛是典型的欧洲世外桃源。美妙绝伦的风景，令人惊艳，美丽淡泊，遗世独立。在假日的时候，家长可以带孩子去意大利撒丁岛，享受地中海海水阳光的风情，给孩子快乐的假期生活体验。

▼ 通向海滩的一条幽静的小路

▲ 景色迷人的撒丁岛海滩

## 亲子理由

观赏美丽的海边风景，对孩子进行淡泊、快乐、友善的情商教育

撒丁岛属于意大利5个自治大区之一——撒丁区。在这里，小岛屿林立，没有陆地交通与外界联系。为了密切岛屿之间的交通往来，意大利政府建立了完善的国内航班网络系统。游客可以先坐飞机到达意大利的首都罗马，然后从罗马转机，50分钟之后就到了撒丁岛首府城市卡利亚里。卡利亚里是一座矗立于海边的有着悠久历史文化底蕴的城市，老城区坐落在陡峭的山坡上，矗立着重重叠叠的雄伟岩石的城堡和鳞次栉比的金色宫殿气势磅礴又富有历史沧桑感。在卡利亚里的海港——卡利亚里湾（天使湾），海岸边挺拔而立的是白色大理石建筑。深绿色的棕榈树如排列整齐的士兵，站立在沙滩边，守卫着这一座海湾。躺在宽阔碧绿的棕榈叶下面，眺望映衬在高远辽阔的蓝天下的碧波万顷的海水。迷人的风景，如同神话传说中美人鱼的歌声般令人陶醉，使人留恋不舍。

最美的还是位于奥尔比亚附近的斯梅拉尔达海岸。它是撒丁岛最受欢

迎的夏季旅游胜地，有"翡翠海滩"的美誉，在卡利亚里可以坐飞机或者大巴到此。斯梅拉尔达海岸的美丽，在于那如新月一样蜿蜒的海岸线、迷人的洁白沙滩、美丽的野花、金色的巨石、像翡翠一样透明澄净的海水。在海岸附近的民宿住上一夜，然后在早晨的薄薄雾霭中，走进海滩月牙形的怀抱中，坐在沙滩上，抱着双膝，沐浴着海风中棕榈树和野花的清新香气，仰望着一轮火球从东边的地平线上喷薄而出，万丈光芒把海面染得金光闪闪，然后金色逐渐褪去，还原为一湾如水晶般透明清澈的海水，无疑会给你一种人生仙境的惊叹。当太阳升在天际，在亮晶晶的阳光的映衬下，海水越发晶莹透明，清爽的海风和绿宝石般的光芒把任何痛苦的情绪都吹散开了，使其沉淀下去了。无论大人还是孩子都会领悟到，人其实是自然的一份子，回归自然享受淳朴才是生命的真谛。

▲ 岛上怪石林立，风景优美

撒丁岛有着如繁星一样的海滩。这里的海滩有着幽静又深邃的海岸线，远离人世的喧嚣。无论是在雾色朦胧的清晨还是在暮霭沉沉的黄昏，当绕过大大小小的海湾，海风和群山的风气给人一种世外桃源淡泊宁静的美丽。撒丁岛北部马达莱纳群岛有着令无数女孩钟爱的粉色沙滩，其浪漫气质使其成为全世界最美最著名的粉色沙滩之一。粉色的细沙与湛蓝清澈的海水交相辉映，给游客一种惊艳出众的美妙体验。如水晶一样清澈的海水，让游人可以观赏到水底耀眼的白鹅卵石和粉色细沙，使得这个海滩如童话中的公主一样高贵艳丽。

家长还可以带着孩子观摩岛上的人的生活。撒丁岛上生活的意大利居民普遍长寿，主要是因为那里的人们生性淡泊，都能保持快乐的心情。岛上居民都生活在结构庞大的家庭之中，家庭成员之间可以分享生活的喜悦，解决生活的麻烦。正是因为淡泊的心境和亲情的力量，才使岛上居民永远快乐，消除孤独，积极面对生活中的各种困难。在此，家长可以让孩子学习岛上居民的处世态度和生活习惯，学会淡泊、快乐和友善，经营好自己的人生。

## 不可不游

**Testa 海滩**

撒丁海滩的第一站 Testa 海滩是欧洲著名的蜜月胜地，有着一湾澄澈的海水。此外，还可以观赏芳香、浓密、低矮的地中海灌木丛在海边斜坡上的巨石间绽露出的嫩芽，这一切都给人一种高贵梦幻的地中海风情体验。

**温馨提示**

在意大利有收取小费的习惯，旅馆、餐厅的账单已含服务费，若额外付小费即对其服务表示赞赏

# 013 兔子海滩

## 拥有阳光心情

关　键　词：海龟　海豚　日出
国　　　别：意大利
地　　　区：意大利最南端兰佩杜萨岛
最佳旅游时间：5—9月

兔子在孩子心中永远都是可爱、美丽、纯洁、娇小、机灵的象征。在这个世界上，就有如兔子一样令孩子喜欢的海滩，那就是意大利的兔子海滩。那儿洁白细腻的沙滩、未受现代工业文明污染的自然风貌，以及一览无余的地中海美景等美丽因素使它从全球众多海滩中脱颖而出，并且在《2013年旅行者之选》中荣膺"最美海滩"的桂冠。在假期，家长可以带孩子去兔子海滩，那儿清澈透明的蓝绿色海水和美得无法形容的沙滩、风光宜人的景色和舒适的气候，一定会令孩子度过一个快乐的假期。

兔子海滩位于意大利最南端的兰佩杜萨岛，自然风光优美，海岸线长达8 000米。游客可以先从国内坐飞机到意大利的首都罗马，然后从罗马转机到兰佩杜萨岛。在白色山崖上眺望一望无垠的大海，任何人都会迷醉于这里的白皙细腻的沙滩和深绿色的棕榈树。椰子林中吹拂而来的温柔清新的椰风、层层雀跃的雪白浪花，更加使人爱上这一片远离世俗的静谧浪漫的海滩。

▼ 扮成兔子的小朋友，在兔子海滩玩耍

兔子海滩的得名来源于所在的岛屿曾经是兔子们的天堂和家园。随着时间的推移和自然资源的开采，在这个因兔子出名的"兔子岛"不再能看到兔子，却囤积着许多兔子的老冤家——海龟。游人漫步在绵长洁白的沙滩上，感受水清沙幼间那一份蓝天碧海的浪漫情调，会观赏到许许多多黑色、褐色、绿色的海龟顶着龟壳，"八"着脚慢吞吞地从海水里爬上沙滩，在蔚蓝的天际下暖暖地晒太阳。有时候，还可以看到罕见的红海龟！在每年的春夏之交，这些海龟还会游至昔日兔子岛的洞穴处去产卵，在洞里可以看到一个个海龟蛋。运气好的时候，在海边还可以看到白色的海豚！

兔子海滩的海水清澈，可以清晰地看到自己的脚，以及水底的海草和珊瑚。

这儿有着世界一流的潜水体验，游人不需要雇佣专门的潜水公司，就能在海底快乐地潜水一天。家长也可以带孩子去位于海滩的珊瑚公园或者史密斯礁散步，那儿海水晶莹剔透，餐厅都是五星级的，商品琳琅满目，岛上居民都很友善，一定会给你天堂般吃穿住购的享受。

兔子海滩的海上日出也美得令人窒息。在海滩的白色山崖上，观赏清晨东边第一缕晨曦从漆黑天际透出，火红的朝霞染红了天边的艳丽云霞，也染红了海中翻腾的波浪，一天的希望就这样被点燃了。夕阳的金红光辉，揭开了兔子海滩的面纱，在椰风海韵中，细腻晶莹的沙滩恍如玉带天成，早潮的海浪清澈胜雪，如此良辰美景胜过天堂……

兔子海滩所在的兰佩杜萨岛也是一个风景佳宜的旅游景点。兰佩杜萨岛实际是一个渔村，有度假村为游客提供住宿。这儿的旅社都是被称为"dammusi"的白色小屋，在小屋里经常举办鸡尾酒会。家长可以带孩子参加鸡尾酒会，品味可口的海胆和杏仁烤琥珀鱼，体验浪漫的意大利地中海文化。在港口处，家长也可以带着孩子租一条船，游览附近的岛屿。在利偌萨附近的火山岛，可以观赏黑色和红色交集火星状的海滩。兔子海滩的碧水蓝天和独特的地中海文化情调使之成为暑假亲子游的绝妙胜地。

▲ 景色优美的兔子海滩吸引着大批的游客

### 亲子理由

❶ 可以让孩子观赏国内罕见的红海龟

❷ 体会意大利地中海文化

❸ 可以让孩子快乐地潜水

### 不可不游

**伊索拉棣湾**
伊索拉棣湾风景优美，这个海湾和加勒比海滩绿宝石色的海水及白色的沙滩惊人地相似。在这儿可以找到条纹蜥蜴和各种海龟，观赏清澈的海水中的海绵和珊瑚等。

**温馨提示**
天气比较热，需要携带防晒衣和防晒霜

第二章 阳光海滩，享受海风椰林的浪漫 | 047

# 014

## 科特思洛海滩

### 孩子的海洋圣地

关　键　词：海洋露天艺术　沙滩鸟儿　落日余晖
国　　　别：澳大利亚
地　　　区：澳大利亚西部珀斯地区科特思洛海滩
最佳旅游时间：3月

在澳大利亚有许多迷人的海滩。每一个海滩都有独特的风光，闪耀着特有的光彩和魅力。其中，科特思洛海滩是澳大利亚珀斯地区最受欢迎、最知名的海滩。在这儿，海边景色优美，有金色的沙滩、蓝色的大海、摇曳的棕榈树、趣味十足的娱乐项目、可爱的海鸥海燕……宜人的气候及安全的管理措施吸引了全球无数游泳爱好者、冲浪爱好者前来。2009年，世界著名旅游刊物把科特思洛海滩评为世界上第二大适合家庭旅游的海滩。科特思洛海滩独一无二的魅力吸引了全球无数家长带着孩子前来度假，享受南半球印度洋的海边风情。

科特思洛海滩位于澳大利亚西部，珀斯以西，弗里曼特尔以北。从国内可以先坐飞机到澳大利亚第四大城市、西澳大利亚州的首府城市——珀斯，然后坐地铁到科特思洛站出，步行大约10分钟就可以看到这一片美得摄人心魄的海滩了。任何人只要看到这一片海水，就被那水晶般的清澈蓝色迷住了，旅途的劳顿也被这海面蓝色的光泽所淡化。游人可以租一个躺椅，或者站在沙滩凉亭下，享受阳光的沐浴和悠闲的时光。当眺望高而远的明亮蓝天时，可以看到海鸥在海面上振翅飞翔，听到空中传来的啾啾鸣叫声。当脱掉鞋袜，赤脚踩在柔柔的沙子上时，可以看到许多飞落在沙滩上的海鸥正在啄食，慢慢地踱步。细细静听，还可以听到海鸥在松树的树枝上拍打翅膀的声响。家长可以指着这些国内罕见的海鸟，对孩子讲述海洋生物知识，这对拓宽孩子的知识面、丰富孩子的见识是非常有益处的。

在科特思洛海滩边，有一条蜿蜒的、宽阔的、绿树成荫

▼ 沙滩上的一个雕塑马

◀ 蓝色的海水，白色的沙滩，还有沙滩上玩耍的小朋友构成一幅完美的风景画

的滨海大道。在滨海大道诺福克松树林巨大的树荫中，可以开办家庭野餐聚会，进行板球、沙滩足球等各种亲子体育项目。还有九洞的高尔夫球场，能够让游人一展身手。此外，在海滨大道还矗立着众多的特色酒吧、美味餐馆、咖啡厅，可以供年轻人聚会欢畅，也适合家庭宴会。

科特思洛海滩还是海上运动项目的最理想场所。这里运动项目繁多，有冲浪、潜水、游泳、钓鱼场所，安全的管理措施能令孩子尽情玩耍。在这儿，娱乐项目有海滩BBQ、游泳、沙滩排球等。每年3月，科特思洛海滩都会举办海之雕塑展，世界各地的艺术家将在这里展览海洋艺术雕塑。这些雕塑惟妙惟肖、巧夺天工、独具匠心，给人一种艺术美的震撼，把美丽的海滩变为了一个露天海洋艺术的殿堂。家长可以让孩子在这里获得艺术的熏陶，享受南半球秋季海洋的魅力。

科特思洛海滩的日落更是美得令人震惊，令人感叹，令人回味无穷。在17:00的时候，家长可以与孩子躺在沙滩上，沐浴着清爽的海风，目睹太阳金红的圆盘从西边海平面缓缓地落下，钻进云层，金色的光芒从云中透出，把天空染成火红一片。在最后沉入大海之前，夕阳又从海与云相交的缝隙中散发出万丈光芒，然后沉落海面，天空立即漆黑一片。在日落的过程中，海水也由水晶蓝一点点变为粉红、紫色、黄色、金色，然后一点点变深变暗，直到变为伸手不见五指的黑色。再晚一些，还可以看见海边的星星，在深蓝的苍穹中，一眨一眨地闪烁着光芒，这一壮丽的美景是多么令人难以忘怀呀！

### 亲子理由

❶ 可以对孩子进行海洋生物知识教育
❷ 可以令孩子享受海洋艺术熏陶
❸ 娱乐项目繁多，有利于锻炼孩子的身体

### 不可不游

**珀斯**

科特思洛海滩所处的西澳大利亚州的首府珀斯是一座美丽的城市，旅游景点甚多，在这里游客可以领略非同凡响的南澳大利亚文化。城里有著名的黑天鹅，它是国内罕见的珍稀动物，值得观赏。

### 温馨提示

❶ 澳大利亚的紫外线相当强，注意防晒
❷ 澳大利亚是南半球，最适合旅游的4月是秋季，注意季节的差别

# 015

## 邦迪海滩
### 甜蜜的亲情

关　键　词：冲浪　航海　日光浴
国　　　别：澳大利亚
地　　　区：澳大利亚悉尼邦迪海滩
最佳旅游时间：10月至次年4月

　　澳大利亚悉尼的邦迪海滩是一个风景优美的海滩。Bondi（邦迪）在土著语中，意思是"激碎在岩石上的浪花"。顾名思义，就是洁白的浪花与蓝色的大海交相辉映，美艳动人。中国学校放寒假时，位于南半球的悉尼却刚刚进入夏季，邦迪海滩上阳光明媚、气候温和、舒服惬意。在这个季节，家长如果带着孩子去邦迪海滩晒太阳，享受日光浴或者冲浪，在碧水蓝天中能让孩子忘却平日的课业压力，留下快乐的假期记忆，孩子也能以饱满的情绪迎接新学期的生活。

　　在交通工具的选择上，游客可以先从国内坐飞机抵达澳大利亚的悉尼，然后从悉尼机场坐巴士或者出租车到达邦迪海滩。在邦迪海滩的悬崖巨石上，可以呼吸到略带咸味的空气。可以眺望，在蓝天白云阳光辉映下的清澈的海水，格外娇娆与明媚。可以观看，在细软洁白的沙滩上，密密麻麻地分布着的许许多多穿着花花绿绿衣服的小黑点。越走越近，这些小黑点就越来越清晰。可以看到各种肤色的人穿着比基尼、短裤，躺在沙滩上晒太阳。享受日光浴的人们很少涂防晒霜，就为了晒出健美的小麦肤色。在这儿，海滩管理设施比国内健全，沙滩有人固定负责维护和清洁工作，并划出专门的冲浪区和游泳区，让游人玩得开心，玩得放心。这里的海水和沙滩质量在全世界都是排名靠前的。每天的海水与海浪情况都有旗帜标示，提醒大家一定注意安全第一。最值得一提的是，在这儿有一支号称"生命守护神"的救生队，救生队由帅哥与美女组成，专门负责保护海滩游客的生命安全，备受青睐。

▼ 邦迪海滩边上的一条木板路

▲ 风景优美的邦迪海滩吸引着大量的游客

在这个平静有序的海滩上，家长可以让孩子在明媚阳光下享受日光浴，在浅水区游泳，或者参与最为流行的与大海搏击的冲浪运动。在夏季周末的时候，还可以看到这里举行的各类冲浪运动，运动员们轮番表演自己的冲浪技能。在沙滩上，还有许多非正式的乐队在声嘶力竭地演唱，其他如艺术展览、民俗表演等活动，一定会令孩子大开眼界、增长见识。

黄昏时分，邦迪海滩的人气也是超级旺盛。家长与孩子坐在沙滩上欣赏海边日落的壮丽美景，这是一件浪漫又有情调的事情。这儿还是悉尼著名的沙滩婚礼举行地。运气好的话，还可以观赏到在邦迪海滩举办的浪漫婚礼。

海边雕塑展也是邦迪海滩标志性的活动。雕塑展览会吸引数以千计的游客来参观。这些雕塑大多数是以环保为主题的，建筑材料都是废物利用。游人可以沿着沙滩的滨海大道欣赏一座座精美的雕塑，可以让孩子与最喜欢的雕塑合影，留下对美丽如画的风景的纪念。

**亲子理由**

❶ 让孩子享受冲浪与日光浴

❷ 让孩子当一回船长，体验航海的感觉

第二章　阳光海滩，享受海风椰林的浪漫 | 051

▲ 邦迪海滩上冲浪教练准备教孩子冲浪

## 不可不游

**邦迪集市**

周日去邦迪集市逛逛，那里有稀奇古怪的小玩意、新颖独特的澳大利亚土特产、独具特色的澳大利亚商铺风貌、拥挤的各种肤色人群等，令游客体验到澳大利亚浓郁的文化。

扬帆出海观光也是邦迪海滩比较受欢迎的旅游活动。每到清晨、黄昏时分或者周末假日，在海滩游览区上密密麻麻地分布着各式大小船只。家长可以带着孩子在位于达令港附近的帆船店，专门租一艘用来出海观光的帆船。在航游的过程中会有一名技术高超、经验丰富的领航员驾驶船只，孩子可以在甲板上沐浴清新的海风，欣赏壮观的悉尼大桥、悉尼歌剧院等，在船上餐厅品尝澳大利亚著名的美食。在条件允许的情况下，家长可以让孩子在领航员的指导下，做一回临时船长，体验掌舵扬帆的滋味。

邦迪海滩有着大自然赐予的无与伦比的阳光、清澈的海水、不可复制的海浪，如此安宁优美的沙滩是非常值得家长带着孩子去游玩的。

### 温馨提示

1. 在澳大利亚，早晚温差比较大，晚上需要穿毛衣和外套
2. 邦迪海滩风浪比较大，一般不适合游泳，只适合冲浪

016

# 德班海滩
## 海洋知识博物馆

关　键　词：冲浪　多元文化　海洋生物
国　　　别：南非
地　　　区：南非德班市的德班海滩
最佳旅游时间：全年皆宜

德班海滩位于南非第三大城市——德班之岸。这里是典型的温暖的亚热带气候，四季如春，海水平均温度在17℃以上，在冬天也可以下海畅玩。金色的沙滩、郁郁葱葱的棕榈树、湛蓝的印度洋海水，得天独厚的旅游条件使这个非洲第一滨海度假胜地享有"南非夏威夷"的美称。这里还有种类繁多的海洋生物和海鸟、世界著名的热带动物园菲兹西蒙斯蛇公园和热带植物园。孩子在领略南半球印度洋的海洋风情时，可以拓展知识面，增长见识。

▼ 海边高楼林立，风景优美

第二章　阳光海滩，享受海风椰林的浪漫 | 053

▲ 落日下的德班海滩景色更加迷人

## 亲子理由

❶ 对孩子开展丰富的海洋生物知识教育
❷ 冲浪胜地，增强孩子体质
❸ 多元文化氛围，体验东方、西方和非洲文化的交融

德班是南非继开普敦、约翰内斯堡之后的又一座大城市，航运发达，在国内可以坐飞机抵达此地。当游人在德班海滩享受着吹拂着的清爽的海风时，会被海滩生机勃勃、多姿多彩、奇异独特的氛围所迷醉。在海边，林立着简朴的喷泉、公园、餐馆、咖啡馆，以及由豪华公寓和宾馆构成的"金色里程街"。这种质朴和富丽的色调形成了鲜明的对比，是德班多样性文化的魅力。在沙滩上，还可以看到非洲风情的漂亮彩色人力车，来自夸祖鲁—纳塔尔和其他非洲部落地区的古董、艺术品，现代音乐家和街边艺人的卖唱。在与海岸线平行的海滨街道上，非洲祖鲁族妇女在出售商品。这些商品都是孩子在国内看不到的非洲旅游纪念品和手工艺品，如祖鲁盾牌、羚羊皮、石雕、木雕等。这一种古老和现代、非洲文化与西方文化、东方文化与非洲文

化的交融，赋予了德班海滨地区独特的移民文化风情。在这里，还有丰富多彩的娱乐设施，能让孩子欢快畅玩。比较受孩子欢迎的景点有迷你城、泛舟池、菲兹西蒙斯蛇公园、趣味世界（有碰碰车、环形道）等。家长带着孩子坐上空中缆车还可以一饱德班海滩阶梯公园和海滨的美景。

德班海滩还有许多水上娱乐设施。这一带没有小岛、海湾的阻拦，海浪非常高，是世界著名的冲浪胜地，孩子在这里可以踏上冲浪板，在波涛起伏的浪潮中尽情地享受印度洋海水的激情，这对增强体质也是非常有益的。在德班海滩温暖的印度洋海水里游泳是非常安全的，海边设有拦截鲨鱼的渔网，每天有经验丰富的救生员巡逻值班，孩子在这儿可以玩得开心！玩累的时候，孩子可以在沙滩的栈桥上钓鱼，享受碧水蓝天的闲情。

▲ 德班海滩十分适合喜欢玩帆船的人

喜欢清静的游客，可以去德班安斯泰海滩和布莱顿海滩等比较偏僻的海滩。在这儿，孩子可以观赏种类繁多的海鸟，如海鸥、鹈鹕和各种奇特的鸟在碧海蓝天中振翅高飞。家长还可以带着孩子坐船到海上观看海豚和鲸鱼，运气好的话还可以看到气势壮观的沙丁鱼群。

多元化、悠闲而又有节奏是德班海滩独特的魅力。晚上，游客可以看到海边辉煌的灯火，成群的教徒沿着海边进行净化礼行走。在沙滩边搭上帐篷，面朝大海欣赏印度洋的落日余晖，在晚上枕着层层海涛声入睡。即使患了失眠症的人，在这儿也会酣然入梦。

家长还可以带着孩子去德班港附近的海洋世界游玩。这个海洋公园里面有超过1 000种的海洋生物，每天都在固定时间上演精彩的海豹表演、海豚表演、企鹅表演，还可以观赏丰富多彩的海洋生物，能使孩子大开眼界、大饱眼福，彻底爱上德班海滩那一片碧海蓝天。德班海滩悠闲的节奏、丰富的海洋生物种类、多元文化的氛围，足以让家长带孩子去那儿度过快乐的假期。

## 不可不游

**菲兹西蒙斯蛇公园**
菲兹西蒙斯蛇公园（Fitzsimmon's Snake Park），是一个具有热带雨林风格的动物园。它拥有许多世界之最，如它是世界上拥有动植物品种最多、规模最大的动物园。最为独特的就是园中拥有60种以上的蛇类、鳄鱼、蜥蜴等爬行类动物，游客可以尽情欣赏这些爬行动物多姿多彩的风情。

**祖鲁村**
在位于千山之间"蘑菇屯"的祖鲁村，可以欣赏原始的祖鲁舞蹈，品尝祖鲁美食，感受非洲古朴的原始部落文化。听祖鲁居民讲述世代相传的历史故事，再看看他们生活条件的艰苦，学会珍惜生活与乐观知足。

**温馨提示**
1. 去祖鲁村旅游，请尊重黑人的宗教信仰
2. 在冲浪之前，请做好热身运动，防止肌肉拉伤

## 017

# 卡隆海滩

## 探索普吉岛知识

关　键　词：悠闲　热带　泰国文化
国　　　别：泰国
地　　　区：泰国普吉岛
最佳旅游时间：11月至翌年4月

卡隆海滩是泰国普吉岛一个著名的海滩。这里没有普吉岛其他海滩的喧哗热闹，只有笔直没有弧度的海岸线。卡隆海滩全长3 000米，以宁静、悠闲、干净闻名于世。在假日时光家长带孩子去泰国的卡隆海滩旅游，宁静和悠闲的海滩氛围使孩子被束缚的心灵回归自然，在大自然的怀抱中领悟生命的真谛。卡隆海滩又处在泰国著名的普吉岛上，孩子在这儿可以领略多姿多彩的东南亚文化风情。众多理由都说明，卡隆海滩是家长带孩子假日旅游极好的海边景点。

卡隆海滩位于泰国普吉岛上。因此，游客可以先从国内坐飞机到泰国的普吉岛，然后从普吉镇坐中巴，45分钟之后就可以抵达卡隆海滩。在卡隆海滩，任何人都会为它的宁静和悠闲的气质而陶醉。长长的约有3 000米的海岸线，如平行线一样笔直，没有任何弧度。沙滩又白又细，没有任何杂质和污染，蜿蜒在清澈晶莹的海水边。海水是深浅不一的水晶绿，非常漂亮。

在沙滩上散步，很少会踩到贝类或者碎石，非常舒服。海浪温柔地向沙滩涌来，亲吻着细沙，卷起浪花朵朵，一次又一次地抚平沙滩上游人留下的脚印。海边是一大片茂密的松木林和椰树林，静谧祥和。花100~150泰铢租一把阳伞和一把躺椅在树荫下休息，聆听海浪轻轻的击岸声和人们的嬉笑打闹声，享受着热带海风和阳光的沐浴，看着沙滩上的大象和魔术表演，任何烦恼都可以在海边统统忘掉，记住的只是海滩上那一份快乐和放松。

与其他著名海滩不同，卡隆海滩没有太多水上娱乐项目，浪头比较高，只适合冲浪运动。这儿的游客，

▼ 卡隆海滩犹如一幅油画，风景优美

很多都是用看书、戏水、晒太阳、打盹的方式打发时光。在卡隆海滩最南端有个珊瑚岛，水很浅，可以浮潜，适合孩子游玩。需要注意的是，因为水太浅，容易被珊瑚刮伤腿。在浮潜的时候，可以欣赏浅水区五彩斑斓的珊瑚和热带鱼群，一定会给游人带来一种审美上的愉悦。游客也可以登上观景台，目睹这儿的海滩美景。傍晚的时候，许多游客和当地人都喜欢在沙滩散步，等待落日壮丽的黄昏美景到来。在天黑之后，还会有许多游人在沙滩上放飞天灯，既浪漫又有情调。

　　卡隆海滩的文化氛围也是非常丰富的。在海滩上矗立着很多酒吧和餐厅，提供丰富的泰国美食和新鲜海鲜，令孩子的味蕾获得美妙的享受。如果在岛内山顶上的餐馆就餐，游客就可以欣赏到海边的落日美景。海滩的布局也体现了独特的文化情调，在这儿有一个著名的艺术社区，汇集了

▲ 在卡隆海滩休憩的游客

**亲子理由**

❶ 让孩子放松心情，缓解压力

❷ 感受热带印度洋海洋风情

❸ 了解丰富多彩的泰国文化

第二章　阳光海滩，享受海风椰林的浪漫 | 057

▶ 霞光下的卡隆海滩更加迷人

## 不可不游

### 芭东海滩
芭东海滩是开发最为完善的海滩，这里有清澈见底的海水及游泳、太阳浴、香蕉船、帆板、游艇等各种海上活动项目，在附近的邦古拉街可以体验热闹的夜生活，领略独一无二的印度洋海洋风情。

### 幻多奇乐园
普吉岛的幻多奇乐园在 1998 年开幕，是一个展示泰国传统文化的主题公园，是最受欢迎的旅游景点，游乐项目众多。每晚幻多奇剧场都会表演精彩的节目，如歌舞、魔术、杂技以及大象表演。这里以一座古老村落的形式出现，向游客展示泰国传统文化神秘的一面。

泰国画家建造的精美画室和画廊，家长可以让孩子在这儿学习美术知识，享受艺术教育。卡隆海滩的夜生活是非常宁静的，没有太多的喧哗与嘈杂。它的夜生活圈子都集中在一条路上，路上有很多酒吧和餐厅，咖啡吧浓郁的氛围吸引了不少文化爱好者。在这儿，孩子可以看到泰剧、大象表演、人妖表演，了解丰富多彩的泰国文化。在每年的 9 月，普吉岛还会举行佛教标榜的苦行主义的素食节，家长可以让孩子从中了解泰国的佛教文化，这对孩子的学习也是非常有益的。

总之，普吉岛卡隆海滩的海水、沙滩，以及独特的泰国文化氛围，能使孩子度过快乐的假期，是海边亲子游独一无二的选择。

**温馨提示**

① 普吉岛终年炎热，只需要带清凉舒适的夏季服装就可以了。如果怕晒，可以带上薄衫。雨季时注意携带雨具

② 在每年 5 月至 10 月雨季期间，会有大风浪，应注意红色警示旗。当旗子插立的时候，应避免在附近海滩活动

# 艾图塔基海滩

## 安全天堂

关 键 词：潟湖 绿宝石 悠闲
国 别：库克群岛
地 区：库克群岛的艾图塔基海滩
最佳旅游时间：全年皆宜

　　位于南半球太平洋库克群岛上的艾图塔基海滩，有着一片被日光照耀幻化的蓝绿色海水，这就是被世界公认的最美丽的潟湖之一所在地——艾图塔基海滩。艾图塔基海滩还是旅游纪录片《荒野求生》剧组的拍摄地，被著名网站 CNN 评为全球第二美丽的海滩。在这里，家长可以带着孩子在艾图塔基海中潜水、划船或者乘船巡游，可以观赏国内罕见的热带鱼类，也可以领略绿松石般环礁湖的美景。此外，白色的沙滩、强烈的阳光、婆娑的椰树林、迷人的海底世界，一定会给孩子独特的南半球赤道海洋风情的体验。

　　需要注意的是，在国内没有直达航班抵达艾图塔基海滩所处的库克群岛。游客需先从国内坐飞机到澳大利亚或者新西兰，然后转机到库克群岛。库克国家对中国是免签的，然而去澳大利亚或新西兰却要签证，需要办好这方面的手续。

　　当飞机快降落的时候，岛上的美景会令每一位游客沉醉。一片蓝色的潟湖周围镶嵌着绿宝石项链一样的岛屿，这些岛屿如同珠串一样围着坠子——珊瑚

◀ 美丽迷人的艾图塔基海滩是亲子旅游的最佳选择

## 亲子理由

❶ 让孩子了解南半球太平洋的土著文化
❷ 观赏南太平洋的美景，学习南太平洋海洋生物知识

## 不可不游

### 直升飞机美景

坐在直升飞机上，俯瞰空中美景，面积庞大的环礁潟湖在阳光辉映下，泛着层层蓝色的幽影。潟湖外圈的深蓝色海水，汹涌起伏地冲击着珊瑚礁，泛起洁白纯净的浪花。珊瑚礁环抱的海水清澈透明，如同一面蓝色的镜子，令人惊叹：这是地球上最迷人的潟湖。

礁，礁石旁边的沙滩分外妖娆洁白，在阳光下闪烁着白雪一样的光芒。

出了机场，游客可以马上感受到岛上悠闲的气息，这儿能令人舒缓、释放所有的压力。在岛上，游人可以看到立着尾巴扭着屁股的小鸡大摇大摆地走过值机柜台，还有如冰箱一样壮实的土著男子为你发放用岛上的鲜花编织成的花环，这一切都会令你感受到岛上氛围的淳朴与慵懒。

艾图塔基全岛不高、不大，海拔不超过120米，开车环岛一圈也不会超过15分钟。游客可以去岛上最具浪漫气质的潟湖——环礁湖游览。环礁湖是由沙嘴、沙坝或者珊瑚与外海分割而成的局部海域，艾图塔基岛就是由潟湖围成了一个圈儿。在潟湖里，海浪被阻拦了，海面如湖水一样平静，只剩那一滩透蓝透蓝的色彩。潟湖非常安静，游人能静静聆听脚丫与沙滩融合的声音，以及大自然的天籁声。清澈湛蓝的海水、洁白细腻的沙滩、灿烂的阳光，这都是岛上散发的极致浪漫气质。

艾图塔基岛上还有无数的珊瑚。这些珊瑚是名目繁多的海洋生物的家，也是水上运动者的天堂。在沙滩上观赏的景色再美也比不过出海的美景带给人心灵上的震撼大。在潟湖的各种潜水、浮潜、钓鱼、风帆冲浪、独木舟泛游等运动，都如同在精致的水彩调色盘中畅游，在享受运动激情快乐的同时，还可以领会自然美景给予的心灵上的震撼。玩累的时候，可以在两棵棕榈树之间搭上一张吊床，静静享受这一片梦幻水域带给人的心灵上的震撼。

家长可以在岛上租一条游船，与孩子一起探访奇妙的小岛。游船是用坚固透明的玻璃做成的。在航游的过程中，家长与孩子可以透过船的玻璃底切实观赏到海底各种五彩斑斓的生物，那五颜六色的珊瑚倩影美得令游人流连忘返。在玻璃船上，可以静静欣赏潟湖画卷一样的自然风景。在游船过程中，孩子可以参观岛上的大规模蛤蜊养殖场，学到有关蛤蜊养殖的知识。孩子在给潟湖中的鱼儿喂食的时候，可以与色彩斑斓的热带鱼儿来一次亲密接触。在途中，游船会稍事停留，家长与孩子可以静静欣赏这座岛的全貌。在行程的最后一站，孩子可以见到稀有的热带鸟类，并享用丰盛的烤肉午餐。

岛上除了令人陶醉的环礁湖之外，还有美丽的日落，以及一些历史悠久的文化胜地。孩子在这儿能度过一个快乐的假期，库克群岛的艾图塔基海滩堪称假日亲子游的优质选择。

### 温馨提示

❶ 岛上的自来水没有经过加工处理，需要煮沸才能饮用
❷ 在异国他乡应该遵循当地的风俗文化
❸ 在危险区域景点旅游时应该结伴而行

# 粉色沙滩

## 无比辉煌的音乐时代

关　键　词：粉色　巴哈马文化　火烈鸟
国　　　别：巴哈马
地　　　区：巴哈马拿骚粉色沙滩
最佳旅游时间：12月至次年4月

粉色是鲜艳美丽的颜色，总会使人联想到童话般的梦幻色彩和秀色可餐的美丽少女。然而，人们却很难把沙滩和粉色联系起来。在这个世界上，可真有一片绮丽秀美的粉色沙滩，它在如世外桃源般美丽的岛国巴哈马。巴哈马的粉色沙滩，把海岸染得如鲜花一样美丽鲜艳。它曾被美国《时代周刊》评为世界上最性感的沙滩。在孩子放假的时候，家长带孩子去巴哈马的那一片美丽的粉色海滩，在那一片美丽的粉色中，还给孩子那一份童心未泯的天

▼ 岸边的粉色沙子在海水的冲击下形成粉色的浪花

第二章　阳光海滩，享受海风椰林的浪漫　｜　061

▲ 带孩子游玩在粉色海滩上，心旷神怡

## 亲子理由

① 观赏世间罕见的粉色沙滩

② 观赏世间少见的火烈鸟，增长见识

③ 体验美洲的巴哈马文化

真与欢乐，是一种很明智的选择。

中国没有到巴哈马的直达航班，可以先从上海坐飞机到纽约，再从纽约坐飞机到巴哈马的首都拿骚，然后从拿骚坐轮渡到哈勃岛，再坐小型电动车到粉色沙滩。最快也要25个小时，这也印证了那句话：越美的地方越难到达！

在粉色沙滩，孩子会惊讶于来到了一个童话般的粉色世界了！沙滩可爱鲜嫩的粉色，连接着清澈的海水，会使人惊讶原来大自然也有一颗美丽的少女心，它性感起来谁也挡不住！这一片粉色沙滩宽15米～30米，长约3 000米。家长可以抓一把粉色的沙子，对孩子讲述这儿沙滩为何与众不同：这些粉色的"沙子"，是沙滩中孔虫的遗骸混合了白色的珊瑚粉末。当孔虫遗骸的比例积累到一定的量，沙滩就呈现出粉色了。

除了这一片色彩鲜艳的粉色沙滩，巴哈马还拥有 260 万平方千米被誉为世界上最清澈的海域的海滩。家长可以带着孩子，在海水里潜水。在水底，可以看到梦境一样奇幻的海底世界。在清澈的水底，可以目睹年代久远的沉船，船身的古老令人回忆起 17、18 世纪的大航海时代。色彩斑斓的热带鱼类，围着潜水者翩翩起舞。悠闲的时候，可以顶着一片蔚蓝的天空在海边钓鱼。在这片清澈的水域，可以清晰地看到体型硕大的梭鱼、剑鱼、枪鱼在海底的倩影。在海边闲逛的时候，还可以看到被圈养的海猪。此外，孩子还可以看到在辽阔的海面上色彩斑斓的火烈鸟在振翅高飞。要知道这里是世界上著名的火烈鸟繁殖胜地，成群的火烈鸟在这儿繁衍生息，在海面、树林、沙滩上留下生命的轨迹，为这儿美丽的景色增加色彩。

▲ 天堂岛风景优美

家长还可以带孩子去巴哈马的首都拿骚。拿骚有着淳朴的文化氛围，能给予孩子自然天真的文化体验。在拿骚的街道到处都有艺人表演，只要他们一响鼓点，就有穿着花花绿绿服装的人们如潮水一样涌来，围着游人又唱又跳，使整个街市洋溢着欢快的气息。如果帅哥靓女伸出手来对你说："Hi, dance with me!（你好，来和我跳舞！）"可别惊讶，那是欢迎你的意思。家长可以让孩子快乐地和这些艺人唱歌跳舞，感受这儿淳朴文化的脉动！

没有美食，假日就不会完美。在巴哈马的旅行，也是一次尝尽饕餮盛宴之旅。在巴哈马，有国际知名厨师——Jean-George Vongerichten 开设的风格雅致的餐厅 Dune，那里的美食会令你垂涎欲滴。由国际著名厨师 Nobu Matsuhisa 经营的富有传奇色彩的日本餐厅 Nobu，烹制的美食也会令孩子垂涎三尺。由此看来，这儿风景秀丽的海滩、淳朴的民风和文化、秀色可餐的美食，一定会给孩子留下快乐的假期记忆，乃是亲子游的最佳场所。

### 不可不游

**天堂岛**

离拿骚城仅一箭之遥的地方即有名的天堂岛，海滩水清沙幼，海水如蓝宝石般，堪称世界一流，是游泳和冲浪的首选；而林立的珊瑚礁和成群穿梭其间的热带鱼，又使其成为潜水发烧友的梦想之地和海钓者钟情之所，海岸的风景令人心旷神怡，流连忘返。

### 温馨提示

1. 巴哈马对中国免签
2. 巴哈马属于亚热带气候，一年四季都很热，需要做好防晒准备
3. 当地流通货币是美元，很多小商铺不接受信用卡，多带美元为妙

## 020

# 沙努尔海滩

## 热辣辣的风情

关　键　词：悠闲　五彩斑斓　海底漫步
国　　　别：印度尼西亚
地　　　区：印度尼西亚巴厘岛沙努尔海滩
最佳旅游时间：一年四季

位于印度尼西亚巴厘岛的沙努尔海滩，有着壮观的日出景致、丰富多彩的水上运动、悠闲自在的传统文化、令人垂涎欲滴的美酒美食。这个海滩，能令孩子玩得开心，使其体验东南亚国家与众不同的文化，这一切都是学校和教科书无法教予的知识。家长如果在假日带孩子去印度尼西亚巴厘岛沙努尔海滩旅游，一定会令孩子体验到一种热辣辣的海洋风情。

印度尼西亚巴厘岛的沙努尔海滩，取自两个单词 saha 和 nuhur，就是"体验某地的热情"。它位于巴厘岛南部地区，原本只是一个靠海的小村庄。因为迷人的海景潜质，被当地政府开发为巴厘岛最著名的海滩游乐区之一。在交通工具选择上，游客可以先在国内坐飞机抵达印度尼西亚巴厘岛的国际机场，然后坐大巴到达海滩。一到这儿，游人一定会被沙努尔海滩独有的清静、雅致、悠闲、五彩斑斓的气质所吸引。这儿海水清澈洁净、晶莹剔透，非常适合冲浪、潜水、海底漫步等娱乐活动。岛上矗立的建筑物，很多都是巴厘岛风情，还特意搭配着原始村落的古朴生活气息，显得休闲又安逸。

▼ 带上孩子去巴厘岛吧，那儿会给你意想不到的收获

白天的沙努尔海滩是温柔和浪漫的。洁白的细沙铺撒而成的长长海滩，连接着一望无际的蓝色大海。沙滩边有着长长的林荫道，家长可以带着孩子在那儿悠闲地散步，让清爽的海风吹散生活烦恼的思绪，插上想象的翅膀，在柔和的风中聊着假期结束新学期的学习计划。

沙努尔海滩还有着丰富多彩的水上娱乐活动，香蕉船、水上摩托车、拖曳伞等各种娱乐项目应有尽有。洁净的海水使这里成为深潜与浮潜的最佳场所。如果喜欢高尔夫球运动，可以去北部的"海滩高尔夫球场"，

◀ 美丽的风光每年都会吸引一大批游客前往该地

那里草皮质量好，景色漂亮迷人，价钱也非常低廉。

夜晚的沙努尔海滩则是丰富多彩的。黄昏来临的时候，可以在沙滩上看到热闹的现场演唱，也可以观赏巴厘岛土著人原汁原味的舞蹈表演。家长可以让孩子观赏舞蹈表演，领略巴厘岛的土著文化。

在沙努尔海滩有一个比较有趣的海底娱乐项目，海底漫步。家长可以带着孩子参加这个项目，具体过程就是带着一个类似于太空人头盔的空气面罩，在教练的帮助下，走进一个5米左右深的海底世界，体验在海底世界漫步的感觉。由于在海底说话是听不到的，在参加项目之前，潜水教练会教游客一些简单的手语（走、停、上去、我有问题）等，方便海底交流与沟通。在海岸上穿好潜水鞋和泳衣，只需要乘几分钟船就可以到达海底漫步的海上平台，然后在教练的盼咐下跳进海水中。在水底，孩子可以与色彩斑斓的海洋生物面对面接触：在珊瑚礁中穿梭的时候，可以看到围着你的五彩斑斓的热带鱼儿，当孩子抛出手中的鱼饵时，五彩斑斓的鱼群就会如旋涡一般围在周围，如凡尔纳科幻小说《海底两万里》中描述的海底世界般梦幻，美得令人陶醉不已！

沙努尔海滩热辣辣的海洋风情，一定会给孩子的童年留下梦幻般的记忆，是假期极好的亲子游海滩。

## 亲子理由

❶ 海底漫步，能使孩子与珊瑚、热带鱼类亲密接触

❷ 体验印度尼西亚文化氛围

## 不可不游

**沙努尔海滩的散步**
沙努尔海滩的日落风景，如同妩媚的女郎，非常迷人。黄昏漫步时，在海边看着当地居民简朴又虔诚的生活方式，气息比较接近乡村的原貌。海滩附近热闹的舞厅和现场演唱，可以满足爱好热闹与声光效果的游客。

### 温馨提示

❶ 印度尼西亚属热带气候，防晒品防晒指数最好在 SPF50 以上，另需携带轻薄的防晒衣和遮阳伞等
❷ 巴厘岛受印度宗教文化的影响，需要注意宗教信仰的不同
❸ 巴厘岛的水不可直接生饮，请饮用矿泉水

# 021

## 长滩岛
### 贝壳项链与沙雕的礼物

关　键　词：贝壳　狭长　圣母岩礁
国　　　别：菲律宾
地　　　区：菲律宾长滩岛
最佳旅游时间：11月至次年2月

长滩岛，世界七大最美丽的岛屿之一。在这儿，除了风景优美的碧水蓝天之外，还有洁白、透明、艳丽的贝壳。这些贝壳五彩斑斓，有些洁白如娇小的茉莉花，有些绿得如山野间的小果实，有些蓝得如翡翠……在假期时，家长带孩子去长滩岛旅游，可以让孩子欣赏印度洋岛屿淳朴自然的美景，观赏罕见的贝壳，领略世界的丰富和美妙！

长滩岛位于菲律宾中部，没有机场。游客需先从国内坐飞机到菲律宾的卡提克兰机场，然后坐小船到长滩岛。在长滩岛，可以看到这儿海水清澈透明，恍如阳光照射下的液体宝石。长滩岛的美丽，在于它的名字——长，狭长达7千米的白色沙滩。白色沙滩犹如一根骨头，两头大中间窄，最窄的地方只有1千米左右。白色沙滩的狭长，改变了小岛的风向，使小岛呈现出两种截然相反的景象。在风浪少的小岛西部，海面静若处子，很多游人在沙滩上晒太阳、卧躺椅，享受悠闲的时光。在小岛东部，风高浪急、白浪推涌，在浪花之上的是踩着舢板的游客。随风飘扬的海风筝，如同一轮弯月在空中飞舞。小岛东部海滩玩着水上项目的游客，与西部海滩悠闲的景象是截然不同的。然而，无论是小岛的东部还是小岛的西部，都是休闲度假的天堂。

▼ 累了还可以悠一悠

菲律宾长滩岛最负盛名的是圣母岩礁。圣母岩礁高高矗立在蓝色的海面之上，这是长滩白沙滩上最具有标志性的景点了。涨潮的时候，圣母岩的礁石落入水中，游客在附近浮潜。退潮之后，游人爬上礁石去膜拜上面的圣母像。

家长如想让孩子去捡拾贝壳，可以去长滩岛第二大海滩——普卡海滩。普卡海滩位于长滩岛的北部海岸，一直

◀ 孩子们忘我地在海滩上玩球

都是以闪亮的普卡贝壳闻名于世。在二十世纪七八十年代，这些贝壳是女性流行的饰品原料。在退潮的时候，孩子可以在海滩上捡到一些漂亮的小贝壳。这些贝壳五颜六色，有些形如可爱的心，有些形如小桃子，有些形如小动物，孩子可以用绳子把这些小贝壳穿起来，做成漂亮的手链或者项链。在沙滩上也有小贩兜售贝壳手链、贝壳项链、珍珠，价格不高，且可以砍价。在海滩周围，还可以看到一道珊瑚做成的篱笆，把整个长滩岛团团围成了一个圈儿。大约30米至65米高的珊瑚围绕在普卡海滩的周围，形成了一道天然的、厚实的珊瑚墙。

普卡海滩的沙子细如白雪，质地优良。孩子可以在沙滩上用贝壳和沙子雕砌自己喜欢的沙雕城堡世界。此外，长滩岛利戈—伊利根海滩的贝壳博物馆特别有名，馆里收藏了长滩岛特有的木雕、贝壳、手工制品、陶制品、菲律宾民族服装和中国古代制品。家长可以带孩子去参观贝壳博物馆，观赏琳琅满目的贝壳饰品，开阔眼界，增长见识。

在黄昏时分，家长可以带孩子在长滩静静享受日落的悠闲时光。火红的夕阳慢慢回落到海平面之下，海面上的帆船在落日余晖的衬托下变为若有若无的剪影。当落日红霞变幻为一片火烧云的时候，就是长滩岛不眠夜的来临之时。家长可以在岛上与孩子叙说因繁忙工作而流失的亲情，展望假日结束后的新生活计划。长滩岛的美景和游乐设施都足以表明，它是假期亲子游的最佳海岛。

**亲子理由**

❶ 世界著名的冲浪胜地，能令孩子享受海水的激情

❷ 贝壳博物馆，能令孩子拓展知识面

❸ 寂静与喧哗分界的海面，能使孩子观赏奇观

**不可不游**

**大堡**

在大堡，眺望蓝天，可以领略世界罕见的、矫健俊俏的菲律宾鹰在白云间的雄姿。岛上还可以观赏绵延不绝的白色沙滩，巨型的蛤，以及沉在海底的日本战机残骸。在水底世界，有着引人入胜的海底美景、新鲜可口的海鲜，这一切使游客觉得旅游物有所值。

**温馨提示**

❶ 在长滩岛捡到的贝壳通常是不能带回国的，被海关查出来会被没收并罚款
❷ 长滩岛一年四季比较炎热，服饰以轻便舒适为原则，雨季要带雨伞和雨衣
❸ 菲律宾有收小费的习惯

# 第三章
# 海岛丛林，
# 扑入热辣辣的海洋文化风情中

碧海蓝天、椰树婆娑……这是岛屿的魅力所在。在盛夏，家长带孩子去浩瀚大海中的明珠——海岛旅游，在沙滩上如小浪花一样奔跑、跳跃，在海水中锻炼体魄，欣赏别具风味的岛屿文化，静静地享受童年纯真的快乐时光，一定会令你的孩子健康快乐地成长。

# 022

## 三亚

### 热带雨林的浪漫

关　键　词：瀑布　峡谷　黎峒风情
国　　　别：中国
地　　　区：中国海南省三亚市
最佳旅游时间：全年皆宜

三亚位于我国海南岛的最南端，是一座有着热辣辣的海滨风情的国际旅游城市。它号称"东方的夏威夷"、三亚的"香格里拉"、人间仙境一般的"世外桃源"！那儿有着久负盛名的海滩、阳光、海水，还有着散发少数民族风情的热带雨林。在假期，家长带孩子去海南三亚旅游，一定会给孩子别样的旅游体验，让孩子度过快乐的假期。

三亚作为一个国际旅游城市，交通发达，游客可以选择坐飞机、火车抵达该市。三亚比较著名的海滩景点有亚龙湾、蜈支洲岛、海棠湾、大东海等等。在游玩海景之后，家长可以带孩子去三亚特色的少数民族景点——呀诺达热带雨林，在飞花溅雪的山谷瀑布、雄伟瑰丽的峡谷奇观、异域的黎峒风情中，感受海滨山林的浪漫气息。

当游客踏入呀诺达热带雨林，仿佛置身于一片绿色的世界之中！漫山遍野都是绿，绿得令人心醉！当家长带着孩子，沿着栈道步行上山的时候，会看到这里的栈道由一颗颗大小不一的石子铺成，凹凸不平，给人很原始的感觉。在沿着栈道绕山体登高而上的时候，游客时而钻进岩洞，时而潜入雨林，时而攀上树梢。在栈道两边，孩子可以零距离观赏到各色古老又珍贵的树种"老茎生花""空中花篮""根抱石""高板根""植物绞杀"等热带雨林奇观。攀登过陡峭的石阶，走过悬在空中的摇晃的过山吊桥，叩动人心的是那一份雨林的原始与神秘、静谧与神奇……翡翠石径上蜿蜒流淌的瀑布，在山涧中润响为一支清脆的曲子，滑落为一片琥珀般静谧的湖水。在静谧的雨林中，心灵也随着流水的波动而游动，忘却了都市的繁杂与喧

▼ 三亚海滩，亲子的乐园

◀ 三亚南山观音塑像，吸引了大量的游客

器，心灵也回归到了大自然之中。

呀诺达热带雨林比较著名的景点有经石峡、梦幻谷、雨林谷、山盟海誓、快乐体验、热带瓜果乡、雨林水族馆和欢乐雨林呀诺达大型演艺区等。在经石峡景区，游客可以观赏林深幽谧和峭壁悬崖的峡谷。在峭壁岩石上刻着中国传统的经文碑刻，其为海内外最大的峡谷碑刻景观。

在梦幻谷景区，有一条纵深 1.2 千米、由落差为 200 米的瀑布构成的热带雨林沟谷。这一条瀑布有着 3 个落差不同、水位不同的瀑布，分别是迎宾瀑布、天门瀑布、连恩瀑布。瀑布水面瑰丽多彩，与热带阔叶林、溪流、巨榕、怪石搭配为一个神秘梦幻的世界。孩子在梦幻谷栈道上，听着林中的鸟叫蝉鸣，会滋生一种返璞归真的乐趣。

雨林谷景区种植着热带雨林特有的仙草灵芝、百年古藤、野生槟榔等热带植物。这里年平均温度只有 24℃，游客踱步在这儿，能感受树林中空气的清新与凉意。山盟海誓景区，是为婚庆需要所打造的景点。在快乐体验景区名目繁多的军事化游戏、拓展游戏、训练游戏、儿时游戏、对抗游戏中，家长能够找回自己童年时候的快乐，孩子也能在游戏中锻炼素质、培养团结互助的合作精神。

最后，在热带瓜果乡景区、雨林水族馆，孩子能观赏南海菠萝蜜、海南番石榴、珍品山竹等琳琅满目的热带植物，以及食人鲳、龙鱼、花罗汉等 2 000 多种热带淡水鱼。在欢乐雨林呀诺达大型演艺区中，孩子能真正欣赏一次高水准、原生态的黎族歌舞，体验黎族原生态文化，享受热带雨林黎族文化的魅力和风情，学到教科书无法教予的知识。

### 亲子理由

❶ 在热带雨林中攀登，可以锻炼孩子体力
❷ 黎族文化风情，给孩子别致的文化体验

### 不可不游

**亚龙湾**

亚龙湾，号称"东方的夏威夷"，为一个月牙湾，拥有 7 千米长的银白色海滩，沙质相当细腻。这里海水洁净透明，远望呈现几种不同的蓝色，而水面下珊瑚种类丰富，可清楚观赏到珊瑚，适合多种水下活动，包括潜水等，是一处理想的冬季避寒和休闲度假胜地。

### 温馨提示

❶ 要带吸汗、透气、容易干的衣服，背囊也应尽量选取透气性好的
❷ 海南岛紫外线辐射很强烈，游客要带好墨镜、高指数的防晒霜
❸ 热带水果不能贪吃，如芒果、菠萝吃多了，很容易上火

# 023

## 青岛

### 夏日避暑首选

关　键　词：避暑　海洋世界　栈桥
国　　　别：中国
地　　　区：中国山东省青岛市
最佳旅游时间：暑假

我国山东省的青岛市，是一座依山靠海的旅游城市。在这里，没有常见的海湾椰林，却有起伏跌宕的海上仙山、碧海蓝天与红瓦绿树互为点缀的城市风景、旖旎壮美的海岸风景、中西方文化交融的多国建筑，这一切使青岛成为世界著名的海边休闲胜地。青岛最为显著的，就是它是一个天然的"避暑胜地"。它三面环海，一面环抱青山，气候宜人，冬天不冷，夏天不热。即使在酷暑的"三伏天"，青岛也是凉风习习，悠闲安详。在暑假来临的时候，家长可以带孩子去青岛旅游，在避暑胜地享受这一座海滨城市优美休闲的气质，令孩子度过快乐的假期。

青岛作为一个著名旅游城市，交通发达，飞机、火车、高速公路都可以抵达。在青岛，游客可以去比较著名的旅游景点，如在栈桥上观赏落日风景。所谓栈桥，就是当年为清朝钦差大臣李鸿章巡游所修建的港口，几经改建变为了现在的模样。栈桥是青岛的象征和标志性的建筑物，距离青岛火车站只有0.5千米，坐2路、5路电车和6路、8路、25路、26路等公交车都可以抵达。栈桥宽大约8米，全长为440米，钢筋混凝土结构，桥尽头是有中国传统建筑风格的重檐翘角楼阁，端庄大方地矗立在碧波粼粼的海上。游人在栈桥上漫步，可以看到青岛地形如同一弯明月，栈桥如同长虹卧波，楼阁在碧海蓝天下熠熠生辉。在远处，可以看到青岛如海螺一般静卧，海岸绿荫浓密、树影婆娑，洁白的灯塔茕茕孑立。在海湾东侧和西侧，具有中西方特色的建筑物错落有致地点缀在海岬坡地上，红瓦碧墙绿树互相辉映，古典又富有特色。在西侧，壮丽恢宏的现代化建筑物拔地而起。

▼ 青岛滨水区风景优美

◀ 青岛美丽的海滩吸引了大量的游客

在栈桥上，孩子可以买1元1小袋的油条喂海鸥，好玩又有趣。站在花岗岩垒砌的防波堤上，涨潮时刻可以看到海浪惊涛拍岸，在堤下激起簇簇洁白的浪花。退潮之后，金色沙滩与赭色岩礁露出水面，孩子可以在海滩赶海拾贝、玩耍嬉闹。

家长还可以带孩子去青岛的第一海水浴场，享受夏天清凉海水的慰藉。第一海水浴场是亚洲最大的沙滩浴场，一直以水清浪静、坡缓沙细闻名于世。这里风景优美，在远处是狭长的汇泉角，海浪冲打红礁，海滩绿荫遮地，楼影朦胧。沙滩浴场碧浪金沙，如同一弯明月。游泳池的洗浴设施齐备，更衣室玲珑精致、五颜六色，浴场海水清凉，沁人心脾，绝对是夏季避暑旅游的绝佳海滩浴场。

青岛的极地海洋世界也非常值得孩子游玩。它坐落在石老人旅游度假区内，背靠青山，三面临海，交通便利，风景优美。它由海洋科技馆、极地海洋动物馆、海景商街、酒吧休闲餐饮一条街、渔人码头、四星级海景酒店六大功能区域组成。从远处侧面看，极地海洋世界外观造型如同一艘帆船，"船帆"上两个至高点分别是44.4米和55.4米，"船体"高达31米。极地海洋世界有目前世界上规模最大的极地海洋剧场，装置了2 800个观众席位。在这里，每天上演海狮、白鲸、海豚、海象等海洋珍稀哺乳动物的表演，在表演中有人鲸共舞的静谧世界，也有小动物们踊跃参加奥运会热身项目的盛况，可谓热闹至极，一定会让孩子大开眼界、增长知识。

## 亲子理由

❶ 青岛气候宜人，是避暑的最佳地点
❷ 极地海洋世界的海洋生物种类繁多，能令孩子拓展知识面
❸ 青岛齐鲁文化底蕴深厚，能让孩子享受文化的熏陶

## 不可不游

**崂山**

崂山是道教文化圣地，耸立于黄海之滨，气势雄伟，山海紧相连，岚光变幻，云气离合，是闻名遐迩的海上名山，以其雄伟、壮观、奇特、秀丽的特点成为著名的道教名山。当地古语有云："泰山虽云高，不如东海崂。"

### 温馨提示

❶ 青岛气候凉爽，夏天出游也要带上长袖衣服以防夜间气温降低而着凉
❷ 青岛是海滨城市，空气比较潮湿，衣服洗后不容易干，去青岛旅游尽量多带些换洗衣服
❸ 在海边玩水上项目一定要注意安全，要在有工作人员的水域活动

# 024

## 夏威夷群岛

### 热带风情

关　键　词：珍珠港　夏威夷土著　牧场
国　　　别：美国
地　　　区：美国夏威夷群岛
最佳旅游时间：全年皆宜

美国夏威夷群岛有着得天独厚的自然风光，是世界著名的旅游胜地。在假期，家长带孩子去夏威夷群岛旅游。那儿有树木茂盛的山谷、隐秘的瀑布、温柔的海滩，还有徒步、潜水等丰富多彩的户外活动，一定会使孩子难以忘怀。

夏威夷群岛由8个火山岛组成，分别是夏威夷大岛、考爱岛、拉纳岛、卡霍奥拉韦岛、莫洛凯岛、毛伊岛、瓦胡岛、尼豪岛。游客去美国夏威夷群岛，可以先在国内坐飞机抵达夏威夷州的首府——瓦胡岛的火奴鲁鲁，然后从首府坐抵达各个旅游景点的飞机或者轮船去游玩。

威基基海滩是美国夏威夷群岛著名的海滩。它从钻石山脚一直蔓延到阿拉威游艇码头，长达1.6千米，是世界最著名海滩之一。海滩上洁白的沙滩旁，矗立着摇曳多姿的椰子树林和整齐的高楼大厦，这种沙滩风情与现代建筑物的互相交融，就是当地的文化特色。家长可以带想玩耍的孩子去位于喜来登阿那冲浪者饭店和威基基饭店之间的沙滩区，这里有琳琅满目的娱乐项目。孩子可以散步、划船、冲浪，或者在夕阳下欣赏壮丽的海边落日美景等各种娱乐活动。傍晚的时候，在沙滩上可以观赏当地土著人表演的草裙舞，在曼妙的舞蹈中孩子可以领略夏威夷的土著文化。

家长还可以带孩子去夏威夷第二大旅游胜地，距离威基基海滩8千米的珍珠港去参观。珍珠港有一个著名的亚利桑那纪念馆，它由洁白的石膏板建成，外观修长优美。整个纪念馆分为3部分，第一部分是入口集合处，第二部分是供瞭望和典礼用的中央会堂，第三部分是祠堂。在珍珠港的亚利桑那纪念馆中，当年第二次世界大战时被日本偷袭沉没的美国航空母

▼ 夏威夷海滩跳草裙舞的小姑娘

◀ 风景优美的海滩是孩子们的乐园

舰——亚利桑那号航空母舰就躺在海底，只露出了一部分给游人观赏。家长可以带孩子走进纪念馆，浏览馆里的历史资料，观赏电影视频和水底沉没的航空母舰，对孩子讲述第二次世界大战的历史，给孩子上一节生动的历史课。

家长还可以带着孩子去夏威夷传奇农场帕克农场旅游，让孩子体验美国牛仔的生活。传奇农场帕克农场，位于夏威夷的最高峰——莫纳克亚山上。帕克农场人烟稀少，是广阔的私人牧场，洋溢着令人心旷神怡的田园气息。三三两两的马匹散落在一望无垠的碧草之中。海风吹过青葱繁茂的牧场，草原上浮起了一波又一波的浪，一直连绵到远方，实在是一幅美不胜收的田园风光图。

当游客骑着马，在这座有160年历史的农场上游览的时候，感受到的是油油绿绿的青草、淡淡的雾霭漫无边际铺散开的美景，令人忘记了自己是处在海岛之中。帕克农场在从土著的波利尼西亚文化向欧美文化转型的过程中逐渐发展和壮大起来了。在这里，矗立着漂亮的农场，保存着世界上很多地方都快消失的牛仔文化。家长可以在这儿帮孩子租一套牛仔服，让孩子戴着牛仔帽儿，骑上马儿在草场上驰骋，体验美国西部牛仔的快意。玩累的时候，家长可以与孩子在草场的竞技台上观赏当地牛仔竞赛，体验在国内没法感受的牛仔文化氛围。

夏威夷群岛美丽的海水、独特的文化氛围和历史文化，使它成为假日海岛亲子游的最佳场所。

**亲子理由**

❶ 珍珠港能让孩子感受第二次世界大战太平洋战争那一段波澜壮阔的历史

❷ 帕克农场能令孩子体验美国西部牛仔文化，增长见识

❸ 能让孩子观赏热带动植物，开阔眼界、丰富知识

**不可不游**

**恐龙湾**

这里是一处由火山口演变而成的海湾。海湾的外观如同一只卧着熟睡的恐龙，湾内水清沙细；海底有大面积的珊瑚礁，色彩绚丽的热带鱼悠游其中，风景迷人，宛如海底天堂。海湾内，水浅，海面湛蓝，浪小，鱼多，风景秀丽，那里有各种天然的珊瑚礁石和热带鱼类。

【温馨提示】

❶ 夏威夷的自来水可生饮，如怕水土不服可购买矿泉水饮用
❷ 夏威夷很暖和，带夏天的衣服就可以了。也可以带件夹克衫或毛衣，免得晚上着凉
❸ 美国的电力是115/120伏，每秒60个周期（60 Hz），如果您的设备不能接受这个电压，可能需要购买一个电压转换器

# 025

## 塞班岛

### 太平洋的壮丽海景

关　键　词：军舰岛　鸟岛　第二次世界大战
国　　　别：美国
地　　　区：美国北马里亚纳联邦塞班岛
最佳旅游时间：5—7月

▼ 美丽的塞班岛风光

塞班岛位于美国北马里亚纳联邦的首府，处在菲律宾海和太平洋之间。岛屿的西南面向菲律宾海，东北靠着太平洋。由于地处赤道，塞班岛四季如夏，有着葱郁的山脉、茂密的椰林和迷人的蓝绿色的菲律宾海。秀美的风景使世上流传有"身在塞班犹如置身于天堂"之说。在假日，家长带孩子去美国塞班岛旅游，可以观赏到迷人的蓝绿色菲律宾海，领略独特的赤道热带文化，让孩子过上一个快乐的假期。

游客可以从国内坐飞机到美国塞班岛。一到塞班岛，便会被岛上玻璃般晶莹透明的海水、无休止的海上运动、浪漫又令人兴奋的沙滩烧烤、妩媚动人的密克罗尼西亚女郎的土风舞吸引住。在世人看来，塞班岛就如同一个风情万种的女郎，吸引游人远渡重洋目睹她迷人的风采。

塞班岛上比较著名的旅游景点是军舰岛、鸟岛、万岁崖。军舰岛是塞班岛上著名的旅游景点，因保留着太平洋战争时期日军的战机残舰，又叫作军舰岛。家长可以带着孩子坐轮船到军舰岛参观。全岛周长仅有1.5千米，只需要20分钟或者30分钟就可以环绕岛屿一周。在岛屿的四周，是如雪一样洁白的沙滩，这是珊瑚被冲刷磨细之后形成的沙滩。岛上四处都是郁郁葱葱的热带植物，让人感觉恍如进入了一个与世隔绝的小宇宙。附近海域都是美丽的珊瑚礁，海水清澈，如透明的蓝玻璃。透过海水，可以清晰地观赏五彩斑斓的珊瑚礁，以及在礁石间游梭的色彩斑斓的热带鱼。灿烂的阳光折射在海面上，变幻着彩虹般的光芒，绚烂浪漫，令人流连忘返。

位于塞班岛北部的鸟岛，顾名思义，就是因栖息着

◀ 在白色的海滩上玩耍的孩子们

种类繁多的鸟类而出名。鸟岛不大，但给予了鸟类宽裕的生存空间，岛上栖息的鸟类达到上百种。海水涨潮的时候，鸟岛就变为了一座被海水包围的孤岛。在海水退潮的时候，陆地就与鸟岛相连接，可以供游人登岛赏鸟。从海岸望去，灿烂阳光的照耀使整座鸟岛熠熠闪光，如同一块与世隔绝的"翡翠"，是每一个游客游玩必去之地。游客登上鸟岛赏鸟，可以近距离观赏海鸟们千姿百态的模样。岛上有可供赏鸟的望远镜，游客花 0.5 美元就可以使用 2 分钟。在望远镜里，可以观赏小鸟们在岛上绿树林荫中或者在碧海蓝天下的倩影。

在塞班岛还有一处历史遗迹，那就是万岁崖。1944 年美军飞机攻打处在塞班岛的日军基地，日军为了逃避当俘虏的命运，在此高呼"万岁"，然后跳崖殉国。因为这一历史事件，这一处悬崖就被叫作"万岁崖"。日本为了纪念自杀的国人，以及向世人警示战争的可怕，在万岁崖上建立了观音像慰灵塔与和平纪念碑，缅怀逝去的灵魂。在这里，家长可以历史古迹为例子，对孩子讲述第二次世界大战太平洋战争的历史，这对孩子学习历史知识是非常有益处的。

塞班岛还有许多第二次世界大战时太平洋战争的历史遗址和遗留物，非常值得家长对孩子讲解相关历史知识。孩子在塞班岛旅游的过程中会学到许多教科书上没有的知识。

### 亲子理由

❶ 在鸟岛参观，可以学到很多鸟类知识

❷ 可以参观第二次世界大战太平洋战争历史古迹，学到历史知识

### 不可不游

**蓝洞**

蓝洞在塞班岛的东北角，水池内能透出淡蓝色的光泽，相当美丽。它富有变化的地形以及超高透明度的海水令潜水族们得以尽展身手，被誉为世界级的潜水胜地，难怪有人感叹："没有游过蓝洞，枉到塞班岛！"

### 温馨提示

❶ 注意安全，在动植物比较丰富的海域，不要随意乱摸乱碰，以免被咬伤或刺伤

❷ 随时注意个人财产、证件的安全

第三章　海岛丛林，扑入热辣辣的海洋文化风情中

# 026

## 悉尼

### 羊背上的海滨城市

关　键　词：悉尼歌剧院　爬行动物公园　澳大利亚文化
国　　　别：澳大利亚
地　　　区：澳大利亚悉尼市
最佳旅游时间：10月至次年4月

澳大利亚是南半球经济发达、自然资源丰富、环境优美的国家。它的养羊业非常发达，被称为"骑在羊背上的国家"。其中，澳大利亚第一大城市悉尼也是国际著名的大城市。这里有历史悠久的建筑物、美丽的海滩、魔幻绚丽的游乐场、风光绮丽的美景……假日的时候，家长带孩子去悉尼旅游，一定会给孩子天堂般的愉快体验。

悉尼作为国际大都市，堪称南半球的"纽约"，航班发达。国内游客只需坐飞机就可以抵达这个世界著名的都市。如同来北京一定要去故宫和万里长城一样，在悉尼一定要去标志性的建筑物——悉尼歌剧院参观。悉尼歌剧院位于悉尼市贝尼朗岬角，是世人公认的伟大建筑。建筑物有洁白的外表，贝壳般的雕塑体，最高的"贝壳"有20层楼高，在蓝天绿树碧海的衬托下，显得轻盈皎洁、婀娜多姿，令人叹为观止。

▼ 悉尼美丽的海滩吸引着大量的游客

游人站在悉尼歌剧院门口，一定会觉得悉尼歌剧院如同在空中飘浮的花瓣，又如同矗立在空中的3组硕大贝壳片。第一组贝壳片在西面，由4对贝壳片成串排列，有1对朝着南面、3对朝着北面，内部就是戏剧院和歌剧院最大的音乐厅。第二组贝壳片在西侧，与第一组呈平行关系，形式相同，在规模上却略小，里面是琼·萨瑟兰剧院。第三组贝壳片在西南方，由两对贝壳片构成，体形也是最小的，里面都是些购物点、酒吧、餐厅、录音室、工作室等。家长可以带孩子走进悉尼歌剧院，欣赏最棒的演出，在歌剧院酒吧的窗口欣赏美丽的海边风景，品尝餐厅的越南菜、日系菜……令孩子获得舒心惬意的旅游体验。

◀ 悉尼海港大桥，在灯光的映衬下辉煌而壮观

　　在悉尼有一个全澳大利亚最大的爬行动物公园，在园内孩子可以观赏到国内罕见的、澳大利亚独有的蜥蜴、蜘蛛、鸭嘴兽、袋熊、考拉、袋鼠及鳄鱼等动物。动物种类繁多，令人目不暇接。在动物园每天有一连串深受孩子欢迎的动物表演，表演内容有蜘蛛展（13:45）、考拉展（12:30）、爬虫秀（11:30、14:30）等，在节假日时动物秀会增加表演的场次。家长在这儿可以对孩子讲述动物知识，让孩子开阔眼界，达到寓教于乐的亲子游目的。

　　澳大利亚博物馆是一座展示澳大利亚风土人情的博物馆。在博物馆里，展览着澳大利亚原有的鸟类、哺乳类动物、澳大利亚矿物和宝石等。孩子在这里能了解澳大利亚的历史，学到教科书上无法学到的知识。

　　傍晚时分，家长可以带孩子去悉尼的达令港（又叫"情人港"）游玩。达令港建于1988年，是为了纪念欧洲移民抵达澳大利亚200周年而建。它是游客和悉尼本地居民喜欢游玩的地方，也是一处休闲和购物的胜地。在圣诞节、新年、国庆节的时候，悉尼居民都喜欢到达令港庆祝节日。在达令港西面，可以欣赏美丽的悉尼市中心风貌。夜幕（星期一、星期二除外）来临的时候，达令港有精彩绝伦的库克湾的水幕幻影激光表演，在24米高、50米宽的水幕上由激光投射影像，配上优美动人的音乐，场面壮观，令人流连忘返，赞叹不已！

　　悉尼有着优美的景致、齐全的设施和一流的服务，堪称假期亲子游的必选地之一。

## 亲子理由

❶ 观赏澳大利亚本地的动植物，使孩子大开眼界

❷ 了解澳大利亚当地文化，丰富孩子的知识

## 不可不游

**悉尼海港大桥**

悉尼海港大桥是悉尼的标志性桥梁。在黄昏斜阳的余晖中，拱桥映衬着色彩变幻的夕阳，由金黄而姹紫，由姹紫而暗褐，海面上的桥影刚刚褪淡，立刻又闪亮起斑斓的光带。当大桥钢架栏杆上璀璨的千万盏灯光闪耀，再衬上波平如镜的海湾中五颜六色的霓虹灯倒影，平添的神秘让人陶醉不已。

### 温馨提示

❶ 澳大利亚四季宜人，全年皆可穿着单薄的衣物，但应随身携带毛衣或外套，以防晚间转凉

❷ 冬季（6—8月）要穿毛衣、夹克、轻便外套等保暖衣服

## 027

# 斯米兰群岛
## 观鱼世界的美妙

关　键　词：热带鱼群
国　　　别：泰国
地　　　区：泰国斯米兰群岛
最佳旅游时间：11月至次年4月

在印度洋上，有一个岛屿被称为"安达曼海上的一颗明珠"，那就是泰国的斯米兰群岛。斯米兰群岛上丰富的旅游资源和迷人的热带风光，使它享有"金银岛""珍宝岛"的美称。斯米兰群岛一直以清澈的海水和丰富的海洋生物闻名，家长在假日的时候，带着孩子去泰国斯米兰群岛旅游，观赏海底色彩斑斓的热带鱼儿和五花八门的海底生物，可以让孩子学到很多学校和教科书没有的知识，达到寓教于乐的亲子游目的。

在交通方式选择上，游客可以先从国内坐飞机抵达泰国的普吉机场，然后坐巴士抵达拉姆码头，改乘快艇，在安达曼海向西行30多千米，就到了由9个美丽小岛组成的斯米兰群岛。这个岛屿没有普吉岛那么久负盛名，却以自身优美浪漫的气质夺人眼球。斯米兰群岛海水出奇地清澈干净，是位居世界前列的美丽群岛。整座群岛由8个小岛组成，除了8号岛被称为"明岛"之外，其余都是按阿拉伯数字1号、2号……7号排序，只有"明岛"8号岛是唯一为游客提供住宿的地方。整个小岛被白色的细沙滩温柔地环抱着，沙滩椰子林棕榈林的浓荫掩映着一排排双人小帐篷，这就是游客的住宿地。

▼ 落日的海滩风景更加怡人

除了美丽的海边风景之外，斯米兰群岛的海洋生态极佳，岛屿都没有经过开发，呈现出一种淳朴、原始的大自然之美，令人留恋不舍、心旷神怡。这儿有琳琅满目的珊瑚礁和海底生物，被称为世界顶级的潜水胜地和旅游观光点。在岛下有着密集的海扇、一望无垠的珊瑚礁、千姿百态的怪石，以及穿梭于海水中的各种海洋生物。最为神奇的是，这里的海水浮力很强，不会游泳的旱鸭子只要身体四肢平躺在海面上，

◀ 带孩子在美丽的海滩上散步，是多么惬意呀

手脚伸直，就会神奇地"漂"起来。没有受过任何潜水训练的孩子，也可以尽情享受潜水观鱼的美妙与乐趣。游客带上面罩，扑在海面从上向下观赏海底世界时，可以近距离与美丽的珊瑚亲密接触。在海底世界可以看到灿烂的阳光透入深层的海水，把海底世界渲染得如梦如幻。当孩子看着五颜六色的热带鱼从身边经过，尤其在湛蓝透明的水底看到红色大鱼游过，肯定会欣喜不已！

家长可以带着孩子报当地浮潜项目。在斯米兰群岛的东部地带潜水能给孩子留下美妙的旅游印象。斯米兰群岛的8号岛"明岛"，是整个岛上最为著名的潜水地带。在晶莹透明的海底世界中，漩涡状的、营养丰富的水域有大量色彩艳丽的热带鱼儿游来游去。如一些五彩斑斓的小鱼、成群的黑色鱼群、大批的洁白鱼群，运气好的话还可以观赏到魔鬼鱼和小鲨鱼。班古岛上的圣诞角一直以蜿蜒迷人的海湾线闻名于世。在海水中浮潜，可以观赏多彩成群的蓝鳍鲹、绿色海龟，还有穿梭其中的金枪鱼。如此美妙绝伦的海底世界，一定会让孩子大开眼界，知识面和见识也提升到一个新的高度。

## 亲子理由

❶ 观赏种类繁多的热带鱼群，增长知识

❷ 浮潜深潜，可以令孩子开阔视野

❸ 可以让孩子领略泰国文化

## 不可不游

**皇帝岛**

皇帝岛上有优美完整的天然热带岛屿风光，还有令人难忘的珊瑚礁海岸景色。这里沙滩的环境格外清幽，附近只有零星泳客、冲浪发烧友和耳畔传来的浪涛拍岸声，简直就是世外桃源！

### 温馨提示

❶ 为了保护当地的珊瑚、小鱼和海龟，每年不同季节这里的海岛都有严格的开放时间和规定

❷ 在海边游玩时注意不要超过警戒线

❸ 晕船、患有心脏病等人群坐游船快艇时需注意身体情况

# 028

## 济州岛
### 石爷爷的微笑

关　键　词：月汀里海边　石爷爷　韩国文化
国　　　别：韩国
地　　　区：韩国济州岛
最佳旅游时间：3—5月，9—10月

济州岛是韩国第一大岛，面积1 845.5平方千米，位于朝鲜半岛的最南端，是拥有传统文化底蕴和神秘自然景观的美丽岛屿。世人对济州岛的赞美颇多，如美国前总统克林顿称赞济州岛是"诸神之岛"，小说《25时》的作家称济州岛"使人生获救了"，世人都把济州岛叫作"和平之岛""韩国的夏威夷"。在那里，鲜花烂漫、海风习习、柑橘香甜、茶香飘溢、沙滩细腻……假日时，家长带孩子去济州岛旅游，可以给予孩子自然美景的熏陶和文化体验，让孩子留下快乐的假期记忆。

游客可以从国内坐飞机到韩国的济州岛。岛上几乎所有的大街小巷都矗立着一尊鼻子粗大、眼睛凸显、紧闭着双唇、令人过目难忘的火山岩石雕像。韩国人把这些雕像叫作"石爷爷"，济州土语中叫作多尔哈鲁邦。在济州岛的住宅、田园间、果园、牧场的外面围绕着由"石爷爷"堆砌的低墙。在韩国人看来，石爷爷虽然长相笨拙，缺乏威武英俊的相貌，却是意志、沉默、智慧等优秀品德的象征，所以韩国当地人就把石爷爷视为济州岛的守护神。

在济州岛的东端，是一块海拔182米，在10万年前海底火山爆发时形成的高耸巨岩，那就是城山日出峰。城山日出峰顶是巨大的火山口，在东南面和北面都是深不可测的悬崖，只有西北面是一片由草坪构成的山脊，和城里面的山村连接着。家长与孩子可以在山脊草坪上散步或者骑马。春天时，草坪周围山村的油菜花开得烂漫，可谓美不胜收。在山顶观看日出或者日落，更是一种诗情画意般的享受。家长还可以带着孩子去济州岛的中部海拔1 950米的汉

▼ 在落日的霞光下，与孩子一起欣赏这美丽的景色

◀ 济州岛恬静而美丽，很适合亲子游

拿山参观。汉拿山，在韩语中意为瀛洲山，就是高得可以抓住银河的意思。在汉拿山周围，分布着名目繁多的植物，植物种类有 1 800 多种、动物种类有 4 000 多种，温带至寒带的植物都有。孩子在山顶上，可以观察济州岛的地势，也可以观察花样繁多的植物，学到课本没有教的知识。

济州岛位于黄海与东海东端的交界处，美丽的月汀里海滩风景使它享有"韩国夏威夷"的美称。家长可以带孩子去济州岛的月汀里海边，在 500 米长的海滩上，在一望无垠的海面上，领略海风的清爽。在海滩上，矗立着白色的风车，吱吱地摇动着轮子。沿着海滩散步，可以看到月汀里特有的咖啡一条街映衬在壮阔大海的背景下，显得闲适悠然。家长与孩子可以在咖啡厅外面的椅子上喝下午茶，尽情感受海滩宁静悠闲的味道。

济州岛有一座民俗村博物馆，保存着以 1890 年为基准济州岛的民俗资料。博物馆里展览了 100 多个传统韩屋。这些屋子是把过去 100 多年间济州岛居民使用的一个个柱子、一块块石头，以及钓鱼用品、农具、生活用品一模一样地展现出来，原汁原味地保存了济州岛历史风俗。朝鲜半岛的民谣、方言、传说、民俗表演等无形文化资料，在这里都保存得比较完整。2003—2004 年，这里还是电视剧《大长今》的拍摄之地。孩子在博物馆里，可以了解一百多年来朝鲜半岛的发展历史，也可以感受电视剧《大长今》的影视氛围，在游玩过程中学到知识。由此看来，济州岛是假期亲子游的必选海岛之一。

### 亲子理由

❶ 可以让孩子了解朝鲜半岛的历史和文化
❷ 可以让孩子在此学习有关植物的知识

### 不可不游

**天地渊瀑布**
天地渊瀑布，顾名思义，就是天地相遇之意。瀑布白色的水柱如同七仙女的白色羽翼一样美丽，在植被茂盛的悬崖上伴随着天地轰隆声直泻而下，十分壮观美丽。水流沿着山路流淌，最终流入浩瀚的大海。天气晴朗的时候还能看到瀑布周围形成的巨大彩虹和光圈，五彩斑斓，更为这番美景增添了一份梦幻、神秘的色彩。

### 温馨提示

❶ 济州岛的石头属于自然遗产，游客不可以带出境。但是购买的以石头制作的旅游产品是不受限制的
❷ 韩国不提供一次性用具，如牙膏、牙刷等，建议自带旅行装

# 029

## 神仙珊瑚岛
### 和宝宝去丛林探险

关　键　词：珊瑚　热带雨林　沙雕
国　　　别：马尔代夫
地　　　区：印度洋哈阿里夫环礁
最佳旅游时间：10月底到圣诞节

在印度洋上，有一个由阳光、沙滩、大海、椰树、热带鱼构成的天堂，那里的碧海蓝天、椰林树影一直令人眷恋。岛屿上有着淳朴、热情、友善的民风，在这个人间乐园中游客能忘却自我，慵懒和自在地享受时间的流逝。如此花环幻影般的岛屿，就是印度洋上的蓝色明珠——马尔代夫神仙珊瑚岛。或许不久的将来，伴随着全球变暖海水上升，这个岛屿就会消失，但它的美丽却非常值得游人去邂逅。在这个美丽的伊甸园涅槃之前，家长在假日时光带孩子去此地旅游，能让浪漫与快乐永远铭刻在内心深处的角落，让孩子过上一个快乐又有意义的假期。

马尔代夫岛位于印度洋哈阿里夫环礁。游客可以先从国内机场坐飞机抵达马尔代夫的马累机场，然后乘坐水上飞机，大约55分钟之后转乘20分钟的快艇就可以抵达神仙珊瑚岛。在飞机上俯瞰神仙珊瑚岛，它就像一串透着碧绿光芒的翡翠项链，镶嵌在印度洋墨绿色的蓝丝绒海面上。神仙珊瑚岛是一座大型的月牙形岛屿。它的独特之处在于珊瑚礁的构造。一个天然通道把海岛分割为两个截然不同的部分。清澈湛蓝、晶莹剔透、波光粼粼的蓝绿色海水环绕在岛屿的四周，在海滩两侧是一条弯月牙儿形的，长达1.4千米、宽500米，总面积达234 000平方米的海岸线。岛屿环绕着齐腰深的潟湖，湖面一直绵延到天际。

最适合孩子的，还是马尔代夫神仙珊瑚岛宁静优美的气质。神仙珊瑚岛面积宽阔，人比较少。岛上长年累月种植的树木茂盛繁衍，葱郁茂密的树荫形成了一道独特的大自然绿色风景线。在树林中间，是一座座建筑风格古朴、原始、空间感很强的沙滩屋，这就是岛

▼ 木桥连着小岛，傍晚的灯光与蔚蓝的海水连成一片，美艳无比

上的旅社。这个岛屿只有50多间沙滩屋，人烟稀少，给人一种独自占有岛屿的自豪感。家长可以带孩子去珊瑚岛的丛林探险。在海岛上有许多稀有的植物、动物，是孩子未见过的新奇世界。家长可以带着孩子去丛林中亲自观赏那些美丽的热带植物、可爱的动物，科普知识，满足孩子的求知欲望和好奇心。

▲ 小朋友看到这美景高兴得要飞起来了

在沙滩上，孩子可以发现在国内看不到的小蜥蜴、大鸟和小昆虫，还有一些在沙滩上下蛋的海龟，这些肯定会给孩子带来一种意想不到的欣欢与喜悦。一波一波的海浪给沙滩送来不少宝贝。这些奇妙的宝贝也许是一枚枯黄的海星，也许是小巧的海螺，也许是一枚柔软的海参，也许是五颜六色的贝壳……家长可以在沙滩上给孩子上一次美术想象课：对着这些大大小小、洁白无瑕或者有奇怪花纹的贝壳，想象可以为这个贝壳画上最耀眼的图案，或者贴上小钻石做成手机装饰品……这样能令孩子插上想象的翅膀，在自由的天空下尽情翱翔。

神仙珊瑚岛海滩的沙子柔软又细腻，适合做沙雕。家长可以与孩子一起，带着小桶、小铲子，在沙滩上给沙子做一个华丽的变身。看着孩子的小脚丫印在沙滩上，听着那刷刷的铲沙声，家长能感觉孩子发自内心的快乐。当沙子变为一栋简单的小屋子、某个卡通人物、城堡、船等沙雕作品的时候，孩子的想象力得到了发挥，沙子的魅力就会显得更加独特和完美！

在神仙珊瑚岛，还有专门为孩子设立的儿童俱乐部，这是一个面积约50.5平方米的运动场，有众多的游戏项目，在俱乐部里还有自行车等娱乐设施。家长可以让孩子在儿童俱乐部与世界各国的小朋友们一起玩耍，培养孩子的动手能力和交际能力。由此可见，神仙珊瑚岛天堂般的美景和完善的娱乐设施使其成为假日亲子游的最佳选择。

### 亲子理由

❶ 岛上的儿童俱乐部可以培养孩子的动手能力和交际能力
❷ 热带雨林的生物知识能拓展孩子的知识面

### 不可不游

**沙滩屋**

沙滩屋位于海滩前，白色的墙把它隔成宁静而又隐私的住宿空间，由花园包围着，拥有独立的睡眠空间和客厅，柚木地板装修，开放式的浴室和庭院面对着海滩及两个厚柚木太阳能床。独特的设计让您充分领略美景。

### 温馨提示

❶ 必备防晒指数较高又防水的防晒霜、太阳帽、太阳镜以及晒后修复液
❷ 马尔代夫是信奉伊斯兰教的国家，男女授受不亲，不要轻易与当地女性有身体上的接触
❸ 膳食以西餐为主，大部分酒店不供应猪肉

# 030

## 毛里求斯

### 上帝的伊甸园

关　键　词：多国文化　非洲海岛　海底珊瑚
国　　　别：毛里求斯
地　　　区：毛里求斯群岛
最佳旅游时间：9—11月

毛里求斯，一个坐落在印度洋西南方的东非岛国，被誉为"印度洋上的明珠"。它是一个拥有众多群岛的美丽国家，除了海洋风情的阳光和沙滩之外，还渗透着法国的浪漫、印度的妩媚和英国的优雅。毛里求斯吸引游客接踵而来的，是风雅的海滩风情、美丽的珊瑚礁、色彩斑斓的海洋生物、种类繁多的珍禽异兽以及多种文化风情。在假期，家长带孩子去毛里求斯旅游，可以领略英国文化的优雅、法国文化的浪漫、印度文化的神秘和非洲文化的豪放。在岛上美丽的海景、繁多的野生动物、茂密的丛林、让人垂涎欲滴的美食、惊险的极限运动都能满足孩子的旅行愿望！骑着巨龟在海岛散步，品尝非洲大餐、法国大餐、印度咖喱，能给孩子与众不同的旅游体验，让孩子度过一个快乐的假期。

游客可以选择在香港乘坐毛里求斯航空公司班机前往该岛，只需大约10小时就可以抵达目的地。毛里求斯岛受特殊地质的影响，海水晶莹剔透，色彩层次分明地变化着，如宝石一样散发着瑰丽的光芒。近处的海水清澈似水晶，呈现通透明亮的碧绿色。远处的海水由湛蓝逐渐变幻为深蓝色，色彩亮丽温柔，如同由蓝色丝绸制成的旗袍，散发着一种超凡脱俗的知性气质。游人可以尽情地在洁白的沙滩上散步，观赏美景，在湛蓝的海水中玩耍嬉闹。在夕阳落下时，金黄的余晖映衬着蔚蓝的海水。当人群逐渐散去，一盏盏华灯初照的时候，游客漫步在沙滩上，清爽温柔的海风令人忘却了一切尘世俗念，浑浊的心灵也变得纯净和柔软了。

在毛里求斯群岛，大部分公共海滩都有完善的安全

▼ 海边好大的椰子树，渴了可以摘个椰子吃

◀ 海岛美丽迷人的落日奇观

设施,安全性高,家长可以放心地让孩子在公共安全海域游泳。岛的北部以众多的水上运动闻名,如深海捕鱼、滑水、海上滑翔伞、风帆冲浪等。岛的东部被开发的海滩还很少,很多都保持着大海原始、淳朴的壮丽美景,是领略海洋自然风情的最好去处。

在毛里求斯岛,家长可以带着孩子坐玻璃船,领略风光旖旎的海底世界风情。坐在玻璃船上,透过船底中央镶嵌的玻璃,可以清晰地观赏海水中五彩斑斓的珊瑚。这些珊瑚有些如同树枝,有些如同蘑菇,一簇簇、一丛丛、成片成片地生长在海底,颜色有灰有白,迷离梦幻的美景恍如神话里的龙宫世界。透过明亮的玻璃,还可以看到慢慢移动的活珊瑚,晶莹剔透如同开合的花朵,姿态优美,令人愉悦不已。游弋在珊瑚丛中的热带鱼,色彩艳丽,尤其是蓝白相间、黑白相间、紫与黄杂交黑点的彩条鱼,个头有鲤鱼那么大。阳光投射在湛蓝的海水里,映射在鱼的鱼鳞上,闪闪发光、星星点点……如此色彩奇异的海底世界令人眼花缭乱,实在是美不胜收!

毛里求斯岛还有非洲土著舞蹈、西方风格的建筑、印度美食,不同国家文化的交融,可以令孩子享受多国文化的熏陶。

### 亲子理由

❶ 可以让孩子了解非洲海岛风情,增长见识
❷ 领略岛上非洲文化、印度文化、西方文化的交会,拓展知识面

### 不可不游

**鹿岛**
这里被称作"天堂群岛",可以观赏最美的海滩风景。这里有天然的礁湖、平静的湖水、洁白的沙滩,岛上种植着美丽的椰子树,一派热带风光。岛上的建筑物非常别致,充满原始的味道,有美丽的石房子,还有茅屋。独特的风情让游客觉得不虚此行。

### 温馨提示

❶ 毛里求斯属亚热带海洋性气候,除了带夏装还需携带薄的长袖衬衫和外套
❷ 毛里求斯货币是卢比,1元人民币可兑换 4.5 卢比,把人民币换成美元后再兑换卢比比较划算
❸ 中国人去毛里求斯是免签证的,只需持有效的返程机票、酒店预订单和充足资金,便可在当地办理落地签

第三章 海岛丛林,扑入热辣辣的海洋文化风情中 | 087

# 第四章
# 梦幻邮轮，
# 做勇敢睿智的航海家

驾着大船，凌驾在万顷大海之上，模仿哥伦布、达·伽马、库克这些著名的航海家，环游世界，探知未来，劈波斩浪，做一次真正的海上英雄，这是每个孩子心中的航海家梦。在世界一流的邮轮上，梦幻般的情境、一流的设施、至尊的服务，一定能让孩子的航海家之梦成真。

# 031

## 迪士尼梦想号

### 迪士尼的动画梦想

关　键　词：梦想　童话　漂流岛
国　　　别：美国
地　　　区：美国佛罗里达州卡纳维拉尔港
最佳旅游时间：秋冬季节

迪士尼梦想号是迪士尼公司为全世界怀着童话梦想的孩子提供的豪华邮轮航游服务。邮轮上有孩子喜欢的超级梦幻的迪士尼乐园，以及为孩子营造的漂浮在海洋上的童话世界。与迪士尼其他邮轮不同，迪士尼梦想号是最新、最大、设施最为豪华的邮轮。迪士尼梦想号专门为携带小孩的家庭提供短期的海上度假体验，满足亲子游的各种需要。在设计上，迪士尼梦想号极力实现优雅的动画装修与奇异的动画幻想的完美结合，极力为孩子打造一艘最壮观的梦幻动画邮轮。在假期，家长带孩子登上迪士尼梦想号航行，给予孩子快乐的假期记忆，无疑是一次很明智的选择。

迪士尼梦想号整艘邮轮长达 340 米，客舱数量达 1 250 个，排水量 12.8 万吨，拥有甲板 14 个，可以容纳乘客 4 000 人。整艘邮轮是根据流行的动画装饰艺术设计，在中央大厅悬挂着一盏镀金的水晶灯，地上铺着手工制作的羊毛地毯，墙壁是美丽高贵的大理石皇宫墙壁，刻画着迪士尼著名动画人物睡美人、贝尔公主、灰姑娘、白雪公主的手绘图像。色彩斑斓的童话情境设置令孩子恍若进入了一个梦幻的童话世界中。

▼ 靠岸的迪士尼梦想号，造型奇特

邮轮上有为孩子专门设置的游泳池、美味可口的餐饮、原汁原味的迪士尼音乐剧、童话主题的餐厅，处处给予游客们童话般的温馨享受。

迪士尼梦想号以美国佛罗里达州卡纳维拉尔港为母港，为游客提供 3 晚至 5 晚的巴哈马航程服务。邮轮停泊的地点主要是巴哈马首都拿骚、属于巴哈马共和国管辖的迪士尼私人岛屿漂流岛以及佛罗里达州的基韦斯特。

游客可以先从国内坐飞机到美国的奥兰多机场，然

◀ 在梦想号顶层的露天泳池，孩子们玩得不亦乐乎

后在奥兰多码头登上迪士尼梦想号邮轮。傍晚时刻，迪士尼邮轮开航，大约第2天9:30抵达巴哈马首都拿骚。游客可以在拿骚下船观光。拿骚作为巴哈马的首都，也是整个国家最繁华的经济中心，那里有一条具有深厚历史感的街道——港湾街。在港湾街上，错落有致地矗立着英国乔治国王时代的浅色建筑物、造型奇特的店铺、木质公寓。罗马时代的庞贝博物馆展览的文献、艺术品、画卷也向游人有声有色地讲述着巴哈马数百年来变迁的历史。

下午17:15，迪士尼梦想号起航离开拿骚，前往迪士尼公司专买的漂流岛。大约在第3天8:30，邮轮将抵达漂流岛，游客可以下船在岛上观光。迪士尼漂流岛以前叫戈尔达岛，是位于巴哈马北部地区阿巴科群岛的岛屿，由华特迪士尼公司购买之后，为公司专有。同时，它也是世界邮轮业中唯一私人专属的岛屿。迪士尼梦想号邮轮直接停船靠岸，不需要任何小船接驳，游客就可以直接上岸。在迪士尼漂流岛上，时不时有迪士尼动画人物出现，与游客一起跳舞、做游戏或者留影。岛上宝石蓝的海水、沙滩上又白又细的沙子、高高的茂密的椰子树，让游客获得愉悦的海滨风情体验。岛上还有各种为游客供应的免费餐饮，如热狗、自助式烧烤、风味薯条、牛肉汉堡、玉米棒、汽水、沙拉等等。

在漂流岛上吃完午餐，玩耍休憩之后，下午16:45起航回奥兰多。游客在邮轮上度过快乐的一晚，第4天抵达出发地奥兰多。迪士尼梦想号梦幻愉悦的航程就这样结束了。在航程中，游客可以享受迪士尼梦想号至尊的服务、童话般的体验，感受美妙绝伦的风景。

### 亲子理由

❶ 在邮轮上体验迪士尼童话的梦幻情调
❷ 让孩子了解巴哈马国家的历史文化

### 不可不游

**奥兰多**
奥兰多位于美国佛罗里达州的中部，是世界上最好的休闲旅游城市之一。市区有多个面积不小的湖泊，道路也非常干净，这里的居民非常友善，宜人的气候使这里成为旅行、露营、水上活动的最佳去处。

### 温馨提示

❶ 在船上宾客可以选择现金结账或信用卡结账的方式
❷ 邮轮离开港口之前会安排救生演习，这是邮轮必有的安全项目。随着7声长笛音，所有游客需穿上救生衣到事先规定的区域，听从船员的指挥，井然有序地逃离到安全地带

# 032

## 嘉年华梦想号

### 巨大的水上乐园

关　键　词：嘉年华梦想号　海盗　玛雅
国　　　别：美国
地　　　区：美国新奥尔良市
最佳旅游时间：全年皆宜

嘉年华梦想号，美国嘉年华邮轮公司推出的第一艘梦想系列邮轮。嘉年华梦想号邮轮的首航时间是2009年，总吨位约120 000吨，船长为306米，可以搭乘游客大约3 700人，是嘉年华系列邮轮中最大的一艘。在嘉年华梦想号邮轮上，可以玩有趣又刺激的游乐设施、观赏美丽的海景和璀璨的星空。每年的节假日或者暑假，嘉年华梦想号都会吸引全世界的家庭来游玩，是亲子游的绝佳邮轮。

嘉年华梦想号设计得非常梦幻和别致，船尾如美丽的鲤鱼尾巴，船的中庭如钢琴按键，室外舞蹈俱乐部由闪烁的发光二极管装饰。嘉年华梦想号是一个水上旅行娱乐公园，到处都是充满乐趣的游乐设施。船舱是有特色的大厅，散发着梦幻、富丽堂皇、华美的气质。沿着大厅的螺旋形楼梯直上，可以观赏湛蓝的天空，乘上观光电梯可以探望天井。3楼的大堂是游客服务中心、大堂吧、休闲座椅、上岸服务柜台、随时演奏的娱乐文体活动。在3楼到5楼的大堂楼梯上特意摆设有钢琴，钢琴的音乐声荡漾于大厅。在游玩设施上，邮轮也专门考虑了孩子的需求。船上有惊险的100米水上滑滑梯，设有专门针对5个年龄组的主题营地和儿童活动，以及专门面向15～17岁青少年的、与美国可口可乐公司合作经营的无酒精DJ舞池。在船上，还有专门为家长准备的晚上托儿活动。在每晚10:00至凌晨3:00之间，家长只需要花费6.75美元至10多美元，就可以让孩子参加深夜儿童聚会活动，在玩的过程中孩子开心，家长也自由。

要抵达嘉年华梦想号邮轮的登船地点，游客可以先

▼ 靠岸的嘉年华梦想号雄伟壮观

◀ 邮轮上的游泳池是孩子们的乐园

坐飞机到美国的新奥尔良。具体是先从新奥尔良起航，然后沿着密西西比河经墨西哥湾、开曼群岛、牙买加，驶往加勒比海。在墨西哥湾，嘉年华梦想号停靠的主要地方是科苏梅尔。在科苏梅尔，游客可以看到40余处玛雅古迹。当嘉年华梦想号停泊在开曼群岛的时候，游客可以观赏绿海龟、鬣蜥、蜥蜴和青蛙。在岛国牙买加，可以观赏皇帝港的加勒比海盗文化。之后，进入加勒比海，将会在伯利兹港口停泊。在伯利兹市，游客可以观赏热带丛林、沼泽、山地，还有包括爬行动物、哺乳动物、鸟类在内的各种野生动物，一定会给孩子带来多姿多彩的中美洲文化体验！

之后，嘉年华梦想号邮轮抵达的重要地点是洪都拉斯的罗丹岛。罗丹岛是1502年哥伦布首次抵达的目的地，是美洲十大旅游景点之一。在罗丹岛上，孩子可以观赏到全美洲最美丽的沙滩、茂密的热带雨林、艳丽的珊瑚礁、种类繁多的海洋生物、洁白的沙滩和清澈的海水。在岛上，孩子可以深潜和浮潜，观赏海底色彩斑斓的海洋生物和多姿多彩的珊瑚礁。在海边和浅海珊瑚岛上耸立的茂密红树林中，可以观赏栖息着的美丽海鸟。在海边，还可以参观历史遗留的海盗沉船，体验当年的海盗文化。

嘉年华梦想号抵达的最后的重要城市是墨西哥的考斯特玛雅。在考斯特玛雅，孩子可以体验美洲的玛雅文化、中美洲独特的生活情调，饱览热带海滨城市美丽的风光。

当嘉年华梦想号返航起程的时候，留在孩子记忆里的，会是丰富多彩的中美洲文化体验、快乐的人生经历，以及在旅途过程中积累的知识和人生阅历。

### 温馨提示

① 邮轮船票价格约为794美元每人起（双人间价格）
② 船票可以在网上预订

### 亲子理由

① 嘉年华梦想号巨大的水上乐园，给孩子快乐的体验
② 让孩子体验美洲文化、海盗文化、玛雅文化

### 不可不游

**玛雅古迹**
在洪都拉斯，有着玛雅人留下的历史古迹。这些古迹主要有曾支撑巨大穹隆形房顶的千柱广场、武士庙和庙前斜倚的两座石像，以及9层、高30米呈阶梯形的库库尔坎金字塔，筑在高台上呈蜗形的玛雅人古天文观象台。游客可以感受历史上的玛雅文化，体会历史的沧桑。

第四章 梦幻邮轮，做勇敢睿智的航海家 | 093

# 033

## 海洋魅力号

### 梦工厂的动画情节

关　键　词：城市社区　梦工厂　加勒比海
国　　　别：美国
地　　　区：迈阿密市、科苏梅尔、拉巴地、罗德岱堡
最佳旅游时间：全年皆宜

　　海洋魅力号邮轮，2008年2月开始建造，在2010年10月28日完工。这是一艘堪称海上奇观的豪华邮轮，隶属于美国皇家加勒比邮轮公司，是世界上最大邮轮——海洋绿洲号的姐妹船。海洋魅力号邮轮长达360米、高72米、宽47米，排水量为22万吨，比20世纪初的泰坦尼克号还要大5倍，拥有18层甲板与2 000多个客舱。在大厅两头一共有12台观光电梯，能快捷又方便地观赏海上美景。

　　海洋魅力号邮轮号称陆地上的城市，它模仿城市的"社区"修建设施，餐馆、商店、剧场、游乐场、高尔夫球场等生活娱乐设施应有尽有，如同一座移动的海上城市，给游客舒适的现代化都市享受。根据活动的主题，可以把邮轮设施划分为欢乐城、中央公园、游泳池、海上水疗、娱乐世界、健身中心、皇家大道、青少年活动区等，满足不同年龄段游客的需要。在邮轮8层的露天中央公园里，栽培着各式花卉，流露着生机盎然的气息。

▼ 豪华大气的海洋魅力号

　　邮轮有着专门为孩子设计的娱乐设施。如在这儿有专门的家庭户外娱乐区，家长与孩子在这里可以玩游戏，享受家庭团聚的快乐。有欢乐城，里面有旋转木马、一个篮球场、两座攀岩壁、为青少年设置的SPA、15米高的攀岩、冲浪池以及梦工厂等娱乐设施，孩子能在这里玩得开心。皇家加勒比邮轮公司还为需要独处的父母着想，开办了为6个月以上孩子设置的托儿所。家长可以让孩子在托儿所里参加主题舞会、DJ培训、手指画等各种活动，让专业人员管理孩子，让自己在邮轮上享受片刻的"自由"。

　　海洋魅力号邮轮还能令游客生活得非常舒适。公司

◀ 邮轮上的游泳区凸显华丽

专门设计了最先进的污水垃圾处理方案，尽量降低垃圾对海水和大气的污染。非常值得一提的是，在船上还有专门的婴儿计划，家长可以在船上为婴儿买到纸尿裤、有机食品、婴儿纸巾等等，解决家长带孩子的负担。

海洋魅力号在美国迈阿密市起航，航程是美洲的加勒比海地区。途中第一个停泊的城市是墨西哥的科苏梅尔。科苏梅尔是美洲玛雅人的圣地，在该城市中游人可以饱览玛雅文化完整的古迹——图伦古城，在此怀古悠思；在岩壁上可以欣赏一望无垠湛蓝的加勒比海。

离开科苏梅尔之后，邮轮继续航行，游客可以在邮轮上度过一天，并且享受完善的健身服务、水疗与按摩服务。之后，邮轮抵达的城市是牙买加的法尔茅斯。法尔茅斯有着非洲色彩、西班牙风格、英国传统三者相结合的独特文化，游客可以与友善好客、热情洋溢的当地人打交道，体验复合文化的魅力情调。

之后，邮轮继续航行，抵达的城市是南美洲海地的拉巴地。在拉巴地，游客可以欣赏原生态的海岸美景，体验丰富多彩的水上娱乐活动，欣赏生机勃勃的自然风光。离开这个城市之后，邮轮起航，游客在海上巡游一天。在这一天中，游客可以来到顶层甲板，坐在太阳椅上享受热情的加勒比海阳光。在夜幕降临时，游客可以观赏主剧场里的歌剧与戏剧，以及爵士情怀、冰上演出、脱口秀等滑稽表演活动。此外，游客还可以在露天特色餐厅、室内风情酒吧、舞池享受浪漫的夜生活，或者在皇家游乐场一试身手。

当邮轮抵达美国佛罗里达州的罗德岱堡时，这一场带给全家无限美好回忆的旅程就结束了。

**温馨提示**

在国外旅行要注意自己的人身安全，并遵守当地的法律法规

**亲子理由**

在邮轮上享受优质的服务，欣赏美丽的海景，同时这里还有为孩子设计的娱乐设施项目

**不可不游**

**基韦斯特**

基韦斯特岛是佛罗里达岛链上最著名的岛屿，散发一种与世隔绝的宁静气质。岛上多为2层的木屋建筑，色彩明亮。屋前路边盛开着簇簇鲜花，宽大的棕榈叶翠绿欲滴。那里有海明威故居，值得游人瞻仰。

第四章 梦幻邮轮，做勇敢睿智的航海家 | 095

# 034

## 挪威爱彼号

### 海绵宝宝的微笑

关　键　词：地中海文化　浪漫　海绵宝宝
国　　　别：美国
地　　　区：地中海地区
最佳旅游时间：一年四季

挪威爱彼号邮轮是北美丽星邮轮集团的14艘五星级豪华邮轮之一。在爱彼号邮轮上，游客仿佛置身于大型的海上主题乐园之中，有着非同凡响的愉悦体验。游客在这里可以获得最佳的海上之旅的体验。在几乎一半有阳台的客舱上，游客可以欣赏到风景如画的无敌海景。在邮轮上，设置有适应不同年龄段的游乐设施与青少年儿童活动项目。在这里有一个举世瞩目的、刺激心灵的水滑梯。孩子在滑道的中央，可以冲进一个露天的大碗里，然后再继续向下冲到滑道之中。此外，还有一个11米高的攀岩，可以供孩子享受刺激的攀岩游戏。最吸引孩子的，还是邮轮公司与尼克公司合作，在邮轮上矗立的海绵宝宝卡通形象。海绵宝宝与朵拉成了中国许多热爱动画的孩子的好朋友，孩子看到这两个可爱的卡通人物，一定会欣喜不已。

当挪威爱彼号邮轮在热带加勒比海上航行的时候，游客可以体验用冰块打造的Ice Bar（冰吧）的浪漫情调。在邮轮上还有许多传统的晚宴俱乐部、时髦夜店，以及最著名的火辣辣白热派对。白天，游客可以享受邮轮完善的娱乐设施带来的乐趣，如可以在大型水上乐园畅游，参与软式网球场、复合运动中心、健身中心、攀岩场、保龄球馆等组织的多种健身活动。游客还可以在世界级的SPA水疗馆享受水疗服务，在保龄球道上锻炼臂力，在两层楼高的电玩区玩电子娱乐项目。

在交通方式的选择上，游客可以先从国内坐飞机抵达西班牙的巴塞罗那，然后在港口登上邮轮。挪威爱彼号邮轮的航程是西班牙的巴塞罗那、法国的夏纳、意大利的那不勒斯或罗马、佛罗伦萨。当邮轮在巴塞罗那起航的时候，游客可以感受到这一座地中海沿岸西

▼ 邮轮将要起航，美丽壮观

班牙第二大城市的超凡活力。这座城市依山傍海、风景雄浑沧桑,是西班牙著名的艺术与文化中心。在老城区,游客可以观赏许多哥特式建筑与中世纪建筑遗址的风景,可以享受地中海气候阳光明媚、鲜花盛开的景致以及温和宜人的城市气息。城市郊外著名的金色海滩所散发的人文浪漫气质,更令游客恋恋不舍。游客还可以在这里品尝西班牙的特色小食和正宗的加泰罗尼亚的美味佳肴,美景加美食一定会令游客难以忘怀。

▲ 邮轮上在游泳区休息的游客

挪威爱彼号邮轮的第二站是法国著名城市戛纳,这是一座拥有地中海明媚风光的休闲城市。这里有长达5千米的沙滩,拥有永不凋谢的花朵,被法国人称作"大地的乐园"。游客漫步在城中,可以观赏蔚蓝天空映照下的白色楼房,以及在沙滩边矗立的一排挺高大翠绿的棕榈树。两者交相辉映的景色,是一幅自然又美丽的画卷。天性浪漫的法国人一直都认为戛纳是绝美的避暑胜地,夏天凉爽的海风、冬天和煦的阳光,让任何人都恋上了这一处繁花盛开的天堂。

邮轮抵达的第三座城市是意大利的那不勒斯。那不勒斯是意大利南部第一大城市,也是一个洋溢着拉丁魅力的城市。在街巷中,游人可以倾听哀婉或者热烈的意大利民谣。远处遥遥相对的维苏威火山与碧海蓝天构成了一幅如诗如画的图景。在这里,家长可以对孩子讲述罗马神话中女妖塞壬的故事。塞壬以美妙的歌声迷惑来往的水手致使他们坠身海底。后来她爱上了尤利西斯,为了爱情,自己投入了大海。后来女妖的身体被海浪冲到岸边,就成了那不勒斯湾。除此之外,还可以在这里品尝意大利独特的比萨饼和美酒,一定会给味蕾带来美妙的刺激。

当邮轮离开那不勒斯时,这次邮轮之旅就结束了。如此浪漫的地中海航行之旅,定会成为全家人的珍贵回忆。

### 亲子理由

亲近海绵宝宝的形象,感受地中海的美景,体验地中海的浪漫文化

### 不可不游

**地中海美景**

在邮轮上,沿途欣赏地中海的碧波荡漾、阳光普照、天堂美景。地中海沿岸海岸线曲折、岛屿众多,其自然风光和人文景观也十分壮观。一路上各地的地中海文化遗址,一定会令游客陶醉在波澜壮阔的欧洲历史文化情调中。

**温馨提示**

乘客应注意停泊港口的时间与船上时间可能有差别,请依照船上的时间自行作适当安排,避免误点。挪威邮轮公司将不负责乘客如未能按时登船所导致的损失

第四章 梦幻邮轮,做勇敢睿智的航海家 | 097

## 035

# 钻石公主号

## 北国风光

关　　键　　词：冰川　北冰洋　野生动物
国　　　　别：加拿大
地　　　　区：温哥华、凯奇坎、朱诺、史凯威
最佳旅游时间：夏季

钻石公主号是一艘体积庞大、设施比较完善的世界级豪华邮轮。它船长290米，高62.5米，载重11.6万吨，总吨位达115 875吨，如同一座在海上漂浮的五星级酒店，吃、喝、玩、乐应有尽有。豪华邮轮可以容纳乘客2 670位，一共有1 337间客舱，有748间客舱附带私人露天阳台。游客不用走出客房，就可以在阳台上凭栏观赏海上的美景。船上有5个主餐厅，可以提供欧美风味菜肴、意大利风味菜肴、亚洲风味菜肴，满足不同乘客的口味需要。

邮轮上除了有面对不同儿童组开展的游戏活动，如专门的街舞培训、无酒精派对、比萨饼制作、化妆品课程等等，最独特之处是可以让孩子领略北国风光。钻石公主号吸引孩子游玩的卖点在于可以让孩子领略童话里冰雪王国的风光。邮轮的航行路线是加拿大的温哥华到北冰洋的阿拉斯加，在这短短7天的航程中，孩子能了解大自然的奥秘，学到丰富的知识，欣赏到壮丽的北国风光。在航行过程中，孩子还可以游览世界上最独特的冰川湾国家公园。

游客可以先从国内坐飞机抵达加拿大的温哥华，然后在港口乘坐这一著名邮轮。在港口，远远眺望钻石公主号邮轮，它如同一座十多层楼高的小山，在阳光照射下乳白色的船身显得格外耀眼明艳。下午登上邮轮，6点抵达世界著名的鲑鱼之都——凯奇坎。邮轮停泊的时候，游客可以登岸观光，如登上邮轮公司拥有的捕蟹船，尝试捕捉当地著名的阿拉斯加帝王蟹。如果孩子喜欢动物，家长可以带着孩子去探寻各种野生动物，如黑熊等等。玩了一天，可能邮轮会在下午6点钟起航。

在第3天，钻石公主号邮轮可能抵达阿拉斯加首府朱诺。这一天，游客可以乘坐直升飞机在空中鸟瞰地面壮观的河流——门登霍普河。家长也可以与孩子沿门登霍普河白水，体验惊险刺激的漂流活动。喜欢悠闲的，可以乘

◀ 钻石公主号造型奇特，壮观美丽

坐邮轮上的水上飞机，观赏朱诺的万年冰；喜欢运动的，可以参加户外的烤鲑鱼团或者观鲸团，享受烧烤与观赏鲸鱼的快乐。

这一天大约在晚上7点起航，经过一晚的航行，在第4天早晨5点半抵达史凯威。在这个城市，游客可以观赏世界上最美最精致的古董火车，那是19世纪淘金热潮时建的。在古董火车上，追随当年淘金者的步伐，在经过海拔高度900米的白色隘口时，领略地势险峻陡峭的山峰的美景——风光旖旎的湖泊、郁郁葱葱的森林、覆盖着一片皑皑白雪的雪山，感受100多年前淘金者艰辛刺激的人生经历。

第4天大约在晚上8点半起航，然后在冰川湾国家公园里巡游。在这里，游人可以观赏阿拉斯加最伟大的景观。冰川湾国家公园是一片遍布晶莹的蓝色冰块的山川，为了保护冰川湾美妙绝伦的自然风景，每天只安排两艘邮轮进入。公园中有白雪皑皑的山脉、宁静的避风港与海滩、月牙儿状的深深海湾、宽阔的淡水湖。家长可以让孩子观察狼、雷鸟、鲑鱼、秃头鹰、黑熊、棕熊、驼背鲸、虎鲸等动物，向孩子普及动物知识。第5天白天，阳光穿透云层，散落的冰山沐浴在一片洁白的光辉下，游人可领略这幅壮丽的美景图。

在饱览冰川美景之后，钻石公主号邮轮起程返航。邮轮上为游客准备了美味佳肴，令游客有宾至如归的感觉。这段快乐的阿拉斯加之旅，定能让孩子受益终生。

**亲子理由**

欣赏北冰洋的美景，学习阿拉斯加野生动物知识

**不可不游**

青少年游戏活动
邮轮为儿童和青少年准备了"小小骑兵"、淘金小游戏和"致命捕捞"螃蟹分类大比拼等特色活动。孩子在玩耍过程中能了解更多关于阿拉斯加野生动物的知识。参与游戏过程中还能获得精美的手工艺品。

**温馨提示**

北冰洋地区气候寒冷，需要多带衣服

第四章 梦幻邮轮，做勇敢睿智的航海家

# 036

## 新阿姆斯特丹号

### 欧洲文化体验

关　键　词：小食神　地中海　文艺复兴
国　　　别：意大利
地　　　区：游览地中海主要港口城市
最佳旅游时间：全年皆宜

新阿姆斯特丹号是采用先进的造船技术，集浪漫与完美为一体的新型豪华邮轮。邮轮采用新颖的设计方式，提供个性化的优质服务，适合喜欢全家一起出行，领略欧洲文化的旅游者和邮轮爱好者。它的起航港口城市是西班牙的巴塞罗那，途经法国、意大利等沿海港口城市，一定令游客收获浪漫的假期体验。

在交通方式的选择上，游客可以从国内坐飞机抵达西班牙的巴塞罗那市。这艘邮轮的特别之处在于有专业大厨为家长讲授适合孩子的美食课程，并有主厨与美食家手把手教孩子制作各种可口的饭菜、精美的蛋糕甜点，让孩子过一把"食神小当家"的瘾。

新阿姆斯特丹号邮轮拥有夜间俱乐部、休闲娱乐厅、有现场钢琴演奏的酒吧等设施。邮轮顶层还有一大一小两个游泳池，以及可伸缩的室内温水泳池。邮轮尾部的顶层还设置了专门的露天野外模拟绿洲，绿洲上设置了小型游泳池、网球场、篮球场等运动设施，能让孩子开展多种体育运动，提升身体素质。此外，邮轮上美妙无比的饭菜也会触动孩子的味蕾，刺激其食欲，让孩子获得绝妙的美食享受。

▼ 希腊的科孚岛，是茜茜公主的最爱

邮轮从巴塞罗那起航的时间大约是 16:00，在第 2 天上午抵达法国普罗旺斯的马赛。在这个浪漫的魅力港口停泊，无疑给这次邮轮之旅增添了情调。游人可以欣赏马赛薰衣草的美景，之后 17:00，邮轮缓缓离港前往下一个精彩目的地。

第 3 天，邮轮将在 8:00 抵达摩纳哥的旅游胜地蒙特卡罗。摩纳哥的楼房依着山势而建，道路都是呈梯级状的山路，每一条街道都可以眺望美丽的地中海风光，到了18:00邮轮缓缓起航离开。

　　第4天，邮轮抵达佛罗伦萨。在这座城市，游客可以观赏文艺复兴时代遗留下的古迹，感受那古典的文化气息。晚上，就要挥手告别这个庄严与秩序、和谐与优美共存的城市，20:00邮轮起航前往下一个目的地。

　　第5天早上7:00，邮轮抵达罗马，在感受罗马城市的文化气息之后，于晚上19:00离开。第6天早上8:00，邮轮抵达意大利的那不勒斯，这是意大利最美丽的海港城市。下午17:00，邮轮起航，在第7天的10:00，抵达意大利的西西里岛。白天，游人可以体会西西里岛简单又世俗、恬淡又富有趣味的世外桃源格调。18:00，邮轮继续起航。第8天与第9天，游客可以在邮轮上享受至尊的服务，第10天早上8:00抵达希腊的卡塔科隆港。这个港口城市是古代奥林匹克运动会的发源地，参观古迹之后，邮轮在17:00离开。第11天，邮轮抵达当年茜茜公主的挚爱之地——希腊的科孚岛。在岛上欣赏具有神话气质的美景之后，17:00邮轮继续航行，在第12天上午8:00抵达"亚得里亚海滨明珠"——克罗地亚的杜布罗夫尼克，下午16:00缓缓起航。第13天，抵达的城市是意大利威尼斯。在领略景色旖旎、古韵十足的历史名城风情之后，新阿姆斯特丹号的浪漫巡游之旅也就这样画上了完美的句号。

　　如此美妙的旅程定会让孩子久久难忘。

▲ 新阿姆斯特丹号邮轮美观大气

**亲子理由**

在邮轮上能让孩子当当小食神，亲手制做各式美食

**不可不游**

**杜布罗夫尼克**

克罗地亚的杜布罗夫尼克是欧洲乃至全球游客理想的旅游和疗养胜地，值得一游。

**温馨提示**

此条航线需要办理西班牙签证

037

# 玛丽皇后二号

## 璀璨的银河星空

关 键 词：大西洋 天文馆 高雅
国　　别：英国
地　　区：航行地区为英国与美国，大西洋海域
最佳旅游时间：一年四季

玛丽皇后二号是一艘隶属于英国卡纳德邮轮公司的豪华邮轮。玛丽皇后二号一共有5个游泳池、15个餐厅和酒吧、1个赌场、1个舞池、1个天文馆、1个舞台。它独一无二的地方，就是拥有全世界唯一的海上天文馆。孩子在邮轮上，每个晚上都可以眺望浩瀚苍穹的闪烁群星，在璀璨银河的陪伴下安然入眠。家长如果带孩子去邮轮上度假，在快乐航行的过程中能让孩子学到书本没授予的天文学知识，达到寓教于乐的目的。

玛丽皇后二号的航程一般是大西洋，可以观赏大西洋的海洋风情。为此，游客可以从国内坐飞机抵达美国纽约，从纽约港口坐邮轮。在港口观赏玛丽皇后二号邮轮的时候，都会为它散发的庄严与典雅的气质而折服。它的一个特征是文化韵味十足，仿佛一个艺术品陈列的殿堂，20步之内就有壁画、浮雕、油画水彩、雕塑等艺术作品。在这些艺术作品中，有300件是专门邀请当代艺术家创作的。其中，天文馆的弧形天幕，是迄今为止豪华邮轮上罕见的。在弧形天幕中藏着一个天文望远镜，当作为天花板使用的时候，就把底下的板子合上，当作为天文望远镜的时候，就把底下的板子垂着。孩子通过天文望远镜，可以观察宇宙中浩瀚的星星，宇宙太空神秘莫测之美是非常震撼人心的。在观察过程中，孩子也学到了丰富的天文学知识。

玛丽皇后二号从纽约港起航，在航行的过程中，游客可以品尝邮轮餐厅提供的饕餮大餐。邮轮上的食物及正餐时的非酒精饮料都是免费供应给游客的。从清爽可口的小菜、味道丰富的正餐到风格多样的小吃，应有尽有，让游客享尽口服，给味蕾美妙的刺激与享

▼ 玛丽皇后二号邮轮航行在波澜壮阔的海中

◀ 美国哈佛大学美丽的校园景观

受。家长可以带着孩子在船上欣赏大西洋晶莹剔透的海水，或者在篮球场、足球场、健身房玩耍游玩，还可以用天文望远镜进行观测。总之，邮轮上完善的服务设施，一定会让你度过快乐的假日。

第2天邮轮抵达的城市是加拿大的哈利法克斯。哈利法克斯是加拿大重要的港口城市，也是通向欧洲大陆的重要港口。这个城市气候宜人、风景秀丽，也是加拿大大西洋地区著名的运输、文化、经济、金融、研究中心，这个城市既有大城市应有的便捷与繁华，也有小市镇的友善与宁静。

之后，邮轮起航，接下来抵达的城市是美国马萨诸塞州的首府与最大城市——波士顿，它也是新英格兰地区最大的城市。由于它具有古老的文化价值，被誉为"美国的雅典娜"。在这里，游人可以走访美国最古老的高等教育机构——哈佛大学，以及世界理工大学之最——马萨诸塞理工学院。

游览北美洲大西洋沿岸的主要城市之后，玛丽皇后二号返航回到起点纽约。在豪华邮轮上享受各种丰富多彩的娱乐项目，观赏精彩绝伦的节目，体验人生应有的快乐与喜悦之后，相信每个人都会感慨，这一次旅行不虚此行。

**亲子理由**

在邮轮上，可以通过天文望远镜瞭望浩瀚的宇宙星空，学到天文学知识

**不可不游**

公园街教堂

公园街教堂位于波士顿，红砖墙，圆门厅，白塔尖。教堂悠闲的气氛令人心情愉快。

**温馨提示**

邮轮上的饮食服务等各种服务活动需要支付小费，请务必注意

第四章 梦幻邮轮，做勇敢睿智的航海家 | 103

# 038

## 风神号

### 户外运动

关　键　词：水手　大西洋　绿洲
国　　　别：德国
地　　　区：里斯本、阿加迪尔、兰萨罗特、大加纳利岛、戈梅拉岛
最佳旅游时间：一年四季

风神号邮轮是一艘很特别的邮轮。与拥有巨大螺旋桨、具备海上都市规模的巨型邮轮不同，它的特点是小巧玲珑、典雅精致，在小型奢侈邮轮排名中荣登榜首。风神号规模不大，载客量才312人，总吨位数是1.47万吨，船体长度为187米，甲板一共有6层。然而，麻雀虽小，五脏俱全，风神号邮轮上可谓应有尽有。精美的船舱布置、奢华的簇绒床头架、漂亮的室内装潢、漂亮的埃及棉床单，使人仿佛置身于一片美丽的"绿洲"之中。邮轮上还有齐全的体育运动项目，如皮划艇、潜水、帆船、浮潜等，非常适合十岁左右的孩子参与。在假期，家长可以带着孩子登监风神号，在邮轮上享受征服海洋的成就感，参观航行中沿岸的历史古迹，一定能令孩子度过充实又有意义的假期。

风神号的航行路线有两条，第1条是7晚8日的欧洲航线之旅，第2条是8晚9日的欧洲与非洲航线之旅。如果选第2条航线，游客可以游览大西洋沿岸欧洲与非洲国家的风情，是一个性价比非常高的航程。

▼ 邮轮经过美丽的卡萨布兰卡城

如果选择第2条航线，游客可以从国内坐飞机抵达欧洲葡萄牙的里斯本，在里斯本港口登上风神号。邮轮大约在17:00出发，第2天在海上，第3天8:00抵达摩洛哥的卡萨布兰卡。这一天游客可以观赏卡萨布兰卡这座城市。卡萨布兰卡地处美丽的大西洋海岸，气候宜人，树木成荫，有着旖旎的海边风景。东方的白色立方体民居与现代化的摩洛哥住房赋予了这座城市别致的风韵。

之后，邮轮起航，游客在邮轮上度过一天。第5天，抵达北非的阿加迪尔。阿加迪尔这座城市的特点是气候温

◀ 西班牙的兰萨罗特岛，这是一个火山岛

和、风景优美，是摩洛哥少见的天然良港，也是令全世界无数游客心驰神往的旅游胜地。在这里，游客可以观赏既有民族风格，又吸收各国建筑艺术之长的城市建筑风情。在领略城市的蓬勃生机之后，邮轮再次起航。

第6天，游客在邮轮上度假。除了玩邮轮上丰富多彩的娱乐项目之外，游客还可能被水手邀请进驾驶室。在这里，家长可以让孩子与水手接触，并且试试掌舵的感觉。

第7天，邮轮将抵达西班牙的兰萨罗特，这是一个火山岛，土壤肥沃、植物繁茂，游客可以去火山或者葡萄园游玩，欣赏如诗如画的美景。

第8天，邮轮抵达西班牙的大加纳利岛，这是一个火山岛，游客可以欣赏岛屿的动植物风情。之后第9天，邮轮抵达西班牙的戈梅拉岛，这里的风景美不胜收，有一处被誉为"欧洲最漂亮的沙滩"。最后邮轮抵达西班牙的圣克鲁斯—德特内里费，这里有温暖的阳光、奇艳的火山景观、宜人的气候，可以让游客度过快乐的时光。

在航行过程中，游客可以参观古迹、葡萄酒酿酒厂、享受免费的水边娱乐项目，如浮潜、风帆冲浪等。由此看来，风神号会给全家带来一段难忘的回忆。

**亲子理由**

欣赏摩洛哥与西班牙的风景，让孩子体验当水手的感觉，有利于锻炼孩子的操作能力

**不可不游**

**瑰玛金字塔**

西班牙圣克鲁斯—德特内里费的瑰玛金字塔是6座阶梯形的金字塔，形状特征是阶梯式，俯视呈正方形。这与玛雅人和阿兹特克人在墨西哥建造的金字塔存在显而易见的相似之处。附近是传说中的亚特兰斯大陆，这些金字塔对考古学家来说具有神秘的色彩。

**温馨提示**

邮轮上的私人消费需要另付小费

## 第五章
# 主题乐园，挥洒欢乐的笑声

假期到了，主题乐园是孩子最喜欢的地方。主题乐园有令孩子欢乐至极的娱乐设施、梦幻的景致、热闹的主题公园文化。在游玩过程中，孩子能够亲近自然，找回快乐的自己，感知世界，健康成长。主题公园可以成为帮助孩子成长的第二课堂，这里有陪伴孩子的最好方式。这些都是在假期家长带孩子去主题乐园游玩的充足理由。

## 039

# 长隆欢乐世界

## 童真世界

关 键 词：儿童游乐　水世界　表演
国　　　别：中国
地　　　区：中国广东省广州市
最佳旅游时间：全年皆宜

广州的长隆欢乐世界坐落在广州市番禺区迎宾路，占地面积 100 多万平方米，拥有游乐设施将近 70 项。长隆欢乐世界采用欧陆设计风格，注重游乐设施和自然生态环境的相互结合，引进最先进的、国际一流的游乐设备，让游客在优美的自然环境中体会游乐项目中愉悦、放松、刺激的感觉，是一座非常值得在假期带孩子亲子游的主题公园。

国内游客可以先坐火车或飞机抵达广州，然后坐地铁到长隆站，出 E 口有大巴接送游客抵达长隆欢乐世界乐园。整个长隆欢乐世界，分为八大主题园区。分别是以儿童游乐项目为主的哈比王国、以中世纪欧洲风格为主的旋风岛、以惊险刺激设备为主的尖叫地带、以过山车为主题的彩虹湾、以水为主题的长隆水上乐园、以观赏类项目为主的历险天地，以休闲为主题的白虎大街以及中心演艺广场等八大主题园区。

▼ 孩子们在游乐园畅快地玩耍

哈比王国是孩子和全家亲子游的天堂。在哈比王国有桑巴气球、飞虎队、空中警察、蹦跳车等 30 多种适合孩子的游乐设备。家长可以让孩子在这里尽情玩耍、开怀大笑。长隆欢乐世界还专门设有让孩子全天玩耍的、全国最大的室内恒温儿童游乐城——开心儿童乐园。在开心儿童乐园中设有泡泡大战、森林吉普车、勇敢救火队、小型海盗船等适合儿童游玩的 20 项游乐设备。

水上乐园是以水为主题的园区。除了装设游泳池、水车大战的设备之外，还有水上碰碰船、海盗漂流、丛林漂流等游乐项目，一直都是夏季游客避暑和最喜爱游玩之处。

动感地带、历险天地、彩虹湾等主题区汇聚了当今世界最刺激、规模最大、科技含量最高的十环过山车、垂直过山车、摩托车过山车、U形滑板、超级水站、超级大摆锤六大顶尖游乐设施项目，以及国际特技剧场、四维影院两大世界顶级的精彩项目表演，一定会给游客天堂般的体验。

在中央演艺广场区主要有荟萃世界六大巡游特色的精灵盛宴狂欢彩车大巡游、异国风情歌舞、杂技表演、欢乐剧场的大型魔术、乐斗竞技场的北美伐木竞技表演。在园区主要休闲地带和白虎大街，主要有雕塑狂想曲、卡卡虎、乐队、高跷小丑等多项异国风情的表演游戏，让游客与演员一起莺歌燕舞、互动娱乐。

此外，在长隆欢乐世界园区里，还配置有齐全的餐饮购物设施。在园区里有椰林餐厅、哈比餐厅、古堡餐厅、夏威夷餐厅4家中西风味的主题特色餐厅。还有蕴含东南亚浓郁风味的哈比美食街、彩虹湾美食街，十多家新鲜的蛋糕店、熟食厅，为游客提供卫生、新鲜的美味食品和便利的服务。在长隆欢乐世界园区，还有5家主题商店，出售各式主题特色纪念品，令孩子游玩尽兴，留下美好的记忆和欢乐。

总之，在广州长隆欢乐世界可以体验众多亚洲顶尖游乐项目，享受世界顶尖游戏带来的刺激与张狂。家长与孩子在游乐场中欣赏无与伦比的精彩表演时，更能感受到乐园世界级品位的超凡魅力。

▲ 游乐园的旋转滑梯是孩子们的最爱

**亲子理由**

❶ 可以让孩子享受世界顶级的游乐项目
❷ 哈比王国非常适合孩子游乐

**不可不游**

长隆大马戏
长隆大马戏拥有世界最大的实景式舞台，刷新了舞台吉尼斯世界纪录。表演节目围绕着神秘热带雨林中的离奇故事展开。经常上演超越历史、超越时空、超越国界、超越物种的马戏节目，堪称有史以来最令人惊艳的舞美奇迹。

**温馨提示**

❶ 园区面积较大，可备一些防晒用品，穿着休闲鞋
❷ 部分设施有身高及身体参玩要求，请游客视自身的健康状况斟酌参与

第五章 主题乐园，挥洒欢乐的笑声 | 109

# 040

# 上海科技馆

## 梦幻科技

关　键　词：古代科技　太空　地球
国　　　别：中国
地　　　区：中国上海市
最佳旅游时间：全年皆宜

上海科技馆，是由上海市政府投资兴建的第一个重大社会文化项目。上海科技馆的主题是"自然、科技、人"，宗旨是提高广大公众的科技知识素养，是上海重要的休闲旅游基地和科普教育基地。整个科技馆有5个主要展馆（天地馆、生命馆、智慧馆、创造馆、未来馆），7个展区（地壳探秘、生物万象、智慧之光、视听乐园、设计师摇篮、儿童科技园、自然博物），以及4D、球幕、立体巨幕3个影院。假期时，家长带孩子去上海科技馆参观，可以让孩子获得高科技体验，掌握学校和教科书没有传授的知识，达到寓教于乐的亲子教育目的。

家长可以带着孩子先坐火车或者飞机抵达上海，然后从地铁2号线上海科技馆站7号或8号口出站，穿过下沉式广场，从6号门安检进入，便是上海科技馆的地下一层了。

乘坐电梯到达上海科技馆的1楼时，可以看到这里一共有6个常设展区。一边是生物万象和动物世界，另一边是彩虹儿童乐园、地壳探秘、设计师摇篮、智慧之光。1楼的公共空间墙面上，是"中国古代科技长廊"。长廊墙壁上以浮雕以图文并茂的方式，生动地向游人展现了中国古代科学技术的发展历史。在生物万象和动物世界展区中，有体现五大洲野生动物原生态发展历史的"动物世界特展"、体验地球上地质发生各种变化的"地壳探秘"、表达科学典型现象和基本原理的"智慧之光"。在另一边的彩虹儿童乐园中，有让儿童亲自体验科学探索乐趣的展区，以及体验科技与创意关系的"设计师摇篮"区。

▼ 上海科技馆造型美观大气

◀ 博物馆购票处

2楼一共有4个常设展区。分别是蜘蛛馆、机器人世界、信息时代、地球家园。在2楼的走廊上，是"院长风采长廊"，张贴着为我国科技做出杰出贡献的两院院士的照片，"院长风采长廊"的人物形象都是根据真人1:1对照做的，写实逼真、姿态各异。蜘蛛馆中展览的是有关蜘蛛奇特生活方式的资料，地球家园展览的是提倡人与自然和谐统一、共生共荣的资料，机器人世界展区展览的是体现信息技术推动社会发展巨大变革的资料。

3楼一共有3个常设展区，依次是探索之光、人与健康、宇航天地。在2楼和3楼之间的公共空间墙面上是"探索者长廊"，主要以浮雕的方式介绍在人类文明史上做出伟大成绩的20位科学家以及其取得的杰出成就。探索之光展区主要展览人类对生命秘密和物质秘密的探索历程。人与健康展区主要展览人类探索人体奥秘、传播健康理念的历程。宇航天地展区主要展览人类翱翔蓝天、探索太空奥秘的过程。

此外，每周的双休日或者国家法定节假日约13:30的时候，在1楼公共区域的科普活动区域内，有生动有趣的科学知识小讲座，专门介绍自然科学知识原理，并有现场互动答题活动，答对的小朋友可以获得奖品。上海科技馆浓郁的科技氛围，一定能让孩子在假期里有所收获。

## 亲子理由

❶ 可以丰富孩子的知识，让孩子懂得许多科学技术知识

❷ 可以让孩子领略上海这一座金融城市的风采

## 不可不游

### 东方明珠
东方明珠是很漂亮很高的建筑，附近既繁华又景色优美，是亚洲第一、世界第三高塔。最佳观景点在观光层，立于其上，可360度欣赏上海美景；视野非常开阔，能够俯瞰黄浦江两岸风光。当风和日丽时，举目远望，佘山、崇明岛都隐约可见。

### 温馨提示
❶ 建议先去3楼，从上往下玩
❷ 在1楼的游客服务区有上海科技馆的指导手册，里面有展区地图、演出时间和推荐路线等介绍，进馆之前可以拿一本，参考上面的路线

第五章　主题乐园，挥洒欢乐的笑声 | 111

# 041

## 诺亚方舟主题公园

### 科普世界

关　键　词：动物　太阳　生命教育
国　　　别：中国
地　　　区：中国香港
最佳旅游时间：全年皆宜

在香港，有一个集亲子活动、科普教育、游戏娱乐为一体的主题公园，就是诺亚方舟主题公园。香港诺亚方舟主题公园，是全球唯一一所以诺亚方舟为原型建造的公园。公园里的设施和景点非常适合一家老小亲子游。家长带着孩子在公园里面可以参加益智有趣的游戏活动，也可以到古朴的马湾村缅怀过去香港渔村的历史风貌。在游玩的过程中，可以对孩子开展动物、植物、科技等自然科学知识的科普教育。

内地游客到香港后可以坐地铁在香港站 E1 口出，穿过国际金融中心商城，在中环 2 号码头搭乘去柏丽湾的轮渡，20 分钟之后就可以到达诺亚方舟主题公园。游客只要站在青马大桥上，就可以观赏诺亚方舟主题公园的外貌——一艘仿古的大船。船的体积和比例是按照远古资料对诺亚方舟的描述以 1 : 1 比例大小建的。

▼ 诺亚方舟主题公园入口

走近诺亚方舟主题公园，可以看到它高 5 层。主题公园的地面有宴会厅和临海餐厅。1 楼是方舟剧院和方舟多媒体博览馆；2 楼是方舟生命教育馆和太阳馆；3 楼是珍惜地球馆，是全香港第一个多元智能类型的儿童博物馆；顶楼是海景度假酒店。

在诺亚方舟主题公园门外，可以看到那里摆设有 67 对栩栩如生的动物雕塑。这些雕塑都是模仿实际动物塑造的，家长在这里可以借这些雕塑，对孩子讲述有关动物的知识。

在 1 楼的方舟多媒体博览馆里，家长可以带着孩子在一个 180 度环绕的 4D 影院里，观看解开大自然奥秘的影片。方舟多媒体博览馆里展出了世界各个国家设计的诺亚方舟珍藏模型，工作人员在一边进行解说指

◀ 风景优美的主题公园位于香港马湾岛

导。这种娱乐与解说互相结合的方式可以令孩子了解诺亚方舟的知识。

2楼的方舟生命教育馆，屋子布置得非常精致可爱，有各种植物、动物的图像与相关介绍。在方舟生命教育馆中，设有一系列创新、互动、独特的游戏活动。游戏有利于让孩子学到团队合作精神，体验挑战自我的快感。生命教育馆旁边是太阳馆。在馆里有一个直径大约为350毫米的真空太阳望远镜，大约有几层楼高。通过这个巨大的望远镜，孩子可以观察太阳表面的活动状况，真实又神奇。在这个过程中，孩子可以近距离接触了解太阳，学习与太阳和各个行星有关的天文学知识。在太阳馆里，孩子还可以学到再生能源应用的相关知识，了解日常使用的能量是怎么产生的，对生活中常见的现象不再迷糊。

3楼的珍爱地球馆一共有15个主题展览馆，展示通识教育、生命教育、多元智能教育知识的素材，还设有丰富多彩的互动游戏，让孩子在愉悦的游戏中学到教育领域的知识。此外，还有一些特别展区，展示动感壁画"伊甸之路"及仿制黄金约柜的"神圣会幕"，另有播放动画影视《万世巨星》的3D立体影院等，能让孩子对世界各国历史和宗教文化有深刻的了解。

香港诺亚方舟主题公园，通过多元化的设施与活动，宣传以"爱"为精神的科学知识，对提高孩子的科学素养是非常有利的，堪称假期亲子游的最佳乐园。

## 亲子理由

❶ 了解更多的动物、植物知识
❷ 了解太空知识

## 不可不游

**大自然公园（马湾公园）**

大自然公园环绕岛中央的山头，是个融合自然、教育、艺术和爱的主题绿化公园，由意中园、春之谷、彩虹瀑布、香港花园、南美园、鸟望台等部分组成。每个园区各有自己的主题，以不同品种的树木和花卉衬托出不同特色，让游客欣赏大自然的和谐美丽风情。

### 温馨提示

❶ 平日55港元，星期六、星期日及公众假期65港元，3岁以下儿童免费
❷ 诺亚方舟有度假村，环境不错，外面有海滩，但非常火爆，必须提前预订

第五章 主题乐园，挥洒欢乐的笑声 | 113

## 042

# 香港海洋公园

## 海洋教育

关　键　词：海洋百科全书　登山缆车　海洋生物
国　　　别：中国
地　　　区：中国香港
最佳旅游时间：全年皆宜

香港海洋公园是一座集机动游戏、海陆动物、大型表演为一体的世界级主题公园。公园风景旖旎多姿，是来香港旅游的游客最喜欢观光的地方。在2012年，香港海洋公园荣获全球最佳主题公园大奖。假期家长带孩子去香港海洋公园旅游，在玩耍娱乐的过程中，让孩子享受丰富多彩的海洋生物知识教育，达到寓教于乐的亲子教育目的。

在交通方式的选择上，国内游客可以坐飞机，或者从深圳入境抵达香港。香港海洋公园一共有8个区域：海洋天地、梦幻水都、亚洲动物、威威天地、山上机动城、动感天地、热带雨林、急流天地。整个海洋公园建筑一共分为山上高峰乐园与山下海滨乐园两部分，有一条长约1.5千米的登山缆车把这两个乐园连接起来。山上是香港海洋公园的主要部分，有海洋馆、海涛馆、海洋剧场、百鸟居。山下的香港海洋公园水上乐园，是亚洲第一个水上游乐中心，此外还有金鱼馆、花苑剧场和仿历代文物建造的集古村等。

▼ 海豚表演正在进行

游客可以在海洋公园山脚搭乘缆车，由下至上在205米的高空上欣赏香港南海迷人的风景。远处细沙闪烁，水面波光粼粼，仰望浮游在蓝天中的白云，可真是一种诗意的享受。在山上的乐园中，孩子可以玩富有特色的哈哈梦工厂、威威天地，以及挑战胆量的冲天摇摆船、极速之旅等。在这里，推荐游玩全亚洲数一数二的游戏项目——过山车，这是全世界速度最快、轨道最长的过山车，有一部分轨道架立在海面上。建议游玩的时候坐在左边的位置。当车子在海面飞跃的时候，有一种在海上飞翔的快感。另外非常值得体

▲ 海洋公园大门口的游客很多

验的游戏项目是越矿飞车，如同地球形状，有一些坡度和弯道，速度比较慢，使从高处飞车下落的游客有一种忽忽悠悠的感觉。

　　山下的海洋馆、鲨鱼馆、太平洋海岸等，都以不同方式展现了大海神奇的奥秘。这里的海洋馆是世界上最大的水族馆之一，根据珊瑚礁布局，分为潟湖和深湖两大部分。潟湖模仿缘礁，深湖根据堡礁设计，两个湖靠海水连通。馆内饲养了南中国海鱼类400多种、5 000多条。海鱼种类从体长不到2厘米的盐雀鲷到身长3米的豹纹鲨应有尽有，以及神仙鱼、海鳗、石斑鱼、珊瑚礁鱼类等。在水族馆里专门设置了珊瑚和珊瑚礁展览，介绍珊瑚礁的具体形成过程。

　　海涛馆是一个宽152米、长122米、深2.7米的巨型水池，里面设置各种花样的人工海岸，适合不同海洋动物的生活。这里主要展出非洲毛海豹、

**亲子理由**

❶ 可以让孩子了解丰富的海洋生物知识

❷ 在公园山顶观赏香港南海美景，体验香港文化

第五章　主题乐园，挥洒欢乐的笑声　｜　115

▲ 公园风景优美，滑索等游乐设施应有尽有

## 不可不游

### 太平山顶

太平山顶是鸟瞰香港壮丽海港、绚丽市景的理想地方。在山顶莅临香港最高的360度观景台——凌霄阁，饱览香港醉人的景致，会有一种皇帝君临天下的感觉。另外，凌霄阁还设有凌霄展廊，巨型展板展出香港早期的珍贵照片，游客可与市民重返昔日，体会香港百年变化。

美国加州海狮、爵士企鹅、史提拉海狮、汉堡企鹅等。此外，甚至有专门以海洋动物和海岸为主题的展览，向游客介绍海岸的成因和种类，潮汐和海岸、海浪之间的关系，各种海洋哺乳动物，等等，能让孩子学到许多教科书没教予的海洋生物知识。

在海洋剧场，每天都能观赏有趣的海狮表演、海豚表演、杀人鲸表演等，定能让全家获得完美的体验。

### 温馨提示

到香港旅游，春季可以穿薄外套或毛衣；夏季炎热潮湿，有时会出现骤雨和雷电，应带些短衬衣、棉质衣裙，还应准备好外套和雨具；秋季风和日丽，适宜穿衬衣、毛衣及轻便外衣；冬季干燥稍冷，选择套装、薄毛衣、大衣比较合适

# 垦丁海洋博物馆

## 海底世界百科全书

关　键　词：海洋　教育　生态
国　　　别：中国
地　　　区：中国台湾屏东县车城乡
最佳旅游时间：一年四季

　　垦丁海洋博物馆位于台湾屏东县车城乡，地处垦丁国家公园西北角龟山山麓的临海地区，是一个以海洋生物为主题的大型博物馆。垦丁海洋博物馆有别于一般的水族馆，它注重博物馆收集、典藏、教育、研究的功能，让观众能更清晰、生动、形象地了解海洋生物文化，曾获得"2000年美国国家工程杰出工程奖"的第一名。在假期，家长带孩子去台湾的垦丁海洋博物馆参观，可以在玩耍的过程中让孩子学到海洋生物知识，达到寓教于乐的亲子教育目的。

　　国内游客可以凭借台湾通行证，先坐飞机抵达台湾的屏东机场，然后坐巴士，经过屏东客运站、车城，最后抵达垦丁海洋博物馆。垦丁海洋博物馆占地面积近97万平方米，主要展现"水"的特性和"水"的精神。馆内一共有珊瑚王国、台湾水域、世界水域三大主题展馆。在珊瑚王国馆巨型人造

◀ 垦丁海洋博物馆的海洋生物

第五章　主题乐园，挥洒欢乐的笑声 | 117

▲ 垦丁海洋博物馆的浅海鱿鱼雕像

## 亲子理由

❶ 在博物馆中，孩子可以了解海洋生物知识

❷ 在博物馆中，孩子可以知道保护海洋生态环境对人类社会的意义

## 不可不游

### 垦丁国家公园

垦丁国家公园位于屏东县境内，三面环海，是台湾唯一涵盖陆地与海域的国家公园，也是台湾本岛唯一的热带区域。这里三面都是湛蓝清澈的大海，东面是太平洋，西有台湾海峡，南临巴士海峡，北连南仁山，地形变化多端，景观资源极为丰富。

海洋的海底隧道中，游客能体会珊瑚世界的神奇与奥妙，了解海洋动物，亲历沉船探险，从而学到更多海洋知识。台湾水域馆以模拟实地景象的方式，从山上风光到海底风光为观众介绍台湾的生态和自然景观，对孩子是非常有教育意义的。在世界水域馆中，全国第一个3D无水水族馆用寓教于乐的方式让孩子学习海藻森林、古代海洋、深海水域、极地水域等方面的知识。

在珊瑚王国馆中，游客可以经过一条长长的海底隧道，观赏在珊瑚丛林中自由地玩耍的热带鱼群，包括小丑鱼、鲨鱼、金枪鱼等等。还有专门的海洋哺乳类动物展示区，专门为游客介绍海洋哺乳类动物的基本生活习性。游客可以看到一个大白鲸，可以近距离观赏大白鲸小眯的眼睛、圆鼓鼓的嘴巴、憨态可掬的模样。

台湾水域馆，主要展览了台湾本地水域的具体形成过程：高山上的雪融化，与滴落在溪流的雨水汇合，顺流而下，最后流到大海中。在台湾水域馆中，还设置了一个专门的儿童探索区，里面有开放的触摸池，有海胆、海星、海参之类的生物可以让孩子触摸。家长可以让孩子近距离地接触海洋生物，了解海洋生物的习性和各种相关知识。

世界水域馆一共有两个部分。第1部分介绍古代海洋知识，用3D电影的方式讲述人类出现之前的古代生物。第2部分介绍在南极和北极的极地生物，如企鹅等。

整座海洋博物馆的建筑风格是以海洋为主，令人一看到建筑物就想到生物与海洋的密不可分。游客中心小波浪形的屋脊，如山又像是水，是山与水的密切结合。亲水广场矗立的鲸鱼雕像表达了人们对海洋生物的尊重。在大厅顶上站立的迎宾队伍，表达了水族生物对人类的友善。主建筑物屋顶的大波浪形状让人在远处都能感受到大海的热情招呼。

海洋博物馆建馆的宗旨是告诉世人应该保护海洋，保护生态环境。家长可以对孩子讲述保护生态环境对人类社会发展的重要意义，从而培养孩子生态环保的理念。

### 温馨提示

❶ 入馆请注意服装仪容整齐，请勿穿拖鞋
❷ 请勿携带宠物、危险物品进入展馆
❸ 展馆内严禁使用闪光灯及拍打展示玻璃窗，以免生物受到惊吓

# Hello Kitty 乐园

## 女孩子的最爱

关　键　词：凯蒂猫　卡通　动漫
国　　　别：日本
地　　　区：日本东京市新宿区
最佳旅游时间：全年皆宜

　　东京 Hello Kitty 乐园是由三丽鸥株式会社和美国 HETTEMA 公司共同创办的主题公园。Hello Kitty 乐园以女孩子喜欢的卡通形象——凯蒂猫（Hello Kitty）为卖点。乐园丰富有趣的娱乐设施、主题游戏、各剧场的演出，能令游客恍如置身于童话世界之中，在梦幻空间中被温柔的粉色包围。任何人在乐园中，都会觉得如同被施了魔法一样，忘却现实的种种烦恼，只做童话世界里快乐又纯真的公主或者王子。Hello Kitty 乐园的童话梦幻色彩，值得家长在假期带孩子去体验一番。

◀ Hello Kitty 是孩子们的乐园

## 亲子理由

❶ Hello Kitty 乐园让孩子了解凯蒂猫的动漫知识，满足孩子的卡通情结

❷ 可以让孩子体验日本的动漫文化

## 不可不游

### 宫崎骏博物馆

宫崎骏博物馆，由宫崎骏本人设计，处处充满梦幻色彩和童真，用色鲜艳，画满花草树木，就如宫崎骏的动画，总让人置身于缤纷的童话世界，感受人间的真善美。博物馆的建筑设计也反映了宫崎骏对自然的热爱，和动画作品的主题呼应。博物馆共有3层，还有一个野草丛生的天台，就像经常在宫崎骏作品里出现的原始森林。

在交通方式的选择上，国内游客可以先坐飞机到日本的东京，然后在新宿坐电车，乘京王线或小田急线到多摩中心站下车。在 Hello Kitty 乐园，孩子都会惊喜于仿佛进入了 Hello Kitty 的家。在乐园里，到处都是凯蒂猫（Hello Kitty）头戴蝴蝶结、粉红可爱的形象，给孩子一种温馨与快乐的感觉。在夏天，家长带孩子去 Hello Kitty 乐园，可以观赏到绚丽多彩的美丽烟花。这些烟花把童话乐园装点得分外妖娆、格外美丽，更令孩子留恋不舍。

乐园里除了女孩子们朝思暮想的 Hello Kitty 之外，还有酷企鹅、美乐蒂、大眼蛙等可爱的卡通明星形象与孩子拥抱，这些都令游客为之疯狂。Hello Kitty 乐园全名是三丽欧彩虹乐园，乐园有4层楼高，设置了丰富多彩有趣的娱乐设施，如360度电影院、表演剧场等，每天都有精彩的现场歌舞秀表演。在表演舞台上，所有的三丽卡通明星都会登台亮相。乐园更是销售 Hello Kitty 商品的总部，在这里孩子可以看到与众不同的、最新的、最炫的 Hello Kitty 产品，能满足女孩子对 Hello Kitty 的情怀。尤其是孩子买到限量版的 Hello Kitty 产品时，一定会特别骄傲。在2楼的 Hello Kitty 独家专卖店，展览的都是与 Hello Kitty 有关的产品，如收音机、电视机、吹风机、电脑用品、记事本、可爱信纸、全套文具等，相信在这 Hello Kitty 的童话氛围中，孩子一定会乐不思蜀。

在 Hello Kitty 主题公园可以一张门票玩遍所有游乐项目。家长可以带着孩子进入 Hello Kitty 主题房，体验公主般的梦幻感觉。Hello Kitty 主题房是一个外形如欧式古堡的建筑物，拥有300间客房，Hello Kitty 主题房大约有40间。在凯蒂猫家园里面，有许多周边专卖店，专门售卖 Hello Kitty 服装、公仔玩具、配饰、小家电、化妆品、食品、餐具、箱包等千余种萌物。这些商品都是正版授权的，70%是进口商品或限量版。

在 Hello Kitty 主题公园里，每天都有盛大的花车巡游，上演以 Hello Kitty 为主角的歌舞剧。Hello Kitty 歌舞秀中动人的剧情、温暖的演绎、愉悦的音乐将会融化观众的心。由此可见，色彩斑斓的 Hello Kitty 主题乐园世界，一定会令每一个孩子开心不已、陶醉不已。

> **温馨提示**
>
> 门票分为入场券和通用券，通用券售价3 300—4 400日元，价格依年龄而定，3岁以下的孩童可免费入场

# 迪士尼乐园

## 卡通人物的世界

关　键　词：童话　冒险　未来世界
国　　　别：美国
地　　　区：美国加利福尼亚州洛杉矶
最佳旅游时间：全年皆宜

　　在美国，有两个迪士尼乐园，一个是1955年建于加利福尼亚的洛杉矶迪士尼乐园，另一个是建于1971年的佛罗里达州奥兰多的迪士尼乐园。其中，洛杉矶迪士尼乐园是世界上第一座迪士尼乐园。它是1955年7月由美国著名动画大师沃华特·迪士尼在洛杉矶创建的主题游乐公园，被誉为世界上最快乐的地方。在这座世界上最大、历史最悠久的公园中，可以观赏到白雪公主、唐老鸭、米老鼠、七个小矮人等可爱的卡通人物形象。在假期，家长带孩子去美国加利福尼亚州的洛杉矶迪士尼乐园旅游，能给孩子原汁原味的童话体验，让孩子拥有一个快乐的假期。

　　在交通方式的选择上，游客可以先从国内坐飞机抵达洛杉矶，然后从洛杉矶国际机场直接搭乘去迪士尼乐园的巴士。洛杉矶的迪士尼乐园，一共分为主街、未来王国、拓荒者之地、梦幻乐园、动物王国、米奇卡通城、冒险乐园、新奥尔良广场8个主题园区。

◀ 美国迪士尼乐园风景优美

**亲子理由**

❶ 迪士尼乐园童话般的梦幻色彩，值得孩子去游玩

❷ 在主题公园中，孩子可以体验动画、科技、游乐、探险等活动

**不可不游**

**拓荒者之地**

注重美国早期移民的开垦精神，拓荒者之地的背景设定在美国早期刚开垦的时代，这里最热门的是大霹雳火车，类似采矿车的云霄飞车，在布满红色石头以及恐龙肋骨的河床中穿过，最后还有巨石滚滚而来的山崩。旁边湖面上的马克·吐温号是艘仿古的木质蒸汽客轮，坐在上面，时光仿佛倒转到100多年前的美国中部密西西比河流域。

在迪士尼主题公园中，一切都是模仿100多年前的美国景观建的。公园的一草一木都很有古韵，洋溢着色彩缤纷的童话格调。游客进入迪士尼主题园区的第1站是主街，它相当于穿梭在各个园区的"时光隧道"。主街也是迪士尼主题公园商店、服务设施、餐饮最多、最为齐全的地带。在这里，还可以观赏迪士尼的花车游行。

第2个园区是未来王国。这个园区是1998年修建完成的，是以超越和想象为主题，展现未来世界的。在这个园区里，游客可以经高速火箭到未来世界，体验高尖端科技；或者坐在新地标"太空轨道车"上，体验飞速奔驰的快感；或者体验3D立体电影翻天覆地的感觉。

第3个园区是拓荒者之地。拓荒者之地边疆世界游戏背景取材于美国开垦的时代，传达的是移民开垦荒地的精神。这个园区最热门的游戏是"大霹雳火车"。在恐龙肋骨和红石头密集的河床上穿越而过，面临的还有巨石滚滚来的山崩危险，给游客一种时光倒流的感觉，仿佛回到了100多年前的美国密西西比河流域，与开垦者共同探索未知世界。

第4个园区是梦幻乐园。这一园区的游乐设施最多，格调都是童话故事。在乐园正中央矗立的是睡美人城堡，这也是整个迪士尼乐园的地标和精神象征。最经典的游戏是小小世界，一定会令孩子欢笑不已。

第5个园区是动物王国。这个园区最经典的游戏是飞溅山，游客坐在小木船上，在室内和室外流域迂回前进，最后在瀑布上呈90度方向垂直冲下，令人尖叫不已，把紧张气氛渲染到极致。

第6个园区是米奇卡通城。在这个园区，孩子可以参观米老鼠米奇和米妮的家，并且可以与它们合影。

第7个园区是冒险乐园。在这里，娱乐游戏背景是富有野性的世外桃源——非洲丛林的景色，给人在非洲丛林探险的感觉。

第8个园区是新奥尔良广场。这个园区的游戏背景是路易斯安那州的新奥尔良市，法国浪漫情调的露天咖啡座、Blue Bayou餐厅、"鬼魅大楼"等，能给孩子快乐至极的愉悦体验。

无论是哪个园区，美国加利福尼亚州迪士尼乐园都会给孩子梦幻般的童话体验和感受，从这些理由来看，加利福尼亚州迪士尼乐园是假期亲子游的最佳场所。

> **温馨提示**
> 
> ❶ 迪士尼开放时间随季节变化而不同，旺季时约自9:00至午夜，淡季时为9:00—20:00
> 
> ❷ 迪士尼乐园采用一票到底制，并且区分为多种票价组合

046

# 乐高乐园
## 孩子成长的体验

关　键　词：积木　微观模型　造型
国　　　别：德国
地　　　区：德国巴伐利亚州金茨堡
最佳旅游时间：全年皆宜

德国的金茨堡乐高乐园，位于德国的巴伐利亚州，是全世界第4座乐高王国。在乐园中，各种景观都是用大约5 000万块乐高积木堆砌成的。无论孩子是小小的探险家、寻宝者、过山勇士还是骑士、发明家、海盗，都能在这儿寻找到发自内心的满满快乐，家长与孩子都可以获得非同一般的亲子体验。

在交通方式的选择上，游客可以先从国内坐飞机抵达德国的慕尼黑机场，然后在火车站外面乘坐到金茨堡乐高乐园的接驳车，大约1.5小时车程就可以抵达目的地了。一进入乐高乐园，映入游客眼帘的是标语——"扮演好你的角色"，教人们做最好的自己。

走进园区，游客首先观赏到的是微缩景观世界，在这里可以找到世界许多主要城市和风景区的微缩模型。如柏林、慕尼黑、法兰克福、威尼斯等城市的缩小模型。模型做得非常精致、逼真，还有汽车、小船在街道、河面上穿行。在模型街道的旁边，还有按钮，按一下会有特别反应发生，如机场大门打开的声音，舞池上人们跳舞的身姿、林荫道的盆景、结满果实的梨树出现……在微缩模型中，每一个小人、每一架飞机、每一辆车、每一条街道，都是用一小块一小块乐高积木搭建起来的。孩子可以在这里饱览世界各个国家城市的风情，增长见识。

紧接着，是第2个园区——海盗区。这个园区都是与海盗有关的水上娱乐项目。孩子可以乘坐海盗船，用船上安装的水枪进行水战，体验战争的刺激感。在冒险岛项目中，游客可以体验动物王国的奇妙、埃及金字塔的神秘。

在第3个园区乐高星球上，家长与孩子可以参观乐高工厂，体验各种乐高机械的乐趣。孩子还可以堆砌乐高积木，在动手实践过程中培养丰富的想

▶ 金茨堡乐高乐园，足球场由乐高积木搭建而成

## 亲子理由

❶ 动手堆砌积木的过程中，培养孩子的想象力和动手能力
❷ 各个国家各个城市的微观模型，可以扩展孩子的视野，丰富知识储备

## 不可不游

**慕尼黑**

乐高乐园附近的德国第二大城市慕尼黑位于德国南部阿尔卑斯山北麓的伊萨尔河畔，是德国主要的经济、文化、科技和交通中心，同时又保留着原巴伐利亚王国都城的古朴风情，因此被人们称作"百万人的村庄"。这个历史与现代相结合的城市可以给孩子诗意般的享受。

象力。如可以扮演一个小小的发明家，用积木堆砌想象的物体，让想象由幻想变为现实，感受堆砌积木的过程带来的各种乐趣。喜欢玩游戏的，在这个园区也可以玩最经典的游戏——过山车和水上项目，非常刺激，令人难以忘怀。

在乐高乐园随处可以观赏由乐高积木堆砌的造型，这些造型形象生动、逼真、有趣，令游客恋恋不舍。在金茨堡乐高乐园还有8个迷人的冒险区，一共50多种别出心裁的现场表演、游玩项目、驾驶项目、度假村，以及由5 000多万块积木搭砌成的微小细致模型，足以让每一个孩子用心去征服一番。

金茨堡乐高乐园的饮食服务、纪念品也非常受小游客的欢迎。园区里有许多咖啡厅、餐厅、甜品店，每一份菜的摆盘都是卡通化和富有色彩的，深受孩子喜爱。在乐园纪念品商店中出售的钥匙挂、乐高玩具等有趣可爱的纪念品，是非常值得乐高迷购买的。集寓教于乐与休闲娱乐为一体的特点，是金茨堡乐高乐园独一无二的优势，不妨带上孩子去体验一番吧。

> **温馨提示**
>
> 从国内到达德国，一般降落在法兰克福或者慕尼黑机场，下了飞机可以先用银联卡在机场的ATM机上提取欧元备用，省去换汇烦恼

# 奥兰多迪士尼乐园

## 玩乐天堂

关　键　词：童话　动物　魔法
国　　　别：美国
地　　　区：美国佛罗里达州
最佳旅游时间：秋、冬、春三季

　　美国奥兰多迪士尼乐园，位于美国佛罗里达州，是全世界最大的迪士尼乐园，也是迪士尼乐园的总部。这座公园占地面积庞大，达到124平方千米，相当于1/5新加坡的面积。奥兰多迪士尼乐园一共有4座超大型主题乐园、3座水上乐园、32家度假饭店、784个露营地。奥兰多迪士尼乐园有丰富多彩的游乐设施，无论家长还是孩子都能够怡然自乐，留下快乐的回忆。

　　国内游客可以先坐飞机到美国佛罗里达州的奥兰多，然后在奥兰多机场可以坐111路公交车直接到奥兰多迪士尼乐园。奥兰多迪士尼乐园一共有魔幻王国、好莱坞影视城、动物王国、未来世界四个主题园区。同时还拥有环球影城和奥兰多海洋世界两大并不属于迪士尼但是同样好玩的主题公园，其中迪士尼四个主题公园是比较适合家庭亲子游的。根据耗费时间多少和人气高低，孩子游玩乐园的依次顺序是：魔术王国、未来世界、好莱坞影城、动物王国。推荐一天玩一个馆，这样才能玩得透彻、玩得深入，每个

◀ 公园内迪士尼乐园的入口

▶ 奥兰多迪士尼乐园风景优美

## 亲子理由

给予孩子快乐的童话体验，丰富孩子的知识，增加阅历

## 不可不游

**肯尼迪航天中心**

附近的肯尼迪航天中心是美国国家航空航天局（NASA）的重要基地。这里由工作区、发射中心、参观者中心组成，参观者中心包括多个博物馆和2个IMAX电影院。在这里，可以参观工作区及发射场，了解火箭发射背后的故事，还可以体验阿波罗11号起飞着陆的感受。各种展览也能让孩子了解美国的航空历史和相关知识。

娱乐项目都尽情享受，玩得开心。

由于主题公园人比较多，为了节省排队时间，游客可以在网上下载排队神器——迪士尼乐园的APP。这一款APP可以帮你检索所有游乐项目的排队时间，可以避免高峰期间的拥挤。为了节省时间，应该巧妙地使用免排队的快速通道。有了它，需要排一两个小时的游乐项目5分钟就可以玩上了。

奥兰多迪士尼乐园中的好莱坞影城虽然不大，却都是以片场来互相区别的。在这个乐园里，游客可以用看表演、拍电影的方式有趣轻松地度过一天。由于表演的时间比较长，且不是随时都有，应该把握好观看的时间。如飞车特技场次很少，而一场表演动辄30~40分钟，把时间算准才能把所有的片场看尽。

在迪士尼动物世界主要是观赏种类繁多的动物，观看动物表演，以及玩一些娱乐项目。孩子可以乘坐吉普车，穿越仿非洲丛林建的野生园区，近距离观赏羚羊、长颈鹿、斑马、狮子等。

未来世界比魔术王国大2倍，分为未来世界和世界博览，如果你已经去过一些国家的迪士尼乐园，此部分可以省略。

魔术王国是整个主题公园最经典的童话园区，小孩子特别爱玩，在这里可以跟迪士尼动画中的如白雪公主、米老鼠、唐老鸭等经典角色留影合照。那里还有哈利·波特的魔法王国，给孩子魔法世界的神秘体验。

总之，奥兰多迪士尼乐园是一座由童话编织的梦幻公园，只要童心依然在，这儿就是梦想天堂。它的特色决定了其是假期亲子游的最佳主题公园之一。

**温馨提示**

奥兰多迪士尼乐园，占地面积以及项目总数均位居世界首位。游客数量最多，建议旅行者尽可能地避开旅游高峰期（感恩节、圣诞节、新年等）

# 环球影城

## 梦幻仙境

关　键　词：好莱坞　古埃及　马达加斯加
国　　　别：新加坡
地　　　区：新加坡
最佳旅游时间：全年皆宜

　　位于新加坡的这座环球影城于 2010 年 3 月 18 日正式对外开放，设有各种游乐设施、迷人景点、惊险刺激的娱乐项目，是适合一家老小共享天伦之乐的亲子游。

　　国内游客可以先坐飞机抵达新加坡，然后乘坐 65、80、93、188、855、10、30、97、100、131、143、145 或者 166 路在怡丰城下车，再搭乘 RWS 8 公交车抵达圣淘沙岛炮兵大道 8 号的环球影城。新加坡环球影城一共设

▼ 环球影城内孩子们玩得很开心

▲ 环球影城内的恐龙造型生动形象

**亲子理由**

❶ 可以让孩子体验新加坡的东南亚文化
❷ 这里有名目繁多的娱乐项目，梦幻一样的体验

有 7 个电影主题区，分别是好莱坞主题区、纽约主题区、科幻城市主题区、古埃及主题区、失落的世界主题区、遥远王国主题区、马达加斯加主题区。

好莱坞主题区的背景是著名的好莱坞的 Pantages 剧院，游客在这里可以体验 20 世纪美国的复古情怀。这里有著名的好莱坞星光大道，夜晚会有艳丽的焰火表演，Sesame Street 小剧场会为观众呈现载歌载舞的表演，各种爆笑情节一定令游客开怀不已。走在街道上，还可以看见性感女郎梦露向你微笑。

纽约主题区有纽约城市最经典的天际线、著名的建筑物、炫丽的霓虹灯。在街道上，游客可以品尝地道的纽约比萨、传统的纽约烧烤美食。在电影场景中，游客可以体验飓风强大的破坏力，亲自感受著名电影大师史蒂文·斯皮尔伯格作品中独有的电影特效。在芝麻街可以观赏小孩子们最喜爱的、全球首创的意大利面太空战，一定会令孩子欢腾不已！

科幻城市主题区是一个科幻的未来世界，人气超高。在这里，游客可以体验许多刺激好玩的游戏，家长和孩子都能怡然自乐。最有名的游戏是变形金刚3D虚拟过山车，如果不体验就相当于没有来过环球影城。此外，这里还有太空堡垒卡拉狄加双轨（红蓝）过山车，是亚洲目前为止最高的双轨过山车。坐在过山车上，游客会感觉对面的列车要向你冲过来。还有一部分轨道建在湖面上，可以观赏湖面风景，更加刺激！

▲ 环球影城内风景优美，游人如织

古埃及主题区有古老、高挺屹立的神殿，游客可以体验古埃及黄金时代的辉煌。在这儿，最经典的项目是木乃伊复仇记以及寻宝奇兵。

失落的世界主题区可以分为"侏罗纪公园"与"未来水世界"两部分。在"侏罗纪公园"中，孩子可以在茂密的原始热带雨林，探知远古时代恐龙世界的奇妙。在未来水世界有剧场表演，还有侏罗纪河流探险，可以体验在茂密的原始热带雨林中漂流的快感。

遥远王国主题区是全世界第一个史瑞克王国。在这里，家长与孩子在浪漫的罗密欧大街上散步，坐下喝咖啡，都是非常惬意的。

马达加斯加主题区有狮子王亚历克斯、长颈鹿麦尔曼、斑马马蒂、河马格洛丽娅，是小朋友和动画迷的最爱。

在新加坡环球影城中，无论哪一个主题区，都独具特色、别出心裁，给予游客的体验都是丰富多彩的。

**不可不游**

**鱼尾狮公园**

鱼尾狮公园是新加坡的标志性景点之一，里面设有站台、购物商店和饮食店供游人合照和休息。观众坐在阶梯上能背靠滨海湾，在星空下欣赏音乐会和精彩的表演。因为临河临海，微风徐徐，在公园里散步也是非常惬意的。

**温馨提示**

1. 在新加坡，打车要找出租车停靠站
2. 在新加坡，大部分餐厅不提供免费水，需要自己购买

# 049

## 皮拉图斯山吊索公园
### 孩子素质拓展基地

关　键　词：绳索　挑战　高空
国　　　别：瑞士
地　　　区：瑞士皮拉图斯山
最佳旅游时间：初夏

瑞士的皮拉图斯山吊索公园是2005年在弗莱克穆恩特格修建的，也是瑞士最大的探险公园。在皮拉图斯山吊索公园里有瑞士最长的夏季旱地雪橇滑道、山地自行车线路、多家餐厅、健步山路、野炊点、儿童乐园等，全方位锻炼儿童的体力、耐力、臂力、柔韧性……在假期，家长可以带孩子去瑞士的皮拉图斯山吊索公园游玩，在各种游乐设施项目中，锻炼孩子的身体素质，让健康与快乐永远围绕着孩子。

国内游客去瑞士的皮拉图斯山吊索公园，可以先坐飞机到瑞士著名的旅游城市卢塞恩，然后从卢塞恩坐船前往皮拉图斯山的皮拉图斯山吊索公园。在公园中，除了那些巍峨的群山，最吸引众多游客的就是架立在山间独特的小径。如果站在小径上眺望远处连绵不断的青山，俯瞰脚下的山路，任何人都会有一种战胜自我获取成功的成就感。同时，这里的小径也是一个锻炼孩子胆量、培养孩子自信心的地方。孩子站在小径上走一走就会明白人生即使艰难，只要永不放弃，就能一直走下去，并且最终成功。

▼ 皮拉图斯山上的吊索在云雾中忽隐忽现，美丽壮观

目前，在皮拉图斯山吊索公园一共新增了27个平台，并且开辟了3条全新的小径，这些小径拥有不同的难度等级和全新要素，对于绳索爱好者来说这也是一种全新的挑战。在公园里，还有一条专门面向8岁以上儿童（身高约为120厘米以上）的林间小径，一条专门针对身高130厘米以上儿童的中等难度小径，是专门锻炼孩子胆量的。皮拉图斯山吊索公园绳索项目的参与者不需要拥有很特别的技能，却需要思想高度集中、反应敏捷，有坚强的意志力。在孩子走绳索的时候，公园的工作人员会做好安全指导工作，并监督改善绳索

▲ 小火车穿行在山水间是吊索公园的一大景观

管理设施。在绳栓系上去之后，运动参加者应该做好互相检查与自检工作，这样才能令自己玩得开心、玩得安全、玩得放心。

皮拉图斯山吊索公园是不收任何附加费的，游客可以享受许多锻炼体能的项目。这里有全年为游客开放的索道和空中全景吊舱升降机，家长可以带着孩子坐在升降机里，俯瞰山中的美景，如依附着山脉建立的房子、连绵起伏的山脉、郁郁葱葱的树林，体验大自然鬼斧神工之奇妙，开拓孩子视野，让孩子增长见识，丰富知识。

在初夏干燥的天气里，家长还可以带孩子进入瑞士最长的夏季滑道，体验在长达 1 350 米的索道中那一份极速滑行的超级快感。这长达 1 350 米的闪闪发光的钢质滑道，起点在海拔 1 415 米的弗莱克穆恩塔格中。滑道中众多巧妙的弯道、嵌入式助推启动方式、极为刺激的凹陷，让游客的每一次滑行都获得难以忘怀的惊险有趣体验。

**温馨提示**

建议 8 岁以上并且身高至少在 120 厘米以上的孩子前来参玩

**亲子理由**

❶ 皮拉图斯山吊索公园的绳索项目能锻炼孩子的胆量、体力和自信心，值得游玩

❷ 阿尔卑斯山美景能令每一个游客流恋不舍，留下美好的旅游记忆

**不可不游**

皮拉图斯山
在瑞士中部精华景点之一的皮拉图斯山乘坐世界上倾斜度最大的轨道列车，观赏令人叹为观止的山峰全景和独特卢塞恩远景及 6 个湖泊和白雪皑皑的阿尔卑斯山美景。

050

# 太阳城
## 热带的非洲风情

关　键　词：太阳谷传说　时光之桥
国　　　别：南非
地　　　区：南非约翰内斯堡太阳城
最佳旅游时间：全年皆宜

南非的太阳城位于南非第一大城市约翰内斯堡的西北方，处在南非与博茨瓦纳的边境上，以豪华又完善的设备、美不胜收的景色吸引了世人的关注。太阳城的建造者是南非亿万富翁梭尔·科斯纳。他以古老的中非太阳谷传说为蓝本，在非洲原始丛林中设计了这座城市。太阳城就如同它的名字一样，是一个洋溢着太阳一般温暖和热情的度假城市。在假期，家长带孩子去南非的太阳城旅游，一定会给孩子留下浪漫又绚丽的记忆。

在交通方式的选择上，国内游客可以先从上海机场坐飞机抵达南非的约翰内斯堡，然后从约翰内斯堡坐班车走国道抵达太阳城。太阳城是一座坐落在热带雨林中三面环山的建筑物，它有着金碧辉煌的外表，里面设有高尔夫球场、骑马场、豪华酒店、水上乐园，以及丰富多彩的室内娱乐项目，能为游客提供多样又舒适的假日享受。塔楼间盘旋的鸟儿、林中嬉戏的猴子、茂密的丛林，使太阳城宛如一座优美和谐的人间天堂，成为非洲最著名的度假胜地之一。

▼ 太阳城雄伟壮观的建筑

太阳城中每一样景物都是根据中非传说中太阳城古城的模样建造，随处可以看到在地震中破裂倒塌的巨门、石柱，给人一种误入时光隧道，走入古代社会的错觉。其中，最令游客觉得刺激的是"时光之桥"。这是一座人行桥，大约30多米长，桥的两侧是豹子、大象、狮子等巨型动物的雕像。每隔1小时桥上就会有"轰隆轰隆"的巨大响声发出，桥身左右晃动，喷射出白色的气体，营造出一种火山爆发、山崩地裂的氛围。科斯纳设计"时光之桥"是为了告诉人们，美丽的失落之城遭遇了一场大地震，并被随之而来的火山岩浆淹没掉了。

在太阳城中，最著名的是"失落之城高尔夫球场"。与非洲处处灌木丛生的景象截然不同，这儿的高尔夫球场绿草茵茵，美得令人窒息。最独特的是在球道上有野生动物雕像，尤其是危机四伏的第13洞——在水池中潜伏着多条鳄鱼，张着可怕的大嘴，等待因游人失误掉落在水中的小白球……

在太阳城中，还有美丽的人造海滩。夏季时海滩上人山人海，游客可以感受近2米高的大浪，在5条各种坡度的水滑梯中，享受颠簸在浪花中的快感。其中，最令人恐怖的是从20多米高的小山顶垂直而下的水滑梯，当游客尖叫着滑下来之后需要很久才能缓过神来。如此惊险刺激，令人愉快至极。

在太阳城中，还有一条距离地面四五米高的观光火车隧道。在观光隧道中，随着火车缓慢前进，游客可以靠窗欣赏太阳城的全貌：远处是波光粼粼的人工碧湖，湖面上是冲浪运动。在更遥远的地方，是野生动物保护区，隐隐约约可以看到大象和长颈鹿的影子。在太阳城里，还有直升飞机为游客提供空中观赏美景的服务，让游客在高空中俯瞰整座太阳城的风貌。如此壮丽而又气势磅礴的景致，一定会令孩子开心不已。

▲ 太阳城里巨大的大象雕塑深受孩子们的喜爱

### 亲子理由

❶ 可以让孩子了解中非的文化

❷ 太阳城能让孩子获得丰富多彩的娱乐体验

### 不可不游

**匹兰斯堡国家公园**
太阳城外是美丽的匹兰斯堡国家公园，可以乘坐敞篷吉普车，观赏跳羚、大象等多种野生动物。公园矗立的8座酒店是仿非洲当地部落的房屋建造的，给人古朴的原始部落之感。

### 温馨提示

❶ 太阳城所在地区早晚温差较大，如果要到室外活动，可随身携带一件外套
❷ 信用卡在南非通用，不必携带大量现金
❸ 到匹兰斯堡国家公园看动物时，必须听从导游指挥，不可擅自下车

# 051

## 欧洲主题公园

### 微缩欧洲 1 日游

关　键　词：欧洲文化　西班牙　角斗士
国　　　别：德国
地　　　区：德国鲁斯特
最佳旅游时间：全年皆宜

欧洲主题公园是欧洲第二大主题公园，它坐落在德国鲁斯特风景如画的湖边森林中。在公园里，有着紧张刺激的游戏探险活动、扣人心弦的娱乐项目、新鲜奇特的旅游体验，游乐项目老少皆宜，是一家人游玩的理想主题公园。这里有 2 个欧洲主题区，如同一个微缩欧洲世界，让游客 1 日之内饱览欧洲历史文化地理风貌。在假期，家长带孩子去欧洲主题公园旅游，能让孩子在 1 日之间走遍欧洲，对丰富孩子的知识、增长见识是非常有益的。

在交通方式的选择上，游客可以先从国内坐飞机抵达德国首都柏林，然后从柏林坐火车抵达鲁斯特市。公园坐落在湖边森林里，最具标志性的建筑物是一座中世纪的古堡。整个园区由 12 个以欧洲不同国家为主题的小公园构成。游览从微缩的法国开始，然后迈进微缩的西班牙、荷兰、德国、葡萄牙等国家，在这些微缩国家之间穿梭，体会不同国家的建筑风情、文化、风俗、民情……

▼ 欧洲主题公园附近的建筑物

在以不同国家为主题的小公园中，游客可以观赏欧洲各个主要国家著名的城镇、闻名遐迩的景点、历史悠久的古迹的微缩景观。这些景观小巧玲珑，却又生动、形象、逼真地把景致展现给游人，令游人真实领略欧洲的历史文化风貌。家长在游玩过程中可以借由这些微缩景观对孩子讲述欧洲历史文化知识，给孩子上一堂生动的课。

在西班牙景观区，游客可以观赏西班牙骑术，领略独特的西班牙斗牛文化，或者欣赏独特的西班牙弗拉明戈舞蹈。这种舞蹈来自西班牙南部安达卢西亚地区，融合了音乐、歌曲、舞蹈 3 种艺术的精华。弗拉明戈舞

◀ 公园内的天际线酒店

的形成深受居住在安达卢西亚地区的犹太人与摩尔人的影响，并吸收了吉卜赛舞蹈的精华，是现代西班牙文化的代表。华美的西班牙弗拉明戈舞蹈表演，一定会令游客如痴如醉，心灵获得艺术美的熏陶。

在希腊景观区，游客可以看到斯巴达克斗士的演出，气势恢宏的场面把2 000年前古希腊角斗士的表演活动展现出来。这一项演出每年吸引将近3万人前来观赏，让游客对古希腊文化有了深刻的了解。

欧洲主题公园最吸引人的是惊险刺激的游乐项目。在法国区，有一个游乐项目叫欧洲卫星，是欧洲最大的钢制"之"字形回旋滑道。具体玩耍时，游客乘坐一辆小火车在黑暗中前行，之后有"9、8、7、6……"的倒计时，到0的时候，游客可能会以为有妖怪出现，然而什么都没有。感觉到的是火车突然加速，身体出现突转的现象，然后又是一个突然的急转弯——这时候，游客才知道坐在了过山车上。这一个小火车在"之"形回旋滑道的运转，给游客不同凡响的惊险刺激感受。

主题公园还有一个欧洲最大最惊险的过山车银星。整座过山车设备高达73米，最高时速可以达到130千米/小时。当山车慢慢向上爬升的时候，身体紧张度慢慢增加，然后在一瞬间把游客坠入空气中，之后过山车又爬上了一个坡度。这个过程是高速体验与失重体验的完美结合。另有一个室内过山车，游客坐在过山车上在28米的高度以80千米的时速迅速向下跌落，直接甩进一个漆黑的洞里，在这个过程中车在轴上不停地翻转着，令游客觉得惊险刺激又销魂，整个过程将持续7分钟。

一句话，带孩子去欧洲主题公园吧！让他们在玩中学到知识，并用银铃般的笑声点燃对人生的希望。

### 亲子理由

享受惊险刺激的娱乐项目，在玩中学习丰富的欧洲文化知识

### 不可不游

**游览童话世界**

在欧洲主题公园有专门的童话区，这里有根据真人比例构建的童话世界。灰姑娘、小红帽、莴苣姑娘……童话世界中的人物都是电动玩偶，能和游客互动。童话世界的色彩一定会令孩子欣喜不已。

> **温馨提示**
>
> 德国处于GMT+1时区，和北京时间的标准时差为(-6)小时，需要注意时差

第五章 主题乐园，挥洒欢乐的笑声 | 135

## 第六章
## 奇幻魔都，
## 玩转风情各异的都市文明

探索未知世界，是孩子与生俱来的本性。家长永远都不要忽视在孩子小小身躯之下隐藏着的一颗探索未知世界的好奇心。在这个世界上，有许多风格各异的都市散发着千姿百态的文化风情以及独具特色的异域风情，一定会令孩子开阔视野，满足那一颗骚动的好奇心，给予孩子温暖美好的旅游体验，更能令孩子快乐成长。这里有世界著名都市的景致，是为家长带着好奇的孩子去远方旅游而准备的，让说走就走的旅游梦变为现实。

# 052

## 洛杉矶

### 美国梦

关　键　词：好莱坞　迪士尼　西部
国　　　别：美国
地　　　区：美国加利福尼亚州洛杉矶
最佳旅游时间：全年皆宜

洛杉矶是一座位于美国西海岸的著名城市，世人称之为"天使之城"。它是美国第二大城市，仅次于纽约。洛杉矶一直以大都市的豪华气派、旖旎的自然风光闻名遐迩，是美国西海岸一座璀璨夺目、风景秀丽的海滨城市。在假期，家长带孩子去美国洛杉矶旅游，可以饱览城市如诗如画的美景，领略美国西部的文化氛围，达到寓教于乐的亲子教育目的。

在交通方式的选择上，游客可以从国内坐飞机抵达美国洛杉矶的国际机场。一到达，游客就会喜欢上这座美国西部城市灿烂的阳光、繁华的街道、茂密的棕榈林、细致的沙滩、清新的海风、峰秀地灵的比弗利山庄……走在洛杉矶的街道上，房屋都是一家一户的小住宅，千千万万栋造型精巧、风格各异、色彩淡雅的庭院式建筑矗立在平地山丘上，在市中心却矗立着摩天大楼，这种现代与田园相交融的风格是洛杉矶独有的城市气息。在这儿，有举世闻名的迪士尼乐园、享誉世界的著名影视娱乐基地好莱坞、振奋着篮球迷的 NBA 美国湖人队主场等。可以说工业与金融、文化与娱乐、现代与田园交融的气质使这个城市成为美国城市群中的佼佼者。

▼ 洛杉矶的格利菲斯公园，风景优美

在洛杉矶，家长可以带孩子去好莱坞参观迪士尼动画片原汁原味的拍摄现场，一定会让身为动画迷的孩子欣喜不已！实际上，如果说洛杉矶是美国加利福尼亚州的皇冠，好莱坞就是皇冠上最璀璨的一颗钻石。正是好莱坞使这个繁华都市明艳照人、熠熠生辉，散发着迷人的魅力。好莱坞云集了世界诸多顶级的巨星，其更是一代又一代新星诞生的"造梦工厂"。家长与孩子走在好莱坞大街上，可能会遇到正在拍摄

◀ 日落时分的好莱坞大道

## 亲子理由

❶ 好莱坞电影城可以让电影迷孩子将心中的电影情结变为现实，体验电影文化

❷ 可以让孩子感受美国西部的文化氛围

电影的剧组。幸运的话，孩子可以看到自己仰慕的电影明星，可以与明星拍照留影。走在布满明星们足印、手印的星光大道上，会接触到许多真假难辨的"明星大腕"。这些"明星大腕"可能是普通人化妆扮演的，却因高度专业的化妆技术，真假难辨。最令游客觉得大饱眼福的是在好莱坞街道上随处可观赏到的肌肉发达、英气逼人的帅哥，或者是相貌姣好、浓眉大眼、婀娜多姿的美女。可以说豪车名品与帅哥美女使好莱坞散发着高贵与奢侈、豪华与风情的气息，这一切令游人心醉不已！

家长还可以带孩子去洛杉矶的格利菲斯公园参观，这也是北美最大的城市公园。公园在好莱坞的山顶上，坐落着声名显赫的格利菲斯天文台，视野开阔。孩子在天文台通过望远镜可以看到洛杉矶的城市风貌。尤其在夜晚，可以眺望霓虹灯渲染的五光十色的街景和万家灯火。在公园里还有高尔夫球场、动物园、博物馆、火车游览、登山骑马步道等。家长可以与孩子在公园露营郊游，欣赏美丽的自然景观和壮丽的地形风貌，使心灵回归到自然的宁静氛围之中。

此外，美国洛杉矶圣塔莫尼卡海滩的美景，还有"科技之城"硅谷也是非常著名的。总之，洛杉矶洋溢着的梦想与激情、繁华与宁静、美丽与大气的城市气质，决定了它是假期亲子游必选城市之一。

## 不可不游

### 唐人街

唐人街坐落在洛杉矶市中心，大门口设有古香古色的中式牌楼，街上红灯笼遍布，店铺招牌均采用汉字书写。游客可以在这里品尝到地道的中国美食，还可以购买到独具特色的"美式"中国礼品。在这个华人遍布的地方你可以完全摆脱英语的束缚，体会异国他乡的浓浓乡情。

### 温馨提示

❶ 洛杉矶严禁吸烟，在大部分的餐厅、写字楼和酒吧均禁止吸烟。请严格遵守，否则会收到警察的罚单

❷ 美国、加拿大东岸比北京时间慢13小时，抵达后请校对时间，以免因误时而影响行程

第六章　奇幻魔都，玩转风情各异的都市文明 | 139

# 053

## 伦敦

### 趣味无穷

关　键　词：白金汉宫　伦敦塔
国　　　别：英国
地　　　区：英国伦敦
最佳旅游时间：7—8月

伦敦是大不列颠及北爱尔兰联合王国(简称英国)的首都，与美国纽约一起并列成为世界上最大的金融中心，也是驰名世界的旅游胜地。它坐落在英格兰东南部平原上，跨越泰晤士河。众多的博物馆和名胜景点，多元化的大都市文化氛围，留给游人历史与现代、浪漫与古老的情怀。在假期，家长带孩子去英国首都伦敦旅游，感受昔日大英帝国的辉煌历史，无疑是一个很明智的选择。

伦敦作为世界著名的大都市，交通发达，国内游客坐飞机可以抵达。走在伦敦，任何人都会喜欢上这座城市散发的英伦气息。伦敦作为世界著名的旅游城市，交通非常便利，只要拥有一张地铁券就可以把全城跑遍，游尽城内的一切风景名胜。白天，家长与孩子可以去参观具有浓郁文化气息的塔桥、博物馆、王宫、古迹……累的时候，可以坐在公园的石凳上休憩，或者在餐厅里喝下午茶打发时光。到了夜晚，伦敦的音乐会、歌舞秀、酒馆、夜总会、各式戏码，会把人的情绪带入高潮。这里还是欧洲著名的购物中心，最快乐的是在周末市集购物。与一般精雕细琢的购物橱窗和豪华百货公司不同，市集里散发着浓郁的民间气息。在熙熙攘攘的小贩摊铺中，人们可以找到维多利亚时代的老古董、精细的手工艺品、叛逆前卫的庞克行头……

▼ 泰晤士河边的大本钟直冲云霄，壮观美丽

伦敦的旅游景点比较多，家长可以带孩子去参观著名的名胜景区，尤其是标志性景点白金汉宫。白金汉宫就是英国的王宫，是一座大约有4层楼高的正方形围院建筑，建造在威斯敏斯特城内，可以坐地铁在 St. James's Park 站或 Victoria 站下，走到购物广场西南角就是目的地了。整座皇宫有音乐厅、典礼厅、画廊、宴会厅等 600 余间房，拥有面积辽阔的御花园。

◀ 伦敦摩天轮也叫伦敦眼，是伦敦的城市名片

花园鲜花繁多、花团锦簇，美不胜收。在宫前广场高高的大理石台上，胜利女神的金像在阳光下光彩熠熠。宫殿正门富丽堂皇，外面栅栏的金色装饰庄重威严。透过栅栏，可以看到围墙里近卫军士兵纹丝不动地伫立着。每年4—9月时，中午11:30至12:00白金汉宫的皇家卫队都会举行换岗仪式，其所展现的高贵王室气象经常吸引路人围观。每年的八九月间，白金汉宫对外开放，一般民众都可以进入，宫殿南侧的女王美术馆和皇家马厩也是对外开放的。

此外，塔山上的伦敦塔是伦敦一座标志性的宫殿和要塞。现在是武器和王冠的展览地，里面藏有英国著名的维多利亚女王和伊丽莎白二世的王冠，富丽堂皇的光芒是英国王室高贵优雅风采的象征。坐落在泰晤士河边的威斯敏斯特宫，占地面积3万多平方米，是历史最悠久的哥特式建筑。它曾是英国国王的宫殿，现在是英国议会的所在地。位于威斯敏斯特宫西南角的是高达100米全石结构的维多利亚塔。位于宫殿东北角的是一座97米高的钟楼，上面著名的大本钟重达21吨，表盘直径有7米长，钟摆重150多千克。此外，家长还可以带孩子去伦敦著名的海德公园，那里有著名的"演讲者之角"，也叫"自由论坛"。在这里，孩子可以学习英语，了解英国历史，感受英国的文化氛围。

伦敦以深厚的历史文化底蕴、色彩斑斓的城市格调、雄伟的风姿屹立在世界城市之林。它的高贵与优雅使其堪称假期亲子游的必选都市之一。

### 亲子理由

❶ 在伦敦，可以让孩子学习地道的英国英语

❷ 领会高贵优雅的英国文化

### 不可不游

**大英博物馆**

大英博物馆又名不列颠博物馆，是世界上历史最悠久、规模最大的综合性博物馆。这里收藏了世界各地的许多文物和珍品，及很多伟大科学家的手稿。英国国家博物馆拥有藏品800多万件，藏品丰富、种类繁多，能极大地丰富孩子的知识。

**温馨提示**

7—8月是伦敦旅游旺季，此时酒店爆满，房价上涨，连旁听议会辩论的席位也很抢手，前往伦敦一定要提前做好准备

## 054

# 罗马

## 神奇世界

关　键　词：古罗马文化　斗兽场　沧桑
国　　　别：意大利
地　　　区：意大利罗马
最佳旅游时间：4—9月

意大利首都罗马是一座有 2 500 余年历史的古城。它是当今意大利政治、历史、文化、交通的中心，也是古罗马灿烂文化的发祥地，有着辉煌的文明历史。罗马有着摩天大楼式的现代化建筑物，以及镌刻着历史沧桑的古迹。"罗马不是一天建成的！""条条大路通罗马！"这些流传至今的谚语都足以证明古罗马文化在人类文明史上的影响力。除了悠久的历史文化底蕴之外，这儿交通发达，经济繁荣，文化昌盛，人们生活富足，在世界上是非常罕见的。在假日，家长带孩子去这座古老又时尚的城市旅游，可以在现代化气息中追溯逝去的沧桑古韵，给孩子别具风味的旅游体验，让孩子过上一个有意义的假期。

罗马作为一个现代化大都市，交通发达，游客可以从国内坐飞机抵达该城市。徜徉于卢比孔河畔，可以隐约看到古罗马凯撒大帝在卢比孔河畔踌躇的影子，回味那义无反顾的英雄气魄。漫步在罗马的大街小巷中，萦绕在脑海的是拥有甜美笑容的赫本，邂逅罗马时代留下来的浪漫。在现代化的高楼大厦中，更会感受到费里尼的《甜蜜的生活》中描绘的现代罗马的生活状态，在剧中有一句经典台词表达了罗马城市的气质："我喜欢罗马，它有错综复杂的特质。"罗马气质的复合，更体现在一年四季魅力之不同，春秋时节，或繁花盛开，或果实满枝，天气晴朗，风和日丽，是罗马最美丽的季节。7月到8月之间，盛夏的罗马如同阳光一样热情似火。冬日的罗马，细雨霏霏，如同一个忧郁的少女。四季不同的风情让游客的感受也各不相同。

无论如何，罗马是一座闻名遐迩的文化名城和艺术宝库。在罗马的古城区，有占地面积达到40%的古代建筑物和

▼ 罗马斗兽场是罗马最伟大的建筑，也是罗马的象征

◀ 罗马圣彼得教堂

艺术珍品。从整体上来看，罗马古城如同一座巨大的露天历史博物馆，矗立着举世瞩目的历史古迹，如凯旋门、帝国元老院、万神殿、纪功柱、大竞技场等，以及文艺复兴时期流传至今的精美建筑和艺术珍品。当今的罗马，也是世界天主教的中心。城市里一共有7所天主教大学和700多座教堂与修道院，市区里的梵蒂冈是天主教教廷的驻地，设置有宫殿、教堂、博物馆、大学和图书馆等。这座饱含历史沧桑的古城如同一座典藏丰富的历史博物馆，颠覆着人们对历史和现实的众多认知。

游客可以去罗马最具有代表性的景点——斗兽场参观。斗兽场是一座圆形竞技场，从诞生的那一天到现在，一直都是罗马的象征。在这里，可以看到古罗马建筑最伟大和最基本的成就——拱券结构。一系列的拱、券，恰到好处的椭圆形构件，使整座建筑物非常坚固。在竞技场中，有宽敞的走廊和阶梯，设计有80个拱门，在拱门入口处标有清晰的数字，能让观众找到自己的位置，在10分钟之内能让5万人迅速坐定于剧场，这在今天也是一种先进的设计方式。竞技场也有非常合理的功能性设计，角斗士的进出和休息、猛兽关押的地方、死伤者的抬出地点，都有清晰明显的分布。西方谚语"何时有大斗兽场，何时就有罗马，当大斗兽场倒塌之时，也是罗马灭亡之日"就证明了斗兽场建筑对罗马的意义。即使在今天，游客站在圆形竞技场的遗迹上，依稀可以感受到2 000多年前观众疯狂的、地动山摇般的呐喊声。在这里，家长可以讲述古罗马的历史，给孩子上一堂生动的历史课。

### 亲子理由

❶ 感受意大利罗马现代文化与历史文化的精髓

❷ 对孩子开展古罗马历史教育

### 不可不游

**万神殿**

万神殿是古罗马保存最完好的建筑，是古罗马精湛建筑技术应有的典范。至今已有2 000多年的历史，被米开朗基罗称赞为"天使的设计"。它是一个直径与高度相等的巨大圆柱体，上面覆盖着半圆形的屋顶。万神殿是众神所在的神殿，几个世纪以来，这里见证了历史的变迁。

> **温馨提示**
> 意大利人忌数字"13"。凡住房号、剧院座位号等都不准有13的字样。无论男士、女士都不得穿短裤、短裙或无袖衬衫到教堂或天主教博物馆参观

# 055

# 圣彼得堡

## 西方的窗口

关　键　词：文化　白夜　涅瓦河
国　　　别：俄罗斯
地　　　区：俄罗斯圣彼得堡
最佳旅游时间：6—9月

俄罗斯的圣彼得堡位于波罗的海沿岸与涅瓦河口，是一座节奏缓慢、内敛又富有内涵的城市。城市里雄伟的堤岸，令人想起法国巴黎的浪漫建筑；城市优雅的布局，使人联想起西欧迷人的首都，称它为"西方的窗口"是名副其实的。涅瓦河上由一条条运河和拱桥交错连接的100多座岛屿所展现的秀丽风光，被德国伟大诗人歌德称赞为"东方的威尼斯"。在城市街道上，一座座有着金色的圆顶和塔尖的普通建筑物、色彩艳丽的宫殿、烛光摇曳的教堂，是其曾作为首都留下的痕迹。最具魅力的，还是城市浓郁的文化气息。它是俄罗斯文化的发源地之一，柴可夫斯基、普希金、拉赫玛尼诺夫都以这里为起点，用浪漫且富有情调的文学和音乐去征服人的心灵，进而征服世界。现在，它还是世界游吟作家和时尚摄影师的留恋之地。在假期，家长带孩子去这一座被俄国大文豪陀思妥耶夫斯基誉为"世界上最抽象和最有思想的城市"——圣彼得堡旅游，可以让孩子获得俄罗斯文化的体验，让孩子度过快乐的假期。

▼ 圣彼得堡修道院门前的马车

在交通方式的选择上，国内游客可以选择飞机或者火车。徜徉在圣彼得堡的街道上，游客可以观赏这里建筑物的气势恢宏、装饰的富丽堂皇，感受俄罗斯的豪华与气势。事实上，这座宏伟的城市修建于1703年，是俄罗斯帝国萌芽时期的首都，当时沙皇彼得大帝在规划城市建筑的蓝图上，主张既要与欧洲大都市一致，又要保持城市独特的风格面貌。这使得这座城市散发着西欧与俄罗斯的古典风情。走在街上，仿佛处在一幅幅古老童话书的插画之中。

在圣彼得堡，名胜古迹多如繁星。在圣彼得堡，旧船、

◀ 圣艾萨克大教堂在莫伊卡河旁边奇美无比

冬宫、亚历山大凯旋柱等著名建筑物在梦幻天空下静静地伫立着，让游人饱览它们迷人的风采。家长可以带着孩子乘坐涅瓦河上的水翼船，经过市区，抵达圣彼得堡中心区的涅瓦大街。俄国著名文豪契诃夫、陀思妥耶夫斯基、托尔斯泰等作家的小说里都闪烁着这条大街的光辉。街道两旁是宛如艺术品一样精致的建筑物，它们大多数建在十八十九世纪，建筑师很多来自法国和意大利等国家。涅瓦河的右岸是圣彼得堡著名的古建筑——彼得堡罗要塞。它是彼得大帝1703年在兔子岛上修建的，然后几经扩建，形成了今天墙高12米、厚2.4~4米、六棱体的古堡。在要塞中有圣彼得大教堂、钟楼、圣彼得门、彼得大帝的船屋、造币厂、兵工厂、克龙维尔克炮楼、十二月革命党人纪念碑等建筑物，非常具有历史教育意义。

在彼得堡罗要塞中，最有名的是圣彼得大教堂。教堂在1703年建成，有一座122米高的尖顶钟楼，这也是全城最高的建筑物。圣彼得大教堂是俄国沙皇的墓地，俄罗斯末代皇帝尼古拉二世及其家族人员也于1998年安葬于此。家长可以讲述沙皇俄国的历史，为孩子上一堂生动的历史课。

6—7月份的时候，游客在圣彼得堡还可以观赏北极圈罕见的白夜景观。这座城市位于北纬60度，属于高纬度地区。每到6—7月份，太阳落到地平线下只能达到一个很小的角度，再加上大气散射的作用，使夜晚不能完全黑下来。游客可以观赏落日余晖与晚霞交相辉映的美景，体验一天长达20多个小时都是白天的奇景，感受圣彼得堡庆祝白夜的文化艺术活动。圣彼得堡独特的城市气质一定能给孩子留下深刻的记忆。

**温馨提示**

到圣彼得堡有必要带上一件外套或毛衣，在没有阳光的地方久待会觉得比较冷，春、秋、冬三季的穿衣原则可参考中国北方

**亲子理由**

❶ 参观俄国的涅瓦大街，有利于让孩子受到文学的熏陶

❷ 这里有许多沙皇俄国历史遗址，家长应对孩子开展俄国历史教育

**不可不游**

**喀山大教堂**

喀山大教堂建于1801—1811年，外型具有当时帝国风格的特征。教堂最显著的特征是有一个呈半圆形的柱廊。柱廊的后面露出高达70米的教堂圆顶。建筑风格明亮、轻快，以柱列分隔的主堂高大宽敞，中央穹顶辉煌华丽，仰视可见一幅圣母图，周边饰以《圣经》人物雕刻和水彩壁画。

第六章 奇幻魔都，玩转风情各异的都市文明 | 145

# 056

## 瓦哈卡

### 五彩斑斓

关　键　词：殖民时代　调色板　手工艺者
国　　　别：墨西哥
地　　　区：墨西哥瓦哈卡州
最佳旅游时间：7月下旬至8月上旬

　　瓦哈卡，全名叫瓦哈卡-德华雷斯，是墨西哥南部著名的城市，也是墨西哥最生机勃勃、美丽的城市之一。它有着悠久的历史文化底蕴，是著名印第安人总统华雷斯的故乡。城市里遗留着西班牙殖民时代色彩斑斓的建筑物和历史文化遗址。这里还是著名的玉米发源地，每年7月最后一个星期都举办玉米节，庆祝玉米丰收。在假期，家长带孩子去墨西哥的瓦哈卡旅游，可以让孩子获得丰富多彩的文化体验。

　　在交通方式的选择上，游客可以在国内坐飞机抵达旧金山或洛杉矶，转机抵达墨西哥的首都墨西哥城，然后在汽车北站坐车，经6小时到达瓦哈卡。瓦哈卡的大街仿佛是上帝打翻在凡间的一块水彩画的调色板。只见街道的房子外观颜色都是赤橙黄绿青蓝紫，只要能说出名字的颜色，都可以在大街小巷的墙壁上寻找到。这些建筑物颜色是高度饱和的，各种颜色互相点缀、交织，亮眼却不刺眼，和谐地与艳阳、碧空、绿树、红花互相搭配，如同一幅水彩画，令人赏心悦目，仿佛行走在梦幻的童话世界中。

▼ 在墨西哥瓦哈卡，美丽的女子载歌载舞庆祝瓜达卢佩圣母瞻仰日

　　在瓦哈卡，汇集了世界顶尖的艺术家和最好的工艺品。中心广场是佐卡罗广场，位于城市的心脏地带。横贯广场的是两条流经古城的河流，四周覆盖着高耸茂密的林荫树木，整个古城区沿着中心广场辐射发散开来。广场上有著名的音乐台，广场下是小市场。在中心广场北面，是17世纪遗留下来的主座教堂，南面矗立着瓦哈卡政府的办公大楼，东面是洋溢着瓦哈卡风情的步行观光街。广场四周是各式饭店、餐厅和咖啡馆，有罗望子、辣椒口味的手工雪糕，精

▲ 瓦哈卡华雷斯城街头一景

致的墨西哥菜,美味的意大利比萨饼等令人垂涎三尺的美食。在街上品尝美食,还能欣赏艺人吹弹乐器的表演,动听悦耳的旋律使仙子听了也会下凡。

游客在古城区漫步的时候,随处可以观赏殖民时代遗留下的建筑物、博物馆、街心公园,犹如时光倒流一般,仿佛回到了十七十八世纪的西班牙殖民时代。城市中由数百种特色植物构成的植物园是一个蕴含新鲜氧气的绿肺。空气新鲜、氧气纯净,使游人有一种漫步在森林的清新自然感觉。古城区杰出的建筑气质使它在1987年被联合国教科文组织列入《人类非物质文化遗产名录》,被2013年《旅游》杂志评选为全球十大文化遗产首位。

瓦哈卡城里有许多具有特色的民俗文化。这里居住着许多手艺高超的手工艺者,这些手工艺者最擅长的是木雕。家长可以带着孩子去这些原始手工艺者家里走访,探访木雕艺人,探寻绚丽木雕的具体制作过程。这些手工艺人一直在用传统的方法继承和弘扬祖辈留下的手工艺术,传承祖辈留下来的文化。孩子观赏手工艺者精湛的手工艺术时,也会潜移默化地获得文化熏陶。

**亲子理由**

❶ 古朴的街道能让孩子感受墨西哥西班牙殖民时代的文化

❷ 走访手工艺人家,令孩子获得民间手工艺术的熏陶

**不可不游**

**石化瀑布**
瓦哈卡城外65千米处有一条石化瀑布,是富含碳酸盐的泉水在流动过程中冷却沉积而形成,横空出世般悬挂在半山腰上,让人不禁感叹大自然的鬼斧神工,仿佛山间凝结的除了水流,还有流逝的光阴。

**温馨提示**
墨西哥官方语言是西班牙语,在瓦哈卡等中型城市也说西班牙语

第六章 奇幻魔都,玩转风情各异的都市文明 | 147

057

# 温哥华

## 悠闲世界

关　键　词：加拿大广场　斯坦利公园　休闲
国　　　别：加拿大
地　　　区：加拿大温哥华
最佳旅游时间：4—9月

加拿大的温哥华是加拿大不列颠哥伦比亚省低陆平原地区的一座海滨城市，也是加拿大西部第一大城市。它三面环山，一面傍海，在南面受暖流和太平洋季风的影响，在东北部有巨大的屏障——北美大陆的落基山脉挡住寒流，终年天气温润、气候温和、环境舒适宜人，在2012年世界上最适宜居住城市中排名第3。长期以来，温哥华的自然环境一直深受世界各国游客的喜爱，旅游业是这座城市发展的重要经济支柱，是加拿大著名的旅游胜地。在假期，家长带着孩子去加拿大的温哥华旅游，可以让孩子度过一个欢乐的假期。

在交通方式的选择上，游客可以选择在国内坐飞机抵达加拿大的温哥华。温哥华虽然与中国的黑龙江都处在高纬度地区，却没有黑龙江那一份严寒，终年温暖。走在街道上，游客都会被这儿集都市文明与自然美景为一体的气质吸引。在这儿，游客可以观赏到大型的公园、迷人的湖边小路、现代化的建筑物、完美的传统建筑物。分割城市建筑物的是幽静庞大的绿化带，绿地占据了整座城市80%的面积，看来这座城市最适合居住的名号是当之无愧的。

▼ 温哥华夜色迷人

游客可以在这座城市的"巨大的天然氧吧"——斯坦利公园游玩。斯坦利公园有着茂密的红杉树森林、世界上最长的临海步道、印第安图腾群、温哥华水族馆。公园里有一条大约9千米长的傍海小径，孩子可以在这里进行跑步、骑车、溜冰等各种活动。在公园的山顶，游人可以眺望与金融区相毗邻的高楼大厦、格罗斯山、狮门桥、海湾的360度美景，到森林深处去领会古塘残莲美景，在海边的露天游泳池里

◀ 风景优美的斯坦利公园

嬉戏玩闹。在温哥华水族馆，可以观赏8 000多种海洋生物，以及罕见的杀人鲸。

如同故宫是北京标志性的建筑物一样，温哥华标志性的建筑物是加拿大广场。在加拿大广场设有温哥华世贸中心、五星级泛太平洋酒店、IMAX 3D影院等。其中，最引人注目的是停泊在海港的众多巨型邮轮——这里是北美西海岸的一个重要码头。广场上有一个银幕宽大的IMAX剧场，剧场采用超高速摄影的方式，让观众观赏影片时产生一种身临其境的快感。广场上还矗立着一座令人赞叹不已的由舰艇组成的航行船，这一栋复合式建筑物是温哥华举办各种大型国际会议的主要场所。在这栋航行船建筑物的顶部有一个由5组玻璃纤维构成的白帆，是代表温哥华城市形象的地标之一。

家长还可以带孩子游览世界上最高的步行吊桥——卡皮拉诺吊桥。卡皮拉诺吊桥是当地居民用厚木板和麻绳搭建起来的，桥下是河水湍急的卡皮拉诺河。风吹过山谷的时候，吊桥就会摇摆并发出声音，与人的笑声颇为相似，因此也叫"笑桥"。站在吊桥上，游客可以一览远处的雪山、近处的河谷、森林的美景，幸运的话可以观赏到由河流水汽搭建出来的绚烂彩虹。温哥华有着众多迷人的景点、悠闲的城市文化气息，是假期亲子游的必选城市之一。

**亲子理由**

❶ 感受温哥华悠闲的文化气息

❷ 让孩子体验加拿大的文化和历史

**不可不游**

**蒸汽钟**

煤气镇拥有世界上第一座蒸汽钟，这座蒸汽钟主要是利用地下的蒸汽来带动时钟发条，每15分钟蒸汽会从地底冒出。喷出蒸汽的钟盖会发出呼呼的汽笛响声，非常有趣，是游客争睹的奇景。

**温馨提示**

❶ 温哥华公共场所是不可以随便吸烟的，需要到指定地方吸烟，否则会被罚款，且罚款金额高

❷ 温哥华夏天的紫外线强烈，应带好高指数防晒霜、帽子、墨镜，做好防晒准备

第六章 奇幻魔都，玩转风情各异的都市文明 | 149

## 058

# 哥本哈根

## 古老与现代

关　键　词：童话古堡
国　　　别：丹麦
地　　　区：丹麦哥本哈根
最佳旅游时间：4—9月

哥本哈根是丹麦王国的首都、最大港口、最大城市，也是政治、文化、经济、交通的中心。哥本哈根是一座整洁美观的城市，历史文化底蕴深厚。在城市里，矗立着新兴的大工业企业，中世纪遗留下来的古老建筑物，散发童话气质的皇宫、古堡、童话等建筑。这座古老与神奇、传统与现代、工业与艺术3组风格交相辉映的城市以独具特色的气质被联合国人类住区规划署（简称联合国人居署）选为"最适合居住的城市"。在假期，家长带孩子去哥本哈根旅游，一定会给孩子留下快乐的假期记忆。

在交通方式的选择上，国内游客可以坐飞机抵达丹麦哥本哈根。哥本哈根充满激情、活力、浓郁的艺术气息，这里的建筑物充分展现了古代艺术、古典艺术、缤纷现代艺术3种艺术风格。走在街道上，游人能观赏到带有童话气质的皇宫与古堡、庄园与乡村，寻找到沉淀着悠久历史古韵的皇宫、诉说着皇族传奇的阿美琳堡宫，领会到路易斯安那博物馆、阿肯艺术中心、国家博物馆等艺术博物馆的现代艺术风格。哥本哈根的古老与现代、艺术与神奇、激情与宁静、自然与人文的风格，令这座城市散发着迷人的魅力，被誉为"北欧的巴黎"。

▼ 美人鱼雕像是哥本哈根的标志性景观

"五月晴光照太清，四郎岛上话牛耕；樱花吐艳梨花素，泉水喷去海水平。湾畔人鱼疑入梦，馆中雕塑浑如生；北欧风物今观遍，民情最美数丹京。"这是我国著名文学家郭沫若赞美哥本哈根城市的诗。诗歌歌颂了哥本哈根春暖花开、阳光明媚的春天景色，尤其是赞美了海边一座美人鱼雕像的美丽。这座美人鱼雕像就是位于市中心东北部长堤公园的小美人鱼铜像。这座人身鱼尾的美人鱼铜像坐在海边一块巨

▲ 哥本哈根如诗如画般迷人

大的花岗岩石上。铜像高约 1.5 米，基石直径约 1.8 米，是丹麦雕刻家爱德华·艾瑞克森根据安徒生童话《海的女儿》铸塑的。从远处看，这个美人鱼"少女"神情恬静娴雅、悠闲自在。然而走近这座铜像，却会看到其神情忧郁、冥思苦想，似乎对某事百思不得其解……小美人鱼的神态使它散发栩栩如生的动人魅力和迷人风情，是哥本哈根的标志。

家长还可以带着孩子去哥本哈根最大的聚会广场——市政厅广场参观。在这里有一座高达 105.6 米的钟楼，登塔可以俯瞰整个城市的风貌。塔内一座制作精密的天文钟，可以准确报时并显示行星的具体位置。在市政厅附近，有一座安徒生手捧童话书的铜像，侧头望着对面的公园。在这里，家长可以对孩子讲述丹麦的历史，以及著名童话大师安徒生在哥本哈根的创作经

### 亲子理由

❶ 感受丹麦浓郁的文化艺术气息

❷ 探访著名童话大师安徒生的创作基地，获得童话文学的熏陶

▲ 哥本哈根街头的安徒生雕像

## 不可不游

**鹿园**

乘火车20分钟即可到达城外的"鹿园"。这里是著名的皇家狩猎园，植被茂密，植物种类非常多，可以看到许多美丽的鹿儿悠然漫步，在森林中自由地穿梭。在林中野餐、跑步或是骑马都是相当惬意的。值得一提的是，鹿园的对面有一片海滩，夏天在这里游泳是一种美妙的享受。

历，使孩子受到童话文学的熏陶。

哥本哈根是一座洋溢着童话色彩的城市。除了著名的旅游景点之外，还有令人垂涎三尺、胃口大增的美食，如脆皮烤猪肉、马铃薯炖牛肉等，都是名菜。最具有特色的美食，就属开放式三明治。它营养丰富，口味众多，讲究食物外观和口味的完美结合，让游客难以抗拒其诱惑。

哥本哈根的娱乐活动也是五花八门、丰富多彩的。游客可以观赏到皇家芭蕾舞团的演出、街头酒吧的音乐秀、新年圣诞夜各种主题活动、趣伏里公园精彩的焰火表演、皇家歌剧院的芭蕾舞团演出等。这些都足以证明，哥本哈根独具风情的城市气质，决定了它是假期亲子游的最佳城市之一。

> **温馨提示**
>
> 丹麦属温带海洋性气候，比较冷。初春、秋、冬季需穿着厚实、保暖的衣服。秋季或春季去玩还需要携带厚风衣或棉衣。夏季可穿比较轻薄的衣物如长袖T恤、牛仔裤

# 伊斯坦布尔

## 天方夜谭

059

关 键 词：中世纪 历史感 清真寺
国 别：土耳其
地 区：土耳其伊斯坦布尔
最佳旅游时间：4—7月和秋天

　　伊斯坦布尔是土耳其最大的港口和城市，也是经济、文化的中心。它横跨亚欧两地，不仅是土耳其经济中心和前首都，也是世界著名的国际大都市、闻名天下的旅游胜地。它有着悠久的历史文化底蕴，是古代拜占庭帝国（东罗马帝国）的首都君士坦丁堡的所在地。在假期，家长可以带孩子去伊斯坦布尔旅游。这座充满了信仰与爱慕、野心与骄傲，散发着无与伦比魅力的城市一定会使孩子获得最棒的旅游体验。

▼ 伊斯坦布尔美丽的景观散发着无与伦比的魅力

▲ 集市上琳琅满目的商品吸引着大量的游客

## 亲子理由

❶ 可以让孩子领略土耳其东罗马帝国时代的历史

❷ 让孩子感受土耳其的文化氛围

伊斯坦布尔是繁华的大都市，交通便利，国内游客可以坐飞机抵达这座城市。漫步在伊斯坦布尔的街道上，任何人都会叹服这里沧桑古迹的繁多。满街都是古色古香的建筑群，使人仿佛闯进了《一千零一夜》的传奇故事中，又如同坠落在中世纪的时空万花筒里。游人徜徉在迷宫般的街头小巷间、蜿蜒起伏的海岸天际线交汇处、现代华美的建筑与历史苍凉的废墟之间，甚至在长椅上闲坐享受太阳斑驳光影的时候，心灵会充盈着故事的戏剧感和历史的沧桑感。

伊斯坦布尔的历史古迹主要集中在老城。在那里，高低错落地分布着罗马帝国时代遗留的圆形拱顶和高耸尖塔的建筑物。其中有东罗马帝国时代遗留下来的、有着 1 500 年历史的圣索菲亚大教堂，土耳其奥斯曼帝国的王府托普卡帕宫，世界上独一无二的六座高塔蓝色清真寺……这些历史遗留的建筑物以壮丽的外表和醇厚的历史底蕴震撼着每一位游客的心灵。家长可以带孩子去参观比较有代表性的建筑物，如圣索菲亚大教堂。它原是一个基督教的宫廷教堂，曾经是伊斯兰教的清真寺，现在作为博物馆供游人参观。大教堂精美的建筑外表是历史沧桑和时光流转造就的。游客在这里不仅可以感受美丽的建筑风格，也可以体验东罗马帝国时代的拜占庭文化。在这里，家长还可以对孩子讲述东罗马帝国的历史，在历史与现实融合的情境中，让孩子学到教科书中没有的知识。

▲ 伊斯坦布尔的一个街道

在伊斯坦布尔繁多的景点中，还有一个惊艳出众的建筑物，那就是蓝色清真寺。蓝色清真寺的外墙是蓝白亮点的瓷砖。当阳光照在建筑物的彩色玻璃上，然后光线折射在瓷砖上，会有奇异的色彩斑斓的光辉产生，十分美丽。家长还可以带孩子去著名的博斯普鲁斯海峡，那里有木头造的别墅、简单朴素的石头堡垒、豪华的大理石宫殿、乡村气息的小渔村、典雅的欧式住房，给人一种传统文化与现代文化、贵族文化与朴素文化并存的感觉。

在伊斯坦布尔，游客可以享受丰富多彩的娱乐活动。这座城市有着许多轻松的娱乐项目，如电影、歌剧、芭蕾、音乐会等。人们可以在酒吧或者夜总会边吃边观赏传统的土耳其歌曲和现代的肚皮舞，别有一番情趣。街道上有许多奥斯曼帝国时代和拜占庭时代建筑风格的饭店，游客可以在这里享受中世纪的风情，度过快乐的一夜。家长还可以带着孩子去伊斯坦布尔博斯普鲁斯海峡的了欷米诺努。在这里，孩子可以穿着土耳其奥斯曼帝国时期普通渔夫的服装，坐上有着那个时代风格的小渔船。在历史怀古的情调中，品尝新鲜的美食，享受惬意的人生。

## 不可不游

**托普卡帕宫**

托普卡帕宫各式低矮的建筑环绕庭院，以回廊及通道互相连接。宫殿里树木、花园及水池散布其中，让居住在皇宫里的人耳目清新。这儿的门窗都向着庭院，拥有开放的环境，在夏季时有清凉的空气。当年苏丹们在这里接见外宾，治理国事，游客在此可以感受当年的历史氛围。

### 温馨提示

1. 进入土耳其时，贵重物品和所有价值超过 15 000 美元的物品都必须在所有人的护照上登记，以便离境时管理
2. 未经特别允许，不得携带利器（包括露营用刀）和武器入境

第六章 奇幻魔都，玩转风情各异的都市文明 | 155

## 060

# 里斯本

## 大航海时代辉煌重现

关　键　词：大航海时代　贝伦塔
国　　　别：葡萄牙
地　　　区：葡萄牙里斯本
最佳旅游时间：5—10 月

　　里斯本是葡萄牙共和国的首都，也是葡萄牙的第一大海港城市。它位于欧洲大陆的最西端，北边是辛特拉山，南边靠临塔古斯河，一年四季气候宜人、风和日丽。最特别的还是它拥有里斯本人称作"稻草海"的自然美景：在夕阳西下的时候，清澈的塔古斯河流到大海的入海口处，西边的万丈金光斜照在海面上，使这一片河面与海面闪烁着万丈金光，构成了一处令人赞叹的自然风景。此外，里斯本还是国际化都市和欧洲著名的旅游城市。葡萄牙流行一句俗语："没看过里斯本的人，等于没有见过美景。"可以看出里斯本城市的魅力之大。在假期，家长带孩子去葡萄牙里斯本旅游，一定会给孩子多姿多彩的旅游体验留下快乐的假期记忆。

　　里斯本交通比较发达，国内游客可以选择搭飞机抵达该城市。行走在里斯本的街道上，游客可以感受到城市散发的"大航海时代"的文化气息。在这个满载着航海英豪金戈铁马气吞山河征服世界梦想故事的城里，却响彻着电车叮叮当当的声音。徘徊在历史古迹中，会以为这座城市永远是欧洲沧桑历史的尘封一角，充盈着一箩筐饱经风霜的老故事。然而，一个个前卫的餐厅和新颖时尚的酒店，却使游客感受到其依然处在欧洲时尚文化的前端。里斯本就是一个汇集着山的终结、海的开端，旧时代与新世界交会的城市。在这里，萦绕在游人记忆里的，永远是"大航海时代"的黄金历史和活力四射的欧洲文化风情。

　　里斯本有许多纪念碑和纪念塔，大多数是 16 世纪航海时代流传下来的，如矗立在大西洋海岸边始建于 16 世纪的贝伦塔是葡萄牙辉煌时代的见证。在大航海时代，它是航海家的起点，现在是里斯本最上镜的一个风景区。涨潮时贝伦塔漂浮在水面上，景色迷人。贝伦塔前面的热罗尼莫斯修道院是 16 世纪初流行的曼努埃尔建筑风格的典型代表，外表宏伟气魄，雕刻精美

◀ 贝伦塔景色优美，建筑古朴典雅

华丽。在修道院附近是宏伟壮观、造型优美的航海纪念碑。远远眺望，航海纪念碑如同在碧波万顷中航行的巨型帆船，这是纪念当时葡萄牙著名航海家不畏艰险、探知世界、搏击风浪的壮举。航海纪念碑上的浮雕记载了当时葡萄牙航海家周游世界的历程。在航海纪念碑广场的水泥地上有一幅巨大的世界地图，清晰地标记了葡萄牙航海家远航世界的地点、年代和著名的航线，让游人对"大航海时代"葡萄牙人的航海历程有一个清晰的了解。

家长可以带着孩子，去参观里斯本最壮丽的自然港口——太加斯河港口。在这个港口中，太加斯河流向大西洋，形成了"槁之海"。16世纪，葡萄牙著名航海家就在此出发周游世界。傍晚，里斯本令人骄傲的教堂、宫殿、跨越7座小山的老街在夕阳的余晖中露出了金碧辉煌的笑容。虽然山上老街也慢慢褪去颜色，但会令人记住葡萄牙黄金时代的辉煌。在这里，家长可以对孩子讲述葡萄牙航海家"大航海时代"的壮举，为孩子上一堂生动的历史课！

里斯本有着浪漫的现代化欧洲文化风情。在古老的"诗人学会"咖啡屋里，喝上一杯美味的浓缩咖啡，尝尝新鲜的刺身龙虾，听着里斯本人称为"思乡曲"的甜美忧郁的"法多"悲歌，留给你的是异国别致的情调。在这里，还有许多葡萄牙人自豪的小吃葡式蛋挞、香浓的咖啡，费用也绝对低于欧洲其他国家。带孩子来到里斯本，一定能度过一个美好的假期。

### 亲子理由

❶ 对孩子讲述葡萄牙大航海时代的历史
❷ 在大航海历史遗址中，感受欧洲历史文化氛围

### 不可不游

**辛特拉**
附近的世界遗产小镇辛特拉风光绮丽，由一系列植被茂盛的狭窄山峰组成，峰顶是花岗岩。这一带山峦起伏，宫殿、城堡和别墅就坐落在这里，人文景观与自然风光融合在一起，难怪诗人拜伦把辛特拉喻为伊甸园。

> **温馨提示**
> 里斯本气候温和，夏季游览时穿着轻便舒适的衣物外加一件夜间需穿的薄外套即可，但是白天日照强烈，要注意防暑和防晒

## 061

# 新加坡

## 花园城邦

关　键　词：鱼尾狮　动物园　文化精髓
国　　　别：新加坡
地　　　区：新加坡
最佳旅游时间：除 9 月外全年都适宜

▼ 新加坡动物园的猴山是孩子们最喜爱的去处

在马来半岛南端、马六甲海峡尖端、浩瀚的印度洋上，有一个如明珠一样散发着璀璨光芒的城邦国家，那就是东南亚的岛国——新加坡。昔日的新加坡只是一个小渔村。在第二次世界大战之后，经过数十年的发展，已变为一座绿意葱茏、摩天大楼林立的繁华国际大都市。在新加坡，建筑与艺术、文化与美食获得了完美的融合，并且多种元素使这个城市散发着多姿多彩的非凡活力。它流露的美丽与繁荣一直令人赞叹不已。它有着"花园城市"的美称，作为一座魅力四射的动感之都，它一直都是亚洲最重要的金融、服务和航运中心之一。假期家长带孩子去新加坡旅游，其"和而不同"的多种族文化一定会给孩子愉快的旅游体验，留下快乐的假期记忆。

在交通方式的选择上，游客可以从国内坐飞机抵达新加坡。在新加坡，中西文化精粹和多元文化风情一定会令游客获得超值的享受。如果喜欢现代化都市的动感，可以在城中繁华的购物中心、餐厅、博物馆、娱乐胜地徜徉，那里的华灯璀璨和熙来攘往的人群一定会使你流连忘返。如果喜欢访古怀旧，寻觅时光流逝、年华逝去的沧桑古韵，可以去小印度、牛车水、甘榜格南等地点感受中西方文化的精髓。如果喜欢悠闲情调，可以去驳船码头或者克拉码头参加派对活动，在多姿多彩的活动中放松心情，让心灵回归自然的宁静。北部热带雨林中的日夜间动物园是来新加坡亲子游的首选景点。夜幕降临，散步在滨海湾上，可以与地标金沙酒店与鱼尾狮合影。坐在高高的摩天轮车厢里，可以览新加坡整个滨海湾的美景于眼底。可以说，新加坡每一处细微的构造，都令游客感受到这个城邦国家悉心经营的崭

◀ 狮头鱼尾像是新加坡的标志性建筑

新格调，令人觉得不虚此行。

代表新加坡的标志性建筑物是坐落在新加坡河畔的鱼尾狮。鱼尾狮也是新加坡的象征，它是一座高达 8 米、重达 40 吨的狮头鱼尾的雕像，从狮子头的雕像口里喷出了汩汩清泉。在鱼尾狮像背面，有一小块场地矗立着 4 块石碑，碑上文字记载着鱼尾狮成为新加坡象征的经历。伴随着石碑的是一座小鱼尾狮像。夜晚游人登上鱼尾狮像俯瞰海港，在千万盏闪烁的灯火中，船影在海面清风中朦胧出现，一派迷人的岛国风光。

新加坡的圣淘沙岛继承了"花园城市"的风情。游客走在圣淘沙岛海滩，可以观赏一片郁郁葱葱的美景。在这里，游人可以沐浴温暖清爽的海风。在海滩上赤足行走，在 37 米的鱼尾狮塔上赏阅新加坡的城市风情，在梦幻岛体验游戏，给游人非同凡响的愉悦感。无论白天还是黑夜，圣淘沙岛都会时时刻刻传递美丽与快乐，令游人陶醉在岛上的快乐时光中。四面环海的圣淘沙岛有 3 个著名海滩——西乐索海滩、巴拉湾海滩与丹戎海滩，那里也有茂密的椰树林。婆婆的树影、稀稀落落的茅亭、柔滑细腻的沙滩、明亮清澈的海水，不仅增添了海岛的妩媚南洋风情，还吸引了无数水上运动爱好者前来旅游。

位于新加坡北部万里湖路的新加坡动物园是世界十大动物园之一。动物园收集了 290 种哺乳动物类、鸟类和爬行类动物，总数超过 3 000 只。家长可以带孩子乘坐迷你蒸汽火车畅游整座动物园，在游玩过程中对孩子讲述动物百科知识，欣赏海狮和大象精彩的表演，让孩子过一个快乐的假期。种种理由都足以表明，新加坡独具魅力的城市气质决定了它是假期亲子游的必选都市之一。

### 亲子理由

❶ 感受新加坡中西方文化精髓的交会
❷ 在动物园中观赏多姿多彩的动物，领略东南亚文化

### 不可不游

**金沙空中花园**

金沙空中花园让游客以 360 度全角俯瞰新加坡风情万种的滨海湾，以及迷人的城市全景。这里汇集了苍翠绿荫、露天花园、美馔餐厅、无边泳池，仿佛悬挂在空中的大自然天然氧吧，漫步其中，有如登临世界之巅，看似胆战心惊，却是极致浪漫。

### 温馨提示

❶ 旅客在餐厅、酒店消费，须付 10% 的服务费与 7% 的消费税
❷ 大排档或小吃店不收服务费和小费
❸ 在参观庙宇和回教堂时，衣着必须端庄，手脚要有衣物遮盖

# 062

## 马斯喀特

### 年轻人的探险胜地

关　键　词：马托拉集市　米拉尼古堡　阿拉伯文化
国　　　别：阿曼
地　　　区：阿曼马斯喀特
最佳旅游时间：12月至次年3月

马斯喀特是中东国家阿曼的首都。这座城市地处波斯湾通向印度洋的要塞，东南濒临阿拉伯海，东北临近阿曼湾，依山临海，三面环山。秀丽的风景、神秘的气质、博大精深的阿拉伯文化遗产吸引着众多游客前来观光。在历史上，马斯喀特是古代中国与阿拉伯国家开展贸易活动的一个重要港口，是通往欧洲丝绸之路、途经阿拉伯半岛的一个港口城市。假期家长带孩子去这座古都旅游，一定会给孩子梦幻般的神秘体验，让孩子度过快乐的假期。

在交通方式的选择上，国内游客可以从北京坐飞机到香港，然后从香港坐飞机到马斯喀特；也可以先坐飞机到迪拜或者多哈，然后坐飞机抵达马斯喀特。倘徉在马斯喀特的大街小巷中可以观察到这里的建筑物大多数是典型的阿拉伯式风格，典雅辉煌的外表、恢宏的气势，如《一千零一夜》中描述的皇宫一样富丽堂皇。建筑物里面是金碧辉煌的装饰品，点缀着精美高雅的工艺品。在不知名的小巷里，游客可以感触到空气里弥散着阿拉伯特有的乳香味。路上轻轻经过的男子或者女子都带着彩色头巾，眼神里散发着一种神秘莫测的光芒，令人恍若置身于阿拉伯童话《一千零一夜》的世界中。

游客可以去马斯喀特的马托拉集市，在那里依然保存着1 000多年前阿拉伯文化的风韵。在集市可以嗅到一股奇异的香气，令人产生心醉神迷的感觉，那是阿曼闻名遐迩的乳香和其他香料混合为一的味道。其中600多年前被郑和下西洋的船队带回供皇帝使用，如今普通老百姓也能享受。密布在集市中如迷宫一样的曲曲折折的小巷两旁矗立的是鳞次栉比的店铺，

▼ 矗立在海岸边的马斯喀特风景秀丽

◀ 皇家歌剧院典雅恢宏

铺面商品的摆设还保留着中世纪的风格。在商店的桌子上，摆放着一个个大盆，里面盛满由各个国家的银戒指、硬币、玛瑙、贝壳、珍珠、宝石吊坠、骆驼骨、绿松石等制成的精美饰品。地面上摆放着大小不一、闪烁着铜质光芒的阿拉伯油灯，铜锈斑斑的神秘气质使人想：如果手轻轻拂拭，会不会有巨人精灵飘落在眼前呢？店铺的墙上挂着一把把阿曼弯刀。刀上的银质刀鞘、象牙或者犀牛角制成的刀把象征着勇气，佩戴弯刀也是阿曼男子成年的标志。现在阿曼男人出席公共场合，阿曼弯刀是必备的装饰。在屋顶下垂吊着由温润的黄琥珀、鲜艳的红珊瑚等制成的一串串项链，悬挂的大珠小珠把店铺上空渲染得绚烂多姿。

马斯喀特的最东部是古城区，整个城市就是由此发展起来的。在城区里挺拔着壮丽的王宫，窄小的巷子深处是传统的阿拉伯小屋，一段古迹苍苍的城墙和两座古老的城门环绕着周围。古城区依山傍海，峭拔多姿的山势与海水交相辉映，蔚为壮观。这里还保存着16世纪葡萄牙殖民者修建的约雷力古堡和米拉尼古堡，马斯喀特古城就由此得名，家长可以带着孩子参观气势恢宏的古堡，并且讲述关于米拉尼古堡的传奇故事：17世纪古堡的一个葡萄牙长官看上了一个印度教供应商的女儿，这个供应商充分利用长官爱好美色的心理，把堡垒原有的粮草和弹药搬走，然后向当时的苏丹通风报信，使苏丹军队一举拿下这座毫无抵抗能力的城堡，最后把葡萄牙军队赶出了马斯喀特。

**亲子理由**

❶ 感受1 000多年前的阿拉伯文化氛围
❷ 对孩子开展阿拉伯历史教育

**不可不游**

**苏丹卡布斯大清真寺**
苏丹卡布斯大清真寺是现代化风格的建筑，通体白色，是一个极具吸引力的建筑奇迹，是阿拉伯文明发展的里程碑。大清真寺内部非常敞亮，顶部高悬着长达14米的水晶吊灯，照得整个清真寺金碧辉煌。

**温馨提示**

4—10月平均气温40摄氏度以上，需穿着凉爽透气衣物

# 第七章
# 沧桑古迹，追忆历史风韵

世界历史源远流长，博大精深，密布在地球上如繁星一样多的历史古迹记载着人类源远流长的历史文化，是人类智慧的结晶。孩子漫步在沧桑古迹前，仿佛穿越时空，感受昔日人类文明的辉煌，吸收人类文明智慧的精髓，感叹逝去岁月的那一份沧桑！不仅如此，历史古迹的熏陶，更能令孩子增长智慧，增长阅历，丰富知识，这是金钱买不来的财富。在这里有绝佳的历史古迹旅游方案，适合假期来一场说走就走的亲子旅行。

# 063

## 西安秦始皇兵马俑

### 历史的澎湃

关　键　词：兵马俑　武器　历史
国　　　别：中国
地　　　区：中国陕西省西安市临潼区东5千米下河村
最佳旅游时间：全年皆宜

位于中国陕西省西安市临潼区东5千米下河村的秦始皇陵墓，有一组最大的陪葬坑，坑中埋葬的气势澎湃的兵马俑是世界八大奇迹之一。这些兵马俑是当时秦王朝强大军队的微小缩影，一共由3个大小不一的坑构成，分别为一号坑、二号坑、三号坑。这些兵马俑与真人、真马大小相似。根据身份，把出土的各类陶俑分为军吏俑、武士俑等。这些兵马俑服饰、神态、冠带千姿百态，各不一致，没有一张相同的脸谱。在假期，家长带孩子去这个历史古迹旅游，追溯我国2 000多年前古代文明的辉煌，对提高孩子文化素质是非常有益处的。

在交通方式的选择上，游客可以从国内坐飞机、火车或经高速公路抵达西安市。在西安火车站东广场，可以乘坐公交车抵达景区。当游客站在一号俑坑前的时候，会被兵马俑雄伟的气势所震撼，那是一种难以用文字表达的美感。规模最大的是一号坑，呈长方形，是一个由步兵与战车共同构成的主力军阵。在俑坑的南北两侧和西端，排列着一列分别面向北边、南边、西边的横队，这是军队的翼卫与后卫。强大的主力士兵、精锐的前锋、灵活的侧翼，使士兵队列散发着一种排山倒海的气势。端详这些兵马俑会感觉仿佛现代与古代的历史距离就这样忽然消失了，被一种神秘的力量带到2 000多年前战马嘶鸣、震耳欲聋的古战场。兵马俑军容严整、披坚执锐、气势雄伟，更令人联想到秦始皇统治的秦军所向披靡，横扫大地，战胜六国的威武强大气势。这些兵马俑都人高马大，身高都在1.8米左右，表情形象逼真，千姿百态，展现了我国古代劳动人民雕塑技术水平

▼秦始皇兵马俑

◀ 秦始皇兵马俑是世界文化遗产之一

的高超。可以说，兵马俑是我国古代劳动人民智慧的结晶，是全世界的一个奇迹，更是中国人的骄傲！

根据身份区别，可以把兵马俑分为武士俑和军吏俑两大类。军吏俑又分低级、中级、高级3类。兵马俑中属于士兵级别的都不佩冠，戴冠的是军吏。普通军吏戴的冠与将军戴的冠又是有区别的。士兵级别的兵马俑又分为骑兵、步兵、车兵3大类别。根据作战的实际需要，不同兵种的武士配备的武器装备也是各异的。兵马俑的鞋底，每一行的鞋纹都大小一致，排列整齐，可以看出当时工匠的精雕细琢。如此浩大的兵马俑工程，可以使人领略到当时秦始皇横扫六国的霸气。

一号坑的北侧是二号坑，平面呈曲尺形状，这是秦俑坑的精华所在。它的发现揭开了古代军长排列之谜。三号坑是唯一一个没有经过大火焚烧的坑，出土的陶俑彩绘残存比较多，颜色较为鲜艳。兵马俑是世界雕塑艺术文化的宝库，为中华民族灿烂文化增添了色彩，也为世界艺术史补充了光辉的一章。在兵马俑坑内出土的青铜兵器，有剑、戟、矛、弯刀和大量的箭头、弩机等。化学实验也表明，这些兵器在铬化处理之后，虽然在土里埋葬了2 000多年，依然刀锋锐利、闪闪发光，证明了当时拥有高超的冶炼技术，这也是世界冶金史上的一个奇迹。在这里，家长可以对孩子讲述秦始皇的故事，培养孩子的民族自豪感和民族自信心，达到爱国教育的目的。

**亲子理由**

在观赏宏伟、精美的兵马俑时，体会2 000多年前秦朝文化，树立民族自豪感和自信心

**不可不游**

**陕西历史博物馆**
陕西历史博物馆是了解古代中国光辉文明的好地方，外观着意突出了盛唐风采。馆内藏有商周时期的青铜器、历代陶俑、汉唐的金银器具和唐墓壁画等珍品文物，集中珍藏陕西地区出土的珍贵文物37万余件，值得观赏。

**温馨提示**
西安的气候较为干燥，游客应注意补水，在夏天时防止中暑

第七章　沧桑古迹，追忆历史风韵 | 165

## 064

# 八达岭长城
## 历史的沧桑

关　键　词：长城　古代战场　巨龙
国　　　别：中国
地　　　区：中国北京
最佳旅游时间：4—10月

中国有句俗语："不到长城非好汉。"万里长城是中华民族的象征，也是当今世界上最为宏伟的古代军事防御工程。万里长城始建于越国时代，一直到明代。其中，八达岭长城是万里长城的精华之处，也是明代长城最杰出、最具有代表性的地段。它在1987年被联合国列入世界文化遗产，景色之壮观、地位之显赫、名声之悠远，是历史上任何地段的长城都难以比拟的。假期家长带孩子去北京的八达岭长城旅游，追忆中华民族浩瀚璀璨的文化，对于提高孩子的文化素质，增强历史感是非常有益的。

北京作为祖国的首都，交通发达。游客可以坐飞机、火车、高速公路大巴抵达，在北京也有直通八达岭的巴士和公交车。这里山峦重叠、崇山峻岭、险峰繁多、地势险要，所以一直都是兵家必争之地。八达岭长城随着山峰的走势，如巨龙一样蜿蜒起伏盘绕。长城的城墙高大坚固，城台密集。城台的上层可以用来射击、瞭望、燃放烟火。城台的下层，可以休息、住人、存放武器等。烽火台是长城重要的组成部分，每隔几千米就有一座烽火台。白天遇到敌情的时候可以在烽火台燃烟，夜间放火，把情况迅速转报给指挥机构。这样一座工程，可以说是进可攻、退可守。

▼ 长城人头攒动，景色优美

八达岭长城不仅历史悠久，风光也独好。登上八达岭长城顶端，饱览长城威武的雄姿，可以看到眼下的长城顺着山势扶摇而上，在山中蜿蜒起伏，雄伟壮丽、气势磅礴，宛如一条在空中准备腾飞的巨龙。长城四时的风景也是不同的。赵朴先生曾赋诗曰："……最是春花锦锦，夏绿叠云，漫道秋春，风光尽收方寸……"把长城四时美景描绘得淋漓尽致。

▲ 长城是中国古代的军事工程,如今已成为著名的旅游景点

家长与孩子可以站在蔚蓝天空下的八达岭长城的顶端,追溯长城悠久的历史。古时候,八达岭是边塞的重要关隘,在这绵延万里的长城画卷上,浮现的是一幅幅血溅沙场的壮烈风景图。如果把长城比喻为琴键上的五线谱,那么谱写在上面的就是一首首摄人魂魄、声动山河的悲怆曲子。长城的峻美,令人脑中浮现的都是怀古的幽思。长城墙上斑驳沧桑的痕迹更令人勾起对逝去岁月战场上的战鼓与厮杀声响,以及为了保卫国土肝脑涂地、血溅城墙的将士们的怀念……

**亲子理由**

观赏长城美景,感悟中华民族沧桑的历史文化

第七章 沧桑古迹,追忆历史风韵

▲ 长城上的缆车成为长城一大风景

## 不可不游

### 慕田峪长城

慕田峪长城位于北京市怀柔区境内，万里长城自东南而西北在崇山峻岭之巅蜿蜒。这里山势缓陡、曲直相间，所以极富立体感。慕田峪地理位置十分重要，被称为"危岭雄关"，慕田峪关更是明代保卫京师和明皇陵的重要关口之一，在此曾发生过多次战事。

在壮观雄伟的八达岭长城上，游人还可以观赏众多令人回味无穷的古迹，如壮美的北五楼、北八楼，风格迥异的敌楼等。八达岭长城作为万里长城的杰出代表，如同一座历史丰碑，传承着中华民族龙的精神，发散着炎黄子孙的智慧，彰显着中华民族独特的风采。

现代的长城，已失去了古代国土防御的功能，然而作为一种文化，其是中华民族一个博大精深的历史博物馆。国内游人来长城不仅仅是为了瞻仰古迹，更是表达身为炎黄子孙对中华民族文明的崇敬。外国人来长城旅游，是与中国人进行民族团结和中外友好交往。在旅游中，八达岭长城和慕田峪长城都是游人来北京的必去景点。登长城观光旅游的外国游客已达到了上万人，其中著名的外国元首就将近 400 位。所以，现代的长城成了中华民族与世界各个国家建立睦邻友好关系的纽带，承担着文化的象征和中外友好交往的历史使命。

长城的壮丽美景和历史价值值得家长与孩子共同体验。

**温馨提示**

八达岭长城地势较高，处于风口，应多穿一些衣服。长城上部分地段坡度很大，最好穿运动鞋

# 065

# 自由女神

## 自由的召唤

关　键　词：自由女神　纽约　冠冕
国　　　别：美国
地　　　区：美国纽约海港内自由岛
最佳旅游时间：全年皆宜

在美国纽约海港内自由岛的哈德逊河附近耸立着一座象征美国精神的建筑物——自由女神像。它是1876年法国为了纪念美国独立战争胜利100周年赠送给美国的礼物。它不仅是代表美国获得自由民主的建筑物，也是全世界自由的象征。假期家长带孩子去美国纽约旅游，参观自由女神像，感受以美国为代表的西方文化，能够增加孩子的阅历，提高孩子的文化素质，达到寓教于乐的亲子教育目的。

在交通方式的选择上，游客可以先从国内坐飞机抵达美国的纽约，然后坐巴士抵达纽约海港的自由岛。塑像高46米，加上底座一共高达93米。环绕在女神周围的是星星状的围墙，这个围墙建于19世纪早期，是Wood炮台的一部分，在1812年战争中用来保卫纽约。

◀ 美国纽约的自由女神像是美国的标志性建筑

第七章　沧桑古迹，追忆历史风韵 | 169

## 亲子理由

观赏美妙绝伦的纽约风景，体验以美国为代表的西方文化情调

## 不可不游

### 纽约帝国大厦

纽约帝国大厦一直是文艺界喜爱取景的地方，大厦的装饰艺术风格是典型的第二次世界大战前的建筑风格。大厦的大厅一共有3层楼高，并装饰有一个铝制的设有尖顶天线塔的帝国大厦浮雕。自大厦建成后，共有90多部电影选择该处作为取景点，其中包括《金刚》和《西雅图不眠夜》等经典电影。

---

自由女神脚上散落的是已经断裂的专制锁链，右脚微微做抬腿行进的状态，整体动作就是摆脱了枷锁的束缚，挺身前行。女子双唇紧闭，佩戴着光芒四射的皇冠。它身披着罗马式样的宽松长袍，神态刚毅，气质高贵轩昂，给人一种凛然不可侵犯的感觉。女子丰盈端庄的体态如同一位古希腊时代的美女，亲切又自然。它右手高擎着一把象征自由、高达几米的火炬。左手紧紧握着一本书，上面镌刻着"1776年7月4日"的字样，这一天是美国《独立宣言》的发表日期，美国就是在这一天宣告独立的。在夜幕降临的时候，神像基座的灯光朝上照射，映照下的女神雕塑宛如一座淡青色的玉雕。女神冠冕窗孔中发射出的灯光，如同在女神头上点缀了一串金黄色的光辉，为纽约热闹又喧嚣的大都市增添了一处宏伟壮观的夜景。

100多年来，这座端庄优雅的自由女神像一直传达着美国人民争取民主、追求自由的理想和愿望，也是美利坚民族和美法人民友谊的象征。在这里，家长可以对孩子讲述自由女神像的故事。这座完美杰出的艺术雕像是由法国著名雕塑家巴托尔迪创作的。女神形象来源于他17岁的时候在巴黎街头亲眼看见的一幕激动人心的景象：1851年，法国国王路易·波拿巴发动了政变，意图推翻法兰西第二共和国的政权。这一天，忠于民主共和的共和党人在巴黎街头构筑了防御工事，与政变发动者展开了激烈的巷战。在黄昏时刻，一位忠于共和政权的法国年轻姑娘手持一把燃烧着的火炬，高喊着"前进"，越过了障碍物，可惜最后中弹身亡牺牲。虽然这位姑娘逝去了，但她那高擎火炬奋勇前进的形象却铭刻在雕塑家的心中，成为追求自由的象征。这一尊自由女神像形态以巴托尔迪妻子为原型，面容取自他慈祥的母亲。

游客可以从铜像底部乘坐电梯直达基座的顶端，然后沿着女神像内部的171级盘旋式阶梯直达头部的冠冕之处。在冠冕的地方，通过窗口可以眺望纽约的风景。南部是一望无际的纽约湾，水面波光潋滟，甚是美丽。在东部可以瞭望到有"钢铁巴比伦"之称的高楼大厦林立的曼哈顿岛，在北部可以欣赏逶迤伸向远方的哈德逊河……如此美妙绝伦的风景一定会让孩子获得审美的愉悦感，让孩子体验到美国文化的风情。自由女神雕像的艺术性和文化底蕴是非常值得去参观的。

> **温馨提示**
>
> 进自由女神像只允许带小钱包和相机袋（将会检查），在自由岛的礼品店有储物柜出租（1美元/2小时）

066

# 巴黎铁塔

## 文化的浪漫

关　键　词：浪漫主义　铁娘子　爱国主义
国　　　别：法国
地　　　区：法国巴黎
最佳旅游时间：一年四季

在世界著名的浪漫之都——法国巴黎的塞纳河畔巍然屹立着一座雄伟的建筑物，那就是巴黎铁塔。巴黎铁塔又叫埃菲尔铁塔，与纽约的帝国大厦、东京的电视塔一起被誉为世界知名的三大建筑物，是世界上第一座钢铁结构的高塔，也是现代巴黎的象征。历经百年风雨，法国埃菲尔铁塔依然风采依旧。假期家长带孩子去法国巴黎旅游，在浪漫之都体验这个被法国人称作"铁娘子"的特色景点，无疑是一个明智的选择。

巴黎作为世界著名的大都市，交通发达，游客可以先坐飞机抵达这座城

▼ 塞纳河畔的埃菲尔铁塔直冲云霄，风景优美

第七章　沧桑古迹，追忆历史风韵 | 171

▲ 铁塔下游人如织，建筑气势恢宏

## 亲子理由

在欣赏美妙绝伦的法国风景的时候，体验浪漫主义文化

市，然后乘坐地铁六号线抵达埃菲尔铁塔站，或者乘坐 RERC 线到 Champ de Mars（战神广场站）。42、69、72、82、87 路公交车都能够到达埃菲尔铁塔。埃菲尔铁塔如同一个钢铁巨人，高高矗立在市中心塞纳河畔的战神广场上，虽然历经百年沧桑，依然美丽固存。埃菲尔铁塔的壮观、精美、大气是无法用言语形容的。铁塔有着不需要任何修饰的简单的外形结构，这与周围空旷的环境更能和谐搭配，使得无论是雨雪纷飞还是艳阳高照，埃菲尔铁塔都能傲然独立。它是巴黎的脊梁，更为巴黎铸入了鲜活的血液和灵魂。

整座埃菲尔铁塔高达 320 米，设计新颖独特，建筑时采用 7 000 吨钢铁、1.2 万个金属部件，由 250 万个形状各异、大小不同的铆钉把这些庞杂

零碎的部件连为一体。塔的 4 个面铭刻着一共 72 位科学家的名字。从埃菲尔铁搭的塔座到塔顶，一共有 1 711 级阶梯，现在安装有电梯，游人可以选择搭电梯或者步行的方式上铁塔。

法国人都说："埃菲尔铁塔是首都的瞭望台。"事实也的确是这样的。整座铁塔一共设有上、中、下 3 个瞭望台。每一个瞭望台都有不同的视野，带给游人的是相异的风景和情趣。在每一层瞭望台中，都设有酒吧和饭馆，游客可以品尝巴黎浪漫之都的美食。最下层的瞭望台面积是最宽敞、最大的。里面设有餐厅、电影厅、会议厅、邮局、商店等繁多的服务设施。熙熙攘攘的人群使人忘却了这是 57 米的高空。在最底层的瞭望台，游客可以观赏附近的美景。在晴朗的天空下，广场北面的夏洛宫，水花四溅的水池，静静流淌的塞纳河，法兰西古老的军校建筑，战神广场的大草坪，构成了一幅和谐优美的风景画。

在中层瞭望台，游客可以观赏到周围建筑物的最佳景色。如可以观赏白色圣心大教堂的美态、绿树林荫里卢浮宫的身影、淡黄色凯旋门城楼的身姿，多种颜色搭配的色彩斑斓的美景。傍晚时分，华灯初上，夜色如画，繁灯如锦，街灯交织如网，如雨后珠粒，晶莹剔透，令人陶醉在这一片灯光渲染的世界中。

在最高层的瞭望台，游客可以观赏蔚蓝的天空下阳光辉映的景象。恍如嘈杂热闹的巴黎一下宁静下来了，变成了一幅纵横交错的巨大地图。条条小巷和纵横交错的街道画出了宽窄不同的线，繁华庞大的巴黎就屈服于自己的足下。在晴朗的日子里，人们眺望远方，视野可以达到 6 千米之外。

在最高的瞭望台，家长可以对孩子讲述埃菲尔铁塔的故事。它修建于 1889 年 5 月 15 日，由著名设计师古斯塔夫·埃菲尔为世界博览会开幕式剪彩所设计。人们为了纪念他对法国巴黎的这一贡献，还特别在广场为他塑造了一座半身铜像。从故事中，孩子会领会到应该报效祖国的信念，潜移默化地培养孩子的爱国主义精神。

▲ 世界著名的卢浮宫

**不可不游**

**卢浮宫**

卢浮宫，这个举世闻名的艺术宫殿始建于 12 世纪末，是欧洲古典主义时期建筑的代表作品。整个建筑壮丽雄伟，它占地 19 万平方米，用来展示珍品的数百个宽敞的大厅富丽堂皇，大厅的四壁及顶部都有精美的壁画及精细的浮雕，令人赞叹不已。

**温馨提示**

登顶的方式有爬楼梯和乘电梯两种。塔楼分 3 层，1、2 楼有餐厅、咖啡座等，离地面 115 米的中层眺望台是眺望巴黎的最佳位置，淡黄色的凯旋门城楼、绿荫中的卢浮宫、白色的圣心大教堂都清晰可见

# 067

## 宙斯神像

### 天神的传说

关　键　词：古希腊神话　宙斯　基督教
国　　　别：希腊
地　　　区：希腊雅典宙斯神庙
最佳旅游时间：全年均可，4月最佳

宙斯是古希腊神话传说中的天神，是主管奥林匹斯的主神。在希腊雅典宙斯神庙里矗立的宙斯神像是当今世界最大的室内雕像。宙斯雕像背后是一段源远流长的古希腊文化史。假期家长带孩子去希腊雅典的宙斯神庙旅游，观摩这一座举世瞩目的雕像，能给孩子带来非同凡响的文化体验，达到寓教于乐的亲子教育目的。

在交通方式的选择上，游客可以先从国内坐飞机抵达希腊的雅典，然后从雅典坐地铁二号线，至 Akropoli 站可以抵达。当游客抵达宙斯神庙，可以看到这里是一片黄澄澄的丘陵，在古希腊时代这儿却是清冽的溪水和青山翠谷，只是历史上的地震才改变了地貌。在宙斯神庙入口处，游人可以观赏气势恢宏的标志性建筑——哈德良拱门。它是古罗马时代著名的欢迎远征将军归来的凯旋门，由公元131年占领古希腊的古罗马皇帝哈德良建造。哈德良拱门把希腊市区分为新市区和老市区两大部分。

▼ 希腊宙斯神庙的女神柱雕塑

走进哈德良拱门，就是迈入雅典的代表和象征。在哈德良拱门的南侧是举世瞩目的宙斯神庙，远处就是帕特农神殿。整个宙斯神庙的殿顶是用大理石建的，表面由铺上灰泥的石灰岩构成。在建筑风格上，它原先仿伊奥尼亚，后来改用了科林斯柱式的风格，并且一律采用大理石建造。神庙原先一共有104根科林斯柱，每一个石柱高达17.25米，顶端直径是1.3米。经过时代流转，现在104根柱子仅存13根。

走入大厅，游客可以观赏位于中央的宙斯神像，整座神像与所披的长袍都是由黄金制作而成的。神像宙斯坐在用杉木制成的宏伟宝座上，宝座上雕饰着象牙、黄金、

◀ 宙斯的大理石雕像

乌木和各种珍贵的宝石。宙斯头上戴着一个由橄榄编织而成的花环。他的右手握着一个由黄金和象牙制成的、带着皇冠的胜利女神雕像，左手持权杖，上面停留着一只鹰。宙斯所坐的宝座装饰着胜利女神、狮身人面像、神话人物。整座神像如同现代4层楼宇高，如此庞大的面积使宙斯的头部几乎顶着天花板。庙宇西边的人字形檐下装饰着许多雕像，一派地道的雅典文化风格。

在宙斯神像前，家长可以对孩子讲述以宙斯为代表的古希腊神话故事。如神话传说中的宙斯是克洛诺斯与瑞亚所生的最小的一个儿子。克洛诺斯在推翻父亲王权之后，得知他的儿子也会推翻自己的统治，于是想把自己的孩子都吞进肚子。妻子因为母爱，不忍心看到儿子遭遇厄运，于是用一块石头冒充宙斯给丈夫吞下。之后宙斯长大，联合兄弟姐妹一起对抗父亲，一番激烈斗争之后，在祖母大地女神的帮助下终于战胜父亲。之后，宙斯和两个哥哥波塞冬、哈迪斯掌握天界、海界、冥界，木星的拉丁名也来源于他的名字。虽然是神话，但也反映了古希腊时代王位权力斗争的残酷与激烈。

之后，家长可以告诉孩子，由于时间久远，真正的宙斯神庙和宙斯神像早在战乱期间被大火摧毁了，现在留给世人的是后人修建的。在顶端宝座的宙斯像也不是古希腊神话的面孔，已化为耶稣的形象。通过参观神庙，孩子身临其境地了解一段源远流长的欧洲文化史，这对学习历史、拓展知识面、增长见识是非常有益的。

**亲子理由**

领会欧洲建筑雕刻艺术，感受古希腊神话，体验欧洲历史文化氛围

**不可不游**

**雅典卫城**

雅典卫城是希腊最杰出的古建筑群，保存有大量的珍贵遗迹，集中展示了希腊的古代文明。远远望去，犹如一座威严的古城，十分庄严气派。这里集合了雅典娜神庙、伊瑞克先神庙等各座神庙，散发着浓厚的宗教气息和古典韵味，仿佛在诉说着历史的沧桑和不朽，尽情向世人展示着它的古老魅力和庄严气魄。

**温馨提示**

雅典是世界四大文明古都之一，建议在出行前大致了解这个城市悠久的历史，熟悉一下几个著名天神的名字，这样在参观古迹时更容易产生兴趣

第七章 沧桑古迹，追忆历史风韵 | 175

# 068

## 罗德斯岛巨像

### 神的战斗

关　键　词：罗德斯　神话　巨人
国　　　别：希腊
地　　　区：希腊爱琴海的罗德斯岛
最佳旅游时间：全年皆宜

在欧洲风景如画的爱琴海东南端，在距离亚洲大陆约 20 千米的地方，有一座如高贵优雅的少女一样美丽又富饶的岛屿，那就是散发着神话气质的罗德斯岛。罗德斯岛是古希腊神话中人们崇敬的太阳神阿波罗所在的岛屿，岛上清泉潺潺，河流纵横交错，岸边肥沃的土地上种植着艳丽的鲜花与茂密的果树林，保存着中世纪文化遗风。小岛的闻名，不在于它的富庶，却在于罗德斯港入口处曾经矗立着的一座希腊太阳神赫利俄斯的青铜铸像，这是世界七大奇观中最为神秘的一个。在假期，家长带孩子去希腊的罗德斯岛旅游，感受其散发的高贵神秘气质，追溯 2 000 多年前的古希腊文化，一定会让孩子度过充实又有意义的假期。

在交通方式的选择上，游客可以先从国内坐飞机抵达希腊的首都雅典，然后从雅典坐轮渡抵达罗德斯岛。这儿是希腊群岛中最热闹、最繁华、最苍翠的小岛，小岛土地肥沃，天气格外晴美。在漫长的沙滩上，游客可以悠然享受地中海的海洋风情。这个历史悠久的小岛上古迹繁多，在罗德斯岛岸边和码头上有数十处蔚为大观的古朴雕像。其中，面对浩瀚大海碧波的，是在码头两座圆石柱上昂首挺立的两只铜雕小鹿。在这里，家长可以告诉孩子，这个地方曾经矗立着世界七大名胜古迹之一——由著名的雕塑家哈利塔斯雕铸的罗德斯巨人铜像。铜像是用大理石建成的，外表包裹着青铜，之后当作港口的灯塔。雕像中间是空的，填充的是铁和各种石头，使其更为坚固。这一座巨大铜像自从诞生之后，便命运坎坷，矗立 50 多年之后，在公元前 227 年的大地震中轰然倒下。巨人铜像的下落是一个谜，

▼ 罗德斯岛美丽的落日奇观

有人说沉入海底了，有人说被海盗偷走了，还有人说铜像被熔化且改为其他用途了。公元654年，罗德斯岛被阿拉伯人占领之后，入侵者把遗迹向叙利亚运送了不少，这更加增加了考察古迹工作的困难。

因为它的遗落和丢失，人们考证雕像模样的工作变得更为困难。它的位置和外观，众说纷纭。有些古典学者主张，巨大的雕像大多数是矗立在神庙旁边的。然而罗德斯岛的太阳神庙却挺立在城中央的山丘上，旁边没有一丝巨像的痕迹。

▲ 曾经的罗德斯岛巨人铜像是世界七大奇观之一

对于巨神的相貌与模样，有些学者主张它是手持火把，两腿岔开站在港口两岸的。过往船只从双脚中间穿过，是当时希腊人寻求太阳神庇护的象征。然而这一说法经过科学的考证，以巨像的高度和港口的阔度，这一种建筑结构是非常不合理的。因为巨像如果跨越港口，需要达到1/4千米高才能实现。无论是采用石块还是金属来建造，跨立的巨像都是很难承受巨大的张力和冬季的强风的。

在罗德斯岛还有著名的历史古迹。在海平面120米的悬崖边缘，可以观赏矗立着的古希腊雅典卫城。在卫城上可以欣赏美妙绝伦的海湾景色与宽阔的大海。然后，可以去雅典娜神庙，感受古希腊最令人崇敬的神庙氛围。此外，家长还可以带着孩子去岛上的"狩猎区"打猎，在游戏过程中享受捕猎的快乐。或者在这里乘坐小毛驴，游览古城山地，享受异国他乡别具风格的文化风情。在岛上，家长可以在闲暇的时候对孩子讲述罗德斯岛的历史和古希腊神话中的罗德斯岛。如这里是军事要塞、兵家必争之地，历史上著名的罗德斯岛保卫战就发生在这里。通过这一种寓教于乐的方式，孩子可以学到教科书中没有的知识，获得生动的历史科学教育，这对他们学业进步和成人是非常有益处的。

**亲子理由**

领略古希腊文化氛围，感受古希腊神话传说的神秘，开展生动的历史教育

**不可不游**

**爱琴海**

希腊所在的爱琴海，拥有金黄色的沙滩和碧波万顷的海水。它海岸线非常曲折，港湾众多，岛屿星罗棋布。它不仅是西方欧洲文明的摇篮，对世界各国旅客来说，更是旅程浪漫情调的象征。

**温馨提示**

由于地处海岛，出行之前应看好天气预报，携带衣服

第七章 沧桑古迹，追忆历史风韵 | 177

# 069

## 金字塔

### 法老的微笑

关　键　词：胡夫金字塔　神秘　狮身人面像
国　　　别：埃及
地　　　区：埃及开罗吉萨的胡夫金字塔
最佳旅游时间：10月至次年2月

在北非广袤无垠的撒哈拉大沙漠里，挺拔着人类文明史上最伟大的建筑之一——埃及金字塔。埃及金字塔在沙漠中屹立了4 500多年，是最有影响力和最持久的古埃及文明象征。它的存在给人类留下了许多耐人寻味的千古谜题，如相传其是古埃及最高统治者法老的陵墓，然而考古学家却没有在里面发现法老的木乃伊。它兴建于古埃及的古王国时期，陵墓的基座是正方形的，四面是4个相等的三角形（四椎体），是世界八大奇迹之一。假期家长带孩子去埃及旅游，领略金字塔神秘的气质，感受古埃及的文化情调，是一件非常有意义的事情。

在交通方式的选择上，游客可以先从国内坐飞机抵达埃及的首都开罗，然后坐巴士抵达郊外的吉萨，就可以看到这一处震撼人心的古迹。直挺在荒凉沙漠中的巨大、冰冷又孤寂的金字塔群，是逝去的古埃及历史的化石。这些金字塔永远沉默着，代表昔日曾经辉煌却永远消失的古埃及文明。几千年来，这些金字塔高高矗立在蓝天白云与满目黄沙之间，是一处蔚为壮观的景色。金字塔庞大的建筑物所蕴含的宏伟精神为世人所叹服。在金字塔前，任何赞美它的文字和语言都是苍白无力的。

▼ 金字塔是世界上最伟大的建筑之一

矗立在沙漠金字塔群中的举世闻名的胡夫金字塔是为古埃及第四王朝法老胡夫而建的金字塔，是目前世界上最高、规模最大的埃及金字塔，被喻为世界八大奇迹之一。它原高达146.59米，相当于40层楼高。由于几千年来日晒雨淋与风化剥蚀，现在只有138米高，四周底边的长度为220米。胡夫金字塔由230万块磨光的石灰岩砌成，平均算来每块岩石重量有2.5

◀ 埃及最著名的狮身人面像

吨，石块之间接合严密，一张纸都插不进去。金字塔里一共有3处墓室，其中第3处墓室是安葬法老胡夫的，世人称作"国王墓室"。游客可以走进金字塔，体验塔内法老墓室奢侈华丽的格调。需要注意的是，金字塔里面非常热，闷热的空气使人有一种窒息的感觉，不宜长时间停留。

之后，游人可以观赏哈夫拉金字塔。哈夫拉金字塔是为胡夫的儿子哈夫拉修建的陵墓，大约建于公元前2650年，比胡夫金字塔大约低3米，建筑形式更加壮观完美。哈夫拉金字塔前有附属的建筑和充满传奇色彩的狮身人面像。狮身人面像蹲伏在哈夫拉金字塔前，面向东方，建于大约公元前2500年的哈夫拉法老时代。它高达20.1米，长约为73.1米，一个耳朵就有2米之高，人面的肖像就是参照哈夫拉法老雕塑的。整个雕像除了狮爪之外，其余都是由一块天然石头雕刻而成的。人面象征着法老拥有人的智慧，狮身象征着法老强壮威武的体魄。经历了4 000多年的岁月，整座雕像风化得非常严重，面部严重破损，但依然可以窥视其流露出来的雄威气质。在这里，家长可以对孩子讲述古埃及法老、金字塔的故事，让孩子了解金字塔的数字密码之谜、法老诅咒之谜、运输之谜、建筑之谜等，使金字塔对孩子来说更加神秘并具有吸引力，更能激发他们热爱知识、探究真理的欲望。

另一座金字塔是胡夫孙子的孟考拉金字塔，虽然比不过前两座金字塔辉煌，但也非常值得游人观赏。

## 亲子理由

领略金字塔的风情，了解古埃及历史文化，激发孩子探究真理的欲望

## 不可不游

### 游览尼罗河

傍晚，乘坐尼罗河游船（大约2小时）沿着尼罗河行驶。尼罗河是埃及的母亲河，在开罗河段，游客通常会选择夜游尼罗河，不仅可以欣赏开罗的都市夜景，还能观看到精彩的肚皮舞和苏菲舞表演。

**温馨提示**

埃及风沙较大，阳光较强，需要携带太阳镜、遮阳帽、防晒霜等

第七章 沧桑古迹，追忆历史风韵 | 179

# 070

## 阿提密斯神殿
### 中古文明的宏伟

关　键　词：阿提密斯女神　古希腊　文物
国　　　别：土耳其
地　　　区：土耳其伊兹密尔以南 50 千米古城爱菲索斯
最佳旅游时间：秋季

阿提密斯神殿位于土耳其的伊兹密尔以南 50 千米的古城爱菲索斯，它被称为世界七大奇观之一。爱菲索斯是古代爱奥尼亚地区的都市之一。当时，爱菲索斯物质繁荣，精神文化昌盛，涌现出无数杰出的诗人、哲学家。阿提密斯神殿是当时古希腊人民为了表示对神话传说中的狩猎女神——阿提密斯女神的虔诚的爱戴修建的。在假期，家长带孩子去这座举世闻名的阿提密斯神殿旅游，能让孩子感受浓郁的古希腊文化氛围，这对扩展孩子的知识面，增长阅历是非常有利的。

在交通方式的选择上，游客可以先从国内坐飞机抵达土耳其的第三大城市伊兹密尔，然后坐巴士抵达阿提密斯神殿。漫步在阿提密斯神殿中，有一种走入古希腊时代的恍惚感觉。虽然这儿变成了一处残垣断壁的遗迹，却给人一种艺术美的震撼。阿提密斯女神是古希腊神话中著名的狩猎女神，狩猎对于古代人来说，是一种必需的休闲娱乐项目，也是主要的养家糊口手段之一。人们都希望这位美丽的狩猎女神能保佑自己丰衣足食，过上富庶的生活，所以才建设一个如此精美庞大的神殿。在神殿中，游人可以观赏阿提密斯神殿缜密精巧的城市建筑、合理布局的公共设施、精美的人体雕刻，感叹人类艺术才能的杰出、智慧的高超、文明的伟大。

阿提密斯神殿是古希腊时期世界上最大的大理石建筑，占地面积达 6 050 平方米，超过一个足球场。整个神殿最显著的是内部矗立的两排大理石立柱，柱子至少有 106 根，每根的高度为 12~18 米。在华美的神殿中央摆放着一个"U"形祭坛，游客可以观赏近代考古学家在废墟中挖掘出来的阿提密斯女神雕像。

▼ 落日下的阿提密斯神殿

◀ 阿提密斯神殿是世界七大奇迹之一

整座女神雕像静静地伫立着，散发着一种正直、优雅、纯洁、气派、庄重的气质，供人们欣赏与赞叹。据说公元前5世纪时古希腊著名史学家希罗多德第一次看到建成的阿提密斯神殿就不停地赞叹："与金字塔不相上下！"当今世界伟大的历史学家也赞美它"结合了古希腊艺术与亚洲的财富"。

在这里，家长可以对孩子讲述阿提密斯神殿的历史。它经历过7次重建，可以说是一个承载多灾多难命运的建筑物。第一座神殿，最早建于公元前550年，由当时著名的留地亚的克雷索斯王提议，建筑师萨摩斯、乔西宏及他的儿子梅塔杰那斯共同修建。5世纪前期，东罗马奥德修斯二世是一名狂热的基督徒，他下令焚烧神殿，阿提密斯神殿就这样消失于大地和人们的记忆里。直到1836年，英国业余旅游家兼考古学家约翰·图特伍德在寻找阿提密斯神殿的过程中，在大英博物馆的资助下进行挖掘，才使这个神殿的风采重现于世。在此，家长可以教育孩子，保护历史古迹对传承一个民族的历史文化的重要性，对孩子开展保护文物的教育。

由此看来，阿提密斯神殿的气质和教育意义，决定了它是假期亲子游的最佳历史古迹之一。

**亲子理由**

领略阿提密斯神殿的建筑风格，感受古希腊的文化氛围，进行保护文物的教育

**不可不游**

**以弗所**

以弗所是地中海东部保存最好的古典城市，是体验和感受罗马时代生活的好地方。在这里，可以观赏通往海港的街道、规模宏大的露天大剧院、建筑精美的塞尔苏斯图书馆、世界上最早的妓院、精美的马赛克拼接的地面，领略古希腊文化风采。

**温馨提示**

土耳其居民大多信奉伊斯兰教，请务必尊重和理解伊斯兰教的风俗习惯

第七章　沧桑古迹，追忆历史风韵 | 181

# 071

## 摩索拉斯陵墓

### 探寻中世纪文化

关　键　词：古希腊　东方风格　宏伟精美
国　　　别：土耳其
地　　　区：土耳其哈里卡纳苏斯的摩索拉斯陵墓
最佳旅游时间：全年皆宜

在土耳其西南方的哈利卡纳苏斯矗立着一座闻名世界，堪称世界十大奇迹的古迹，就是摩索拉斯陵墓。它是古代波斯帝国加利亚省总督摩索拉斯的陵墓。摩索拉斯曾经是波斯帝国加利亚省的总督，在波斯帝国衰落的形势下，他扩充自己的势力，最后终于摆脱了中央政府强有力的控制，实现了国土的独立。公元前5世纪中叶，爱琴海东岸一个新兴的独立王国——加利亚王国就此兴起。为了炫耀财富和宣扬威力，摩索拉斯设计了自己的陵墓。公元前373年，摩索拉斯因病去世，他的王后阿提米西亚继承王位，并根据丈夫生前设计的图纸修建了这座举世瞩目的陵墓，这座陵墓也是希腊古典时代陵墓中最杰出的代表。假期家长带孩子去这座精美的古迹旅游，在异国情调中感受昔日历史，对孩子成才是非常有益处的。

在交通方式的选择上，游客可以先从国内坐飞机抵达土耳其伊斯坦布尔，然后坐火车抵达哈利卡纳苏斯，再转巴士抵达目的地。陵墓底部的建筑形状是一个长方形，大约是40米乘30米，高为45米。古迹整体由白色大理石构造，墩座墙的高度是20米，柱子高度为12米，金字塔有7米之高。最顶部是一座高达6米的马车雕像，4匹马拉着一架古代战斗用的战车。马车旁边围着牢固的墩座墙，装饰在墙上的是一些石像。摩索拉斯陵墓是由当时的伯亚克西斯、李奥查理斯、史卡帕斯和提莫西亚斯4位著名雕刻家制作，每个雕刻家负责承担墓庙的一部分工程。当时古代的作家用生动文笔描绘过摩索拉斯陵墓，说它如银白云团高悬城市上空，美不胜收。

摩索拉斯陵墓充分表达了当时国王向往豪华与威严

▼ 摩索拉斯陵墓内的陵墓

◀ 摩索拉斯陵墓残留的古迹

的观念。在陵墓工程建设的过程中，当时的国王阿提米西亚征求了众多希腊建筑师和雕刻家的意见。除了完美表达丈夫生前的意愿之外，建筑物还要融汇希腊文化风格与东方特色，这样才是国王希望建成的具有创造性的宏伟建筑。摩索拉斯陵墓确实体现了古希腊爱奥尼亚式建筑活泼精致、柔和俊秀的特点，也积极吸收了古代东方各种优秀的艺术传统。在集希腊和东方建筑风格于一体的过程中，呈现出繁华宏大的特点，这也是后来许多壮丽气派陵墓的典范代表。

3 世纪时，摩索拉斯陵墓毁于一场大地震。现在英国伦敦的大英博物馆还保存着陵墓收藏的星星雕刻。这座在历史风云变幻过程中被毁掉的豪华瑰丽的陵墓也有许多实际用途。15 世纪初，哈利卡纳苏斯被外敌侵占。新的统治者为了建设巨大的城堡以做城墙防御，就在 1949 年把摩索拉斯陵墓里收藏的一些石头当作建筑材料来使用，这使得陵墓残存的遗迹更是少得可怜。虽然陵墓被毁，但值得庆幸的是陵墓的雕塑都还在，并且保存在英国伦敦的大英博物馆中，这使得世人对陵墓的形状和外观都有全面的认识与了解。游人在残存的废墟遗址中，可以依稀辨认和欣赏古代中东文明的光彩。在这里，全家人定能收获一个有意义的假期。

### 亲子理由

观赏陵墓，领略古代中东文化的风情，让孩子学习古代希腊历史

### 不可不游

**哈利卡纳苏斯**

哈利卡纳苏斯位于卡里亚南部的古希腊城市，坐落在面对爱琴海的半岛上，这里可以控制进入哥科瓦海湾的所有船只，这里还是历史学家希罗多德的出生地，有着丰富的历史古迹，值得观赏与游玩。

**温馨提示**

土耳其人服装比较保守，妇女进清真寺应戴头巾，无论男女都不应穿短裤

第七章 沧桑古迹，追忆历史风韵 | 183

## 072

# 吴哥窟

## 佛教文化的伟大

关　键　词：须弥山金刚坛　高棉　宝塔
国　　　别：柬埔寨
地　　　区：柬埔寨暹粒市吴哥窟
最佳旅游时间：11月至次年4月

吴哥窟位于柬埔寨暹粒市北六千米的地方，它的原名是"Vrah Vishnulok"，意思为"毗湿奴的神殿"。它是由寺庙、宫殿、城堡、花园组建的完整城市，以精细的浮雕和宏伟的建筑闻名于世。它与埃及的金字塔、中国的长城、印度尼西亚的婆罗浮屠一起被称作"东方的四大奇迹"。1992年，联合国教科文组织把吴哥窟列为世界文化遗产之一。它有着悠久的历史文化传统，曾经是古高棉王国的首都。在假期，家长带孩子去柬埔寨的吴哥窟旅游，探索沉淀在历史古迹中的沧桑，领略昔日高棉王国文化的繁荣，是一件很有意义的事情。

在交通方式的选择上，游客可以从国内坐飞机抵达柬埔寨的暹粒—吴哥国际机场，也可以搭飞机到柬埔寨的首都金边，乘长途汽车或由水路搭快艇到暹粒市。在暹粒市坐巴士抵达离市中心最近的古迹——吴哥窟。吴哥窟分为"大吴哥"和"小吴哥"两处地方，各种建筑物600座，占地面积310平方千米，包括4座神庙建筑。虽历经千年，通过残存的一柱一墙，仍可以窥见古代高棉王朝精湛的雕刻工艺。墙壁鬼斧神工的雕刻技术令人佩服不已，吴哥窟"雕刻出来的王城"这一美誉就是由此而来。

▼ 吴哥窟寺庙内巨大的雕像

家长可以带着孩子坐热气球，从空中俯瞰吴哥窟的全景：一圈明亮如镜的护城河环绕一处呈长方形的、长着郁郁葱葱树木的绿洲，绿洲环绕着一道寺庙围墙，绿洲正中央的建筑物就是吴哥窟著名的庙宇——印度教风格的须弥山金刚坛。整座吴哥窟坐东朝西，横穿护城河的是一道正西向正东的长堤，长堤直通寺庙的西大门。过了西大门，一条比较长的道路出现，

◀ 从附近的一座山上俯瞰吴哥窟全景，美丽壮观

沿着翠绿的草地直接通到寺庙的西大门方向。在金字塔式寺庙的最高层，可以观赏上面矗立着的5座宝塔，柬埔寨国旗上的图案就来源于此。宝塔呈类似骰子的五点梅花状，比较小的是4个宝塔，排成四隅。巍然矗立于正中的是一个大宝塔，这与印度金刚宝座式的布局是非常相似的。须弥山金刚坛的每一层都环绕着回廊，这是典型的吴哥窟建筑风格。须弥山金刚坛的台阶非常陡峭，需要手脚并用才能攀登，这也代表着人类需要经历许多艰辛才能最终到达天堂。家长也可以借此教育孩子，成功是需要艰辛努力才能达到的。

在吴哥窟雏形浮现的建筑上，游客可以欣赏精美绝伦的雕刻艺术：裸露上身，佩戴华丽的头冠，雍容华贵呈现舞蹈姿态的天女雕像。有些天女翩翩起舞，有些拈花微笑，雕工艺术的精巧、姿态的优美实在令人佩服不已。在那些微细又神活的雕塑中，流动着鲜活的生机——这一切都是如此逼真与亲切，仿佛已逝去的历史脉搏就在身上颤动，吴哥窟磅礴的气势实在美得令人窒息。在这里，家长可以对孩子讲述柬埔寨高棉王朝的历史故事。如吴哥窟是由一个叫吉蔑（今名高棉）的东南亚民族建立的，802年，阇耶跋摩二世建立了辉煌的高棉帝国，繁荣昌盛达600年之久。后来，它忽然消失了，文化一下子中断，很多历史学家难以考证曾拥有100万人口的城市，为何忽然一下子消失，即使外敌入侵也不能使一个民族所有的人民全部消失，到现在为止这都是无法解开的谜团。后来，法国著名生物学家亨利·穆奥来到这里，这一座掩埋在丛林里的古城才被世人发现。如此神秘又沧桑的古迹，一定会激发孩子求知的欲望，亲子游的目的也就潜移默化地达到了。

**亲子理由**

能让孩子了解柬埔寨历史，开展成功励志教育

**不可不游**

**巴肯山**

吴哥窟古迹内海拔最高的巴肯山，建造在吴哥窟古都附近的一座孤立的山上。古迹台基为金字塔式的5层，各层有塔，层层而上，极为壮观。在山顶可以俯瞰吴哥窟全景、吴哥窟古都和周围的景点，是看日出和日落的最佳地点。

**温馨提示**

❶ 柬埔寨气温比较高，最好穿浅色、宽松、透气性好的长衣裤
❷ 天气炎热，大量出汗会带走身体中的盐分，喝淡盐水有利于身体健康

第七章 沧桑古迹，追忆历史风韵 | 185

## 073

# 亚历山大港灯塔

## 地中海文明之奇迹

关　键　词：灯塔　埃及　地中海
国　　　别：埃及
地　　　区：埃及亚历山大港
最佳旅游时间：全年皆宜

位于埃及亚历山大港口的亚历山大港灯塔，是世界七大奇迹之一。这一座灯塔从建开始，就有一种睥睨四方的王者气势，成为古代世界"辉煌"与"奇迹"的代名词。灯塔在夜晚发出的烛光曾经照耀着整个亚历山大港，保护着海上来往的船只。这个古代灯塔虽然不复存在，但其散发的高贵气质却一直令人向往。这座灯塔不仅仅是建筑学上的奇迹，更是埃及最后一个王朝——托勒密王朝雄厚威武国力的象征。在假期，家长带孩子去这座灯塔旅游，让孩子感受2 000多年前地中海那段波澜壮阔的历史，无疑是一个很明智的选择。

在交通方式的选择上，游客可以先从国内坐飞机抵达埃及的开罗机场，然后转车抵达亚历山大。在这个世界著名的避暑胜地中，游客可以坐巴士直达城外的法洛斯岛，观赏这座举世瞩目的灯塔。

▼ 灯塔在夜晚被通红的灯光"点燃"，远望如同一个大灯笼般美丽壮观

亚历山大港灯塔建在一个距离岛上7米之远的大礁石上，礁石在海浪起伏的过程中时而隐没时而出现。整个灯塔好似在大海中拔地而起的一座摩天大楼，在2 000多年的海浪冲刷拍打中依然巍然屹立。矗立在高高灯塔之上的，是一盏常年光芒四射的、巨大的火炬。这个灯塔建于公元前280年，加上塔基，整体高度为1.35米，灯塔高为120米。塔楼一共由3层构成，第1层高大约60米，呈方形结构，里面布置有300多个大小不一的房间，专门为工作人员睡寝、机房和燃料库用。第2层呈现八角形结构，整体高为15米。第3层呈现圆形结构，上面有一个圆顶灯楼，围绕着8根长约8米的石柱。在灯楼上，游客可以观赏一座高达7米的铜像——希腊神话中海神波塞

▶ 灯塔犹如摩天大楼拔地而起，是世界七大奇迹之一

冬面朝大海站立，为灯塔增加了神话艺术色彩。整座灯塔的建筑材料是铜和花岗岩等，灯的燃料是木材和橄榄。当时设计师灵活应用镜子反光的原理，使在远处航行的海船都能眺望塔上的灯光，据此导航不迷失方向，给舵手安全感。

气象巍峨的亚历山大港灯塔在建成之后，日夜不息地燃烧，一到夜幕降临便灯火通明，兢兢业业地为进入港口的船只充当护身的导航。在2 000多年前，它也是世界上最高的建筑物。然而经数次地震之后，1435年灯塔已完全毁坏。1480年在废墟上修筑城堡，并且以国王卡特巴的名字命名。在1966年，这座灯塔改为埃及航海博物馆，通过油画、模型、壁画展览，介绍一万多年前埃及的造船史与航海史。现在亚历山大港灯塔与开罗古城堡并列为埃及中世纪遗留的两大古建筑。

亚历山大港灯塔在公元前281年建成，从火炬点燃算起，一直到公元641年阿拉伯伊斯兰大军占领埃及，火焰才最终熄灭。熊熊的火炬燃烧了将近1 000年，是人类历史上的奇迹。在这里，家长可以对孩子讲述亚历山大港灯塔来源的故事。在公元前280年，一个月黑风高的秋天深夜，一艘埃及的皇家喜船在进入亚历山大港口的时候，触礁沉没。不幸的是，船上载的埃及王朝的皇亲国戚以及新娘全部葬身于海底。这一灾难震动了埃及朝野，国王托勒密二世立即动用大量人力、物力与财力修建了这座举世瞩目的灯塔。通过游览，孩子能了解地中海2 000多年的沧桑历史，这对其提高文化素质是非常有益的。

**亲子理由**

观赏历史古迹，感受2 000多年的地中海历史沧桑

**不可不游**

**庞贝柱（萨瓦里石柱）**

埃及亚历山大城的城徽——庞贝柱（萨瓦里石柱），又称骑士之柱，是一根粉红色亚斯文花岗岩石柱，石柱原是萨拉皮雍神庙的一部分。石柱的柱顶顶着花形柱头，成为航海者的航标，有着1 600年的历史，可以让人领略古埃及的历史风采。

**温馨提示**

埃及是一个小费国家，在餐厅、酒店等服务场所要给服务人员小费，在机场遇到"热心"的大叔帮你提行李，也要给小费

第七章　沧桑古迹，追忆历史风韵 | 187

# 第八章
# 秀美山光，扑入大自然的怀抱

险峻的山峰、茂密的山林、崎岖的山路、神秘莫测的世界，这是崇山峻岭带给世界的美景。登上风景秀丽的山巅，孩子能锻炼身体素质，享受"会当凌绝顶，一览众山小"的成就感，更能培养"欲穷千里目，更上一层楼"的博大胸襟。在这里，有为读者准备的世界著名的山峰旅游方案，适合家长在假日带孩子去领略杰出的山光风景，来一场说走就走的旅行。

# 074

## 九寨沟

### 童话世界的美丽

关　键　词：湖泊　瀑布　藏族文化
国　　　别：中国
地　　　区：中国四川省北部岷山山脉南段的阿坝藏族羌族自治州
最佳旅游时间：10月

九寨沟位于中国四川省北部岷山山脉南段的阿坝藏族羌族自治州内，因在山沟里有荷叶、树正、则查洼等9个藏族村寨而得名。九寨沟拥有世界罕见的、国内唯一的高山湖泊群，被世人称为"童话世界"与"人间仙境"。那儿的崇山峻岭配合着碧波涟漪的湖水，散发着赤橙黄绿青蓝紫的梦幻色彩，如同一位超凡脱俗的仙女，给予人们摒弃尘埃的美丽。假期家长可以带孩子去四川九寨沟旅游，在童话仙境中给予孩子色彩斑斓的旅游体验，让孩子度过快乐的假期。

在交通方式的选择上，国内游客可以坐飞机抵达九寨黄龙机场，或者在成都坐大巴抵达九寨沟。九寨沟是一个群山峻岭的世界，这儿层层叠叠都是山，有些山佩戴着厚厚的白帽子，在明亮干净的阳光下，如雪膏凝脂一样温婉。蜿蜒于山间的是道不尽的绿，那个绿与苍老原始森林的浓绿如墨不同，是微微柔和的绿，令人舒服、心旷神怡。映衬着高原的，是无比纯净可爱的湛蓝天空。九寨沟气候宜人，冬天无严寒，夏季凉爽，四季风景千秋各异：春天时百花盛开，争奇夺艳；夏天时雨量丰沛，青山翠谷幽湖；金秋红枫叶尽染山林，冬天时白雪皑皑一派素女风情。

九寨沟层层叠叠的群山簇立世界，以翠湖、叠瀑、彩林、雪峰、藏情、蓝冰"六绝"闻名遐迩。九寨沟的主沟呈"Y"字形结构，总长达50余千米，有数十座高插云霄的山峰，峰顶终年白雪皑皑。在河谷地带汇聚碧水，呈梯形分布着114个大小不一的湖泊、17个瀑布群、47眼泉水、5处钙化滩、11段湍流。这儿的湖泊常年都是色彩斑斓、碧绿清澈的，阳光使湖

▼ 九寨沟风景优美，山水相依

◀ 九寨沟的瀑布壮观美丽

面呈现橙、绿、黄、青、紫等多重绚丽夺目的色彩。风和日丽的晴天，可以观赏倒映在湖面上的蓝天、白云、雪山的倩影，水光微微浮翠，如画卷一般美丽，并伴随着季节幻化出迥异的风韵和色彩。水一直是九寨沟画卷中的主角，穿插在森林和浅滩之间的溪水，如项链一样碧绿晶莹剔透，甚至有谚语"九寨归来不看水"的说法。

九寨沟气势宏伟和色彩斑斓的瀑布更使游客目不暇接。当湖水越过堤坝，穿过丛林，就形成浩浩荡荡的叠瀑。瀑布水面舒卷飘逸，常常幻出绚丽的彩虹。如宽 50 米、高 70 余米的熊猫海瀑布，一共分 3 级跌宕而出，万马奔腾，壮观旖旎。树正瀑布，从树林中飞跃而出，无数水束直落，长达 25 米，在悬崖峭壁间飞珠溅玉，如夕阳下的万马奔腾，长啸不已。点缀在湖群之间如繁星一样的树正瀑群，绣成了美丽的风景，令人流恋不已。

九寨沟蕴含丰富的动植物资源。在面积 300 平方千米的原始森林中分布着 3 553 种原生物种，有白垩纪末、第三世纪初的孑遗植物独叶草、箭竹、星叶草等。原始森林的环境适宜动物繁衍生息，这里有脊椎动物 313 种、无脊椎动物 693 种，珍稀动物有羚羊、小熊猫、大熊猫、金丝猴等，一定会让游客进入一个神奇的动物世界。

九寨沟有历史悠久的藏族文化。这里有栈道、藏族村寨、石磨坊、经幡等，因有 9 个古老的藏族村寨而得名"九寨沟"。家长可以带着孩子去藏族村落家访，喝青稞酒、羊奶，吃青稞饼，观赏藏族歌舞，感受浓郁又神秘的藏族文化。九寨沟童话世界般的风情定能为孩子留下美好的回忆。

**温馨提示**

九寨沟属高海拔地区，不宜剧烈运动，宜少饮酒，多食蔬菜、水果，以防发生高原反应。应备好常用药品，最好能配备小型氧气瓶

**亲子理由**

观赏自然山林世界美景，感受神秘又浓郁的藏族文化

**不可不游**

**五花海**

五花海位于九寨沟三条沟的日则沟中段，孔雀河上游，呈现出鹅黄、藏青、墨绿、宝蓝等各种颜色，似无数块宝石镶嵌成的巨型佩饰，珠光宝气，雍容华贵。金秋时节，湖畔五彩缤纷的彩林倒映在湖面，与湖底的色彩混合成了一个异彩纷呈的彩色世界，有"九寨精华"之称。

第八章 秀美山光，扑入大自然的怀抱 | 191

## 075

# 黄山

## 手牵手的悠闲时光

关　键　词：奇松　日出　怪石
国　　　别：中国
地　　　区：中国安徽省黄山市
最佳旅游时间：全年皆宜

黄山是国家级风景名胜，5A级旅游景区，我国十大名山之一，位于安徽省南部黄山市境内(景区由市直辖)。黄山，又名黟山，由于山峰岩石呈现青黑色，远远望去如苍黛才出名。又因为传说轩辕黄帝曾在这里炼丹，所以又叫"黄山"。黄山风景秀美，在民间流传着"五岳归来不看山，黄山归来不看岳"的说法。在假期，家长带孩子去这座举世瞩目的名山旅游，一定会给孩子带来快乐的旅游体验。

黄山作为著名的风景名胜景区，交通便利。游客可以从国内坐飞机、火车、大巴抵达安徽省的黄山市。黄山有2个大门，即南大门和北大门。黄山景区分为温泉、玉屏、北海、松谷、云谷、白云、西海大峡谷7个景区。美丽的景色大多在峡谷或者高峰，尤其是云雾使景色更为秀丽。在1 800多米的高峰眺望风景，可以观赏青松和怪石在悬崖奇峰上争奇斗艳，峰壑间雾气弥散，岩壁上霞彩流光。黄山超凡脱俗的品质和雄壮威武的气概使游客赞叹不已！

▼ 黄山迎客松是安徽的标志性景物

黄山值得观赏和体验的景色是奇松、怪石、云海、黄山温泉、奇峰、西海大峡谷、日出、日落、佛光。奇松是黄山四绝之首。黄山的松树大多数生长在悬崖峭壁之间，风姿绰约，别具特色。黄山怪石大多数是花岗岩经历风化剥蚀、日晒雨淋、流水冲刷等形成的。比较有代表性的怪石是梦笔生花、猴子观海、飞来石、鳌鱼驮金龟等。黄山的云海，奇艳惊人。山峦间穿行的漫天云雾和层层积云，随风飘移，时不时做上升下坠、回旋舒展等运动，成了千姿百态的奇特云海景象。根据云海所处位置的不同，可以把黄山云海分为天海、东海、南海、西海、北海。

◀ 宏村是安徽的古村，徽式建筑矗立在水边，风景优美

黄山的温泉景区蕴藏的温泉水质清澈、味道甘美、无色无臭，常年温度维持在42℃，可以饮用，可以洗浴。温泉能治疗多种疾病，故被誉为灵泉。黄山千米以上的山峰一共有72座、36大峰、36小峰。最高峰是莲花峰，观日出最佳峰是光明顶，最险峰是天都峰，此外还有莲蕊峰、鳌鱼峰、始信峰、狮子峰、丹霞峰、九龙峰等。

黄山西海大峡谷，长约3 600米，总面积达25平方千米，呈U字形，最大落差达400米。峡谷集险、奇、幽、峻为一体。站在峡谷入口，可以观赏到幽深的峡谷奇峰林立、怪石嶙峋、峡壁陡峭，在峡谷中生长着茂密的植物，更显得峡谷郁郁葱葱。黄山最惊艳出众的景色是日出、日落、佛光、雾凇和雨凇。黄山的日出景色宏伟惊艳、气势磅礴。在黎明破晓之前，翻滚的云海上浮现一圈金色的花边。之后，一轮红日冲出云海波涛，喷薄而上，整个天空霞光万丈，山脉沉浸在艳丽的彩光之中，犹如一个万花筒，令人眼花缭乱，美不胜收。在黄山傍晚时刻，日落时分，万山含金，游人仿佛进入一个亦仙亦幻的仙境之中。

黄山最令人赞叹不已的是佛光。佛光大多出现在雨后初晴的上午或者阴雨初霁的傍晚。万丈光芒的佛光，令游客赞叹大自然的神奇和鬼斧神工。此外，黄山雨凇和雾凇的景象也出类拔萃，令人流恋不已。

**亲子理由**

❶ 让孩子领略自然界山峰的美妙

❷ 爬山有利于增强孩子体质

**不可不游**

**宏村**
宏村融自然景观和人文景观为一体，享有"中国画里的乡村"的美称。村镇的建筑主要是住宅和私家园林，也有书院和祠堂等。各类建筑都注重雕饰，木雕、砖雕和石雕等细腻精美，具有极高的艺术价值。村内街巷大都傍水而建，民居也都围绕着月沼布局，自然的风景使游客迷醉其中。

**温馨提示**

❶ 游客最好轻装上山，少带一些行李物品。以免消耗大量的体力，影响登山的进程
❷ 登山时最好带上雨衣，下雨时山上风大，不适宜打伞

第八章 秀美山光，扑入大自然的怀抱 | 193

## 076

# 富士山

## 日本民族的象征

关　键　词：瀑布　湖水　科普
国　　　别：日本
地　　　区：日本本州
最佳旅游时间：全年皆宜，4月最佳

富士山是位于日本本州中南部的一座著名的活火山，也是世界上最大的活火山之一。在日语中，富士山的意思就是"火山"。它海拔3 776米，面积为90.76平方千米，横跨山梨、静冈两大县，被日本人奉为"圣岳"，是日本的象征。富士山终年白雪皑皑，就如同明信片上的风景一样漂亮迷人。在假期，家长可以带孩子去日本富士山旅游，感受异国他乡独特的文化情调，让孩子度过快乐的假期。

在交通方式的选择上，国内游客可以先坐飞机抵达日本东京，然后从东京的新宿车站乘JR中央线至大月车站，再转富士急行线，在富士吉田车站下车。根据高度，富士山可以分为十段，日语叫十合目，通常是在五合目开始攀登山峰。登富士山一共有4条路线，河口湖、须走口、富士宫口、御殿场口，最短路线需要4~6小时，最长路线需要8小时左右。围绕着富士山共有白山岳、剑峰、久须志岳、大日岳、伊豆岳、成就岳、驹岳和三岳8座山峰。坐落在山峰顶端的圣庙——久须志神社和浅间神社是富士箱根伊豆国立公园的主要风景区，也是游人经常游览之地。

▼ 富士山的春天十分美丽、迷人

富士山南麓是一片面积广阔的高原地带，草原上绿草茵茵，是牛羊成群繁殖的最佳观光牧场。牧场一年四季景色妩媚，夏天适合游泳、露营、钓鱼等各种活动，冬季是滑冰滑雪的绝佳场所。据说在山顶的火山湖中沐浴，能消除一切灾祸。富士山的西南麓是举世瞩目的音止瀑布和白丝瀑布。白丝瀑布从岩壁上空落下，落差达26米，分为十余条涓涓细流，如同从天而降的无数条白练，形成了一个宽130多米、颇为壮观的雨帘，令人赞叹不已。在一根巨柱上从高处冲击

◀ 美丽的雪山矗立在水边，巍峨壮观

而下的是音止瀑布，声音如同轰雷，响彻天地。富士山的北麓从东向西可以分为山中湖、河口湖、西湖、精进湖、本栖湖5个大湖。秀丽的群峰围绕中的湖面如镜子一样清晰，倒映着富士山的影子，堪称富士山奇景之一。在湖畔有丰富多彩的运动设施，可以开展滑水、网球、露营、垂钓、划船等休闲活动，适合孩子在这里玩耍娱乐，提高身体素质。在五湖中，环境最为幽雅宁静的湖是西湖。在湖边有青木原树海、红叶台、足和田山、鸣泽冰穴等景区。在富士五湖中，最小的是精进湖。虽面积小，风格却最为独特。精进湖岸地势复杂，环绕着悬崖峭壁。湖水最深的是本栖湖，最深处可以达到126米，特点是长年累月不结冰，湖水呈深蓝色，发散着一种深不可测的神秘色彩。

富士山的神奇在于有时候如钻石一般闪耀发光。由于受气候等条件的影响，富士山在不同时期会呈现丰富的"表情"。太阳从富士山顶升起或者落下的一瞬间，游人看到的富士山宛如熠熠闪光的钻石，这一种奇异美景叫"钻石富士"。富士山和光芒四射的阳光交织辉映成的自然美景，就是杰出的大自然艺术作品。它的神奇还在于人们根据山顶上的云朵形状可以准确预测天气情况。富士山上覆盖的云朵以卷云和帽子云两种形态最为著名。这两种云变化独特，形状格外美丽。日本民间流传谚语"帽子云覆盖山顶，一层斗笠就是下雨的征兆"，意为云朵变化能表现天气变化。在这里，家长可以讲述富士山云朵变化代表天气变化的原因，对孩子开展教育。

**亲子理由**

领略富士山美景，让孩子了解云朵变化与气候变化之间的关系，开展教育

**不可不游**

**忍野八海**

忍野八海在1 200年前就有了，富士山融化的雪水流经地层过滤成清澈的淡泉水，成了如今这8处涌出的泉水。分别是御釜池、底无池、铫子池、浊池、涌池、镜池、菖蒲池和出口池，平均水温约13℃，水质清冽甘甜，被誉为"日本九寨沟"。

**温馨提示**

最佳取景点：芝樱会场（距河口湖1个小时车程），和平公园；天气晴朗时，在东京都厅观景台可眺望富士山。富士山只能于7、8月份登顶，一般季节只能开车到达，有兴趣者可以徒步登山

第八章　秀美山光，扑入大自然的怀抱　｜　195

# 077

## 约塞米蒂国家公园
### 火焰瀑布的绝美

关　键　词：火焰瀑布
国　　　别：美国
地　　　区：美国加利福尼亚州
最佳旅游时间：2月

约塞米蒂国家公园位于美国西部加利福尼亚州，占地面积2 800多平方千米，是美国第一个国家公园，也是世界上景色最为优美的国家公园之一，其以冰碛、山谷、瀑布、内湖、冰山等闻名于世。公园在地理结构上，以约塞米蒂谷为中心。著名的默塞德河流过众多的峡谷，使山谷中汇集着壮丽的瀑布，包括世界著名的约塞米蒂瀑布。在那里，有许多美丽的山峰。在海拔600—4 000米的高山上，覆盖着茂密的亚热带针叶林，有着世上罕见的由于冰川作用形成的大量花岗岩浮雕，以及罕见的动物和植物。各种景致千姿百态，美不胜收。伟大的博物学家约翰·缪尔也如此感叹公园的美景："上帝似乎总是在这里下功夫装扮美景。"最特别的是，这里还有世上罕见的火焰瀑布。假期家长应带孩子去约塞米蒂国家公园旅游，在山谷中领会大自然淳朴的风情，令孩子度过快乐的假期。

在交通方式的选择上，游客可以先从国内坐飞机抵达美国的旧金山，然后从旧金山坐火车或者巴士抵达史塔克顿，然后再坐巴士经SR120到达约塞米蒂国家公园。在公园的山谷中3条公路的会合处，有Valley View和Tunnel View两个瞭望台。这两个瞭望台是观看U字形约塞米蒂谷的最理想位置。沿着山路直上，旅游者可以体验青翠山谷间瀑布的风情。在清晨艳丽的日出中，游人可以观赏伴随着薄雾的弥散，逐渐浮现的"三兄弟峰"，除此之外是拔地而起的"落箭岩"的俊俏，以及受冰河作用切割的"半圆丘"的雄伟，等等。在谷底，有着由特纳雅、伊利洛特和约塞米蒂3条支流汇成的大河——默塞德河，它流淌过山谷，使之成为世界上瀑布

▼ 公园内风景优美

◀ 白练般的瀑布吸引着游客静静欣赏

最密集的地区。在每年 2 月的日落时分，幸运的游客可以观赏罕见的"火焰瀑布"。

"火焰瀑布"，就是日落时分，在山谷中，瀑布呈现的犹如发光的熔岩、绚丽斑斓的景象，人们称之为"火焰瀑布"。火焰瀑布形成的条件也是非常苛刻的：必须在埃尔卡皮坦山的东部正巧有充沛的水量从高处流下，在足足 300 米高的马尾瀑布上，夕阳正巧照亮在橙色薄雾和红色薄雾上，才能形成如火焰燃烧一样的美妙效果。当火焰瀑布形成的时候，在日落时分，约塞米蒂谷山顶从西到东的阴影把埃尔卡皮坦山逐渐覆盖了，游人只能观赏夕阳反射在瀑布上的一道狭窄光线。阴影下的岩石和闪闪发光的瀑布薄雾交相辉映，整条瀑布仿佛在发光。

此外，约塞米蒂谷还是全世界攀岩爱好者的天堂。峡谷里有一整块的花岗岩，适合不同的攀岩类型。在这里，孩子可以参加各种攀岩活动，在安全、刺激又愉悦的运动中，孩子会获得快乐的旅游记忆。

### 亲子理由

❶ 观赏世上罕见的火焰瀑布

❷ 给孩子攀岩运动体验

### 不可不游

**太浩湖**

位于约塞米蒂国家公园以北，湖水澄净湛蓝，风景优美，夏天可以游泳、开快艇，冬天可以滑雪。湖四周由山峰环抱，冬天降雪期长达 8 个月，路面经常积雪盈尺，但湖底异常深，最深处为 500 多米，湖水却不会结冰。这里因风景优美，成为众多游客留影之处。

### 温馨提示

❶ 这里属于登山者的天堂，但是"零体力者"要量力而行
❷ 约塞米蒂谷地形狭长，长焦和广角镜头都需要配备，但注意防止瀑布溅湿摄影器材

第八章 秀美山光，扑入大自然的怀抱 | 197

078

# 落基山国家公园
## 震撼心灵的山谷美

关　键　词：班夫国家公园　湖泊　山峰
国　　　别：加拿大
地　　　区：加拿大西南部艾伯塔省和不列颠哥伦比亚省
最佳旅游时间：6—8月

加拿大的落基山国家公园是世界上占地面积最大的国家公园，一共包括班夫国家公园、贾斯珀国家公园、幽鹤国家公园和库特尼国家公园4个公园。在公园里，连绵起伏、层峦叠嶂的群山蕴含着丰富的温泉资源和冰川，嶙峋的棱角与流动的冰川呈鲜明的对比。多姿多彩、千姿百态的山峰地貌孕育出多样的野生动物、植物和壮丽迷人的自然风景。山谷内蕴含众多的湖泊、山峰、峡谷、化石资源、瀑布、石灰岩洞穴、冰川等丰富的自然资源，被联合国列为世界自然遗产。在假期，家长可以带孩子去加拿大的落基山国家公园旅游，在多姿多彩的山峡风景中，享受美的心灵震撼，给孩子留下快乐的假期记忆。

在交通方式的选择上，游客可以先从国内坐飞机抵达加拿大的温哥华或者多伦多，再转飞加拿大境内航空到卡尔加里或埃德蒙顿，然后租车自驾游览公园。或者坐飞机抵达加拿大的卡尔加里，然后坐落基山登山者号度假列车游览落基山国家公园。在落基山国家公园，可以先去名声最大的班夫国家公园。游客可以花10元加币坐空中缆车，只需8分钟就可以在班夫国家公园的硫磺山观景台上享受360度的宽阔视野。在那里，可以凭栏远眺，观赏山谷冰川耸立、雪峰跌宕、层峦叠翠的景致，可以在静如处子的湖上漂动小舟，在层林尽染的树林间漫步，平日劳顿烦躁的心灵在山水湖景的呢喃声中得到净化。每年夏天，众多的印第安人在草地上搭帐篷和舞台，佩戴独具特色的民族服装表演民族歌舞，给予游客非同凡响的民族文化体验。在山谷间，还有真山净水的神来之笔——千年沉淀的温泉资源，让游客洗

▼ 公园内的动物在伟岸的大山脚下抬起高傲的头

去灵魂浮躁的尘埃。此外，班夫国家公园也是加拿大最大的动物保护区。游客可以与羚羊、松鼠、麋鹿等亲密接触，有时还会遇到狐狸和黑熊。游客也不必害怕这些庞大的动物，只要不招惹它们，它们绝对不会伤害游客。总之，班夫国家公园的美难以用文字道尽，需要亲自感受那种融于山脉美景的感觉。

贾斯珀国家公园是加拿大落基山脉最大的国家公园。公园里有派翠西亚湖、巫药湖、玛琳湖，这些美丽的湖与玛琳峡谷交相辉映，刻画出了大自然鬼斧神工般的俊俏美丽。其中哥伦比亚冰原是落基山面积最大、最古老的冰原，每年吸引着全世界众多游客慕名前来。

库特尼国家公园建于1920年，占地面积达1 406平方千米。它因生态系统的完整性、多样性，风景地貌的多样性闻名于世。公园里有供游客健步用的步道、家庭野炊的野餐区。在这儿，游客可以观赏宁静的湖泊、深邃的峡谷，享受能治疗多种疾病和舒缓疲劳、富含硫化铁的温泉，在清澈的泉水中放松疲劳的身心。

幽鹤国家公园是加拿大落基山脉公园群中最小的公园，但却有着梦幻般的景色，千姿百态的景色令游客叹为观止。公园中还有高山、冰河、冰泉、湖泊等特色鲜明的景区，著名的欧哈拉湖是不容错过的胜地。这些景色都表明，加拿大落基山国家公园一定会给来旅游的家庭非凡的旅游体验，它是假期亲子游的最佳山光观赏地之一。

▲ 风景迷人的落基山国家公园

### 亲子理由

可以看到罕见的动物，观赏美丽的山林和湖泊，领略北美洲文化

### 不可不游

**加拿大国家森林公园**
加拿大国家森林公园共有56种哺乳动物，灰熊和美洲黑熊栖息于森林地区。公园里遍布冰川、冰原、松林和高山。其中亚高山带生态区由茂密的森林组成，占班夫国家公园面积的53%，能使游客饱览动物与自然交融的美景。

---

**温馨提示**

① 加拿大地处西半球，注意时差
② 注重多带保暖的衣服

第八章 秀美山光，扑入大自然的怀抱 | 199

# 079

## 萤火虫洞

### 梦幻迷离的星空

关　键　词：萤火虫洞　钟乳石　银河
国　　　别：新西兰
地　　　区：新西兰怀卡托的怀托摩溶洞地区
最佳旅游时间：全年皆宜

夏日的夜晚，孩子都有在郊外捕捉萤火虫的经历。在漆黑的夜空，把闪闪亮亮的萤火虫抓住，放进瓶子里，然后隔着玻璃看它一闪一闪发出的光芒，那么微弱又是那么璀璨和迷人……不少孩子甚至还有一个梦想——让小精灵似的萤火虫如星星一样垂挂在夜空。实际上，在南半球的新西兰北部，就有这么一个洞穴，能使孩子梦想成真。那个地方就是新西兰怀卡托的怀托摩溶洞地区，有一个举世瞩目的地下溶洞，叫怀托摩萤火虫洞。萤火虫洞的美景，被称作世界性奇迹。假期家长带孩子去新西兰的萤火虫洞旅游，观赏岩洞里成千上万萤火虫熠熠闪光、灿若繁星的美景，圆孩子的萤火虫梦，无疑是一个很明智的选择。

▼ 萤火虫洞内狭窄幽深，岩壁在灯光的掩映下熠熠生辉，探望内洞仿佛有光

在交通方式的选择上，游客可以先从国内坐飞机抵达新西兰的惠灵顿，然后从惠灵顿坐飞机到新西兰的汉密尔顿，之后坐大巴从奥克兰多出发沿1号公路南下，过汉密尔顿后走3号公路，之后转入37号公路前行至主路就可以抵达这一著名景点。在洞口，沿着石阶而下至河边，然后登上小船，沿着地下河抵达怀托摩萤火虫洞。坐在小船上，岩洞中黑暗和静谧反复叠加，四周都是伸手不见五指的漆黑。能听到的只有导游用手拉着绳索推动船前进的声音，以及轻轻的流水声。随着船缓慢地行驶，渐渐地就会有萤火虫星星点点的微光浮现，前面仿佛有光影在水面晃动。之后星光越来越密集，游客会发觉自己真的在一片璀璨"星空"之下了！星空如此可亲，似乎触手可及。在头顶流动着一条浅绿的光之河。河中绿色的光点如闪烁的满天繁星，密密麻麻地布集着。繁星密集处层层叠叠，稀疏的地方有点点微光。孩子

▲ 萤火虫洞，洞外洞内水道相通，需划船方可进入

会很惊喜，以为自己真的到了银河天际。实际上，这一条浅绿光之河的构成体就是闪烁着微光的萤火虫。在洞穴壁上停驻着成千上万的萤火虫，靠着身上闪烁的微光拼凑出了一条美丽的闪烁银河。远远眺望，如同夜幕中霓虹灯初照时的万家灯火，倒映在水面的银河影子，如万珠映镜，真是美不胜收。

借着"银河"的光彩，游客可以看到山洞生长着千奇百怪的钟乳石。有

**亲子理由**

❶ 观赏岩洞萤火虫发光的"银河"美景
❷ 了解萤火虫的生活习性知识

▲ 溪水从洞中潺潺流出，河畔繁茂的原始植被遍地都是

## 不可不游

### 惠灵顿

惠灵顿是新西兰的首都。这里群山连绵，满目苍翠，碧海青天，景色秀丽。气候温和，四季如春。市区附近的怀拉拉帕、马尔堡及纳尔逊等地区有景色优美的乡村、风光迷人的海滨、开发良好的国家公园、葡萄种植园，可以让想回归自然的人得偿所愿。

的是从洞顶向下生长的"坠子"，有的是在洞底拔地而起的"石笋"，还有的是经历数百年滴水形成的尖锥状的层状岩体。

欣赏钟乳石奇异美景之后，游客可以顺着导游的指点，探索"银河"发光的秘密。家长可以叫孩子注意在侧面岩石上的绿白色微光下，是无数条长度不一致的半透明状细丝。细丝从洞顶垂直而下，在每条丝上凝结着众多"水滴"，如同晶莹剔透的水晶珠帘。听着耳语的解释，孩子明白细丝是发光的萤火虫分泌的附有水珠般黏液的细丝，如同蜘蛛网一样吸引昆虫撞丝，在昆虫碰撞死亡之后萤火虫可以饱餐美食。新西兰怀托摩萤火虫洞的萤火虫生命周期只有1年，幼虫会发光吐丝，伴随着年龄的增长荧光越加明亮，这就是洞穴美景的奥秘。在游玩过程中，孩子大开眼界，增加了见识，学到了教科书没授予的知识。

游览洞穴最简单的方式是乘船或者步行，如果喜欢冒险，可以体验黑水漂流，就是坐在充气的橡胶内胎上穿梭洞穴，那可是相当精彩刺激的。新西兰怀托摩溶洞地区的梦幻奇迹美景，一定能成为全家人难忘的记忆。

**温馨提示**

在萤火虫洞内不能拍照、摄影，水洞内不能有声响

# 080

# 丹顿农山脉国家公园
## 悠然的静谧深处

关　键　词：袋鼠　蕨类植物　澳大利亚文化
国　　　别：澳大利亚
地　　　区：澳大利亚墨尔本
最佳旅游时间：一年四季

丹顿农山脉国家公园位于澳大利亚墨尔本的附近。在那里，保存着世界上罕见的参天森林。公园里生长有郁郁葱葱的蕨类植物，珍藏着稀有品种如巨型琴鸟、笑翠鸟、红玫瑰鹦鹉在内的种类繁多的本地鸟类。站在海拔高的山顶，可以饱览公园的壮丽风景。在森林中漫步探索，可以在蕨树溪谷野餐场、独树山、舍布鲁克森林等地美美地享用美食。在公园附近的花园、咖啡店、工艺品店、餐厅、精品商店可以感受澳大利亚别致的文化氛围，搭乘历史悠久的普芬比利火车可以留下美好的旅游记忆。此地具有超凡脱俗的美丽气质，是非常值得假期时家长带孩子去旅游的。

在交通方式的选择上，游客可以先从国内坐飞机抵达澳大利亚的墨尔本，然后搭乘公交车到公园。在这儿，自然栈道、野生蕨树森林、花园构成了丹顿农山脉国家公园的鲜明特色。登上澳大利亚最古老的蒸汽火车——普芬号可以观赏峡谷中苍翠密集的森林和蕨树。来到威廉里基茨野生动物园，在花园中铺满岩石的小径上，可以目睹矗立着的陶瓷土著人雕像风采。在春天的时候，还可以看到公园繁多的小苍兰、郁金香、杜鹃花、水仙花在争奇斗艳……

▼ 鹦鹉山上的美冠鹦鹉是小朋友喜爱的动物

丹顿农山脉国家公园有一处吸引小朋友的地方，当地华人叫"鹦鹉山"。在山上，聚集着专门供人喂养的大大小小、种类繁多的鹦鹉。最多的是羽毛雪白、头顶着一道黄色羽冠的美冠鹦鹉。美冠鹦鹉模样神奇，不怕生人。只要游客手上或者盘子里装着葵花籽，它就会扑棱着翅膀与人亲密接触"啃瓜子"。公园里还有专门供家庭聚餐的BBQ炉子。家长与孩子可以在这里吃烧烤、喂鹦鹉、爬山，做个深度的森林空

第八章　秀美山光，扑入大自然的怀抱 | 203

▶ 丹顿农山脉国家公园幽静美丽

## 亲子理由

可以观赏澳大利亚特有的植物、动物，并且借袋鼠精神教育孩子为人处世的道理，培养孩子的意志力

## 不可不游

**亚拉河谷葡萄酒园**
亚拉河谷葡萄酒园位于澳大利亚维多利亚州，现在已有38平方千米葡萄园，大小酒庄共有85个，目前是澳大利亚3大酒区之一。在现代感十足、华丽非凡的餐厅里，品尝澳大利亚香醇浓烈的香槟美酒，享受独一无二的澳大利亚文化实在是无比惬意。

气富氧SPA，实在惬意无比！

　　在丹顿农山脉国家公园，游客可以观赏在茂盛植被中生长和栖息的野生动物，最受游客喜欢的动物是澳大利亚的象征——袋鼠。袋鼠是食草类动物，活动时间通常是夜间、清晨或者傍晚。袋鼠的特点是不会行走，蹦蹦跳跳前进，令人觉得非常可爱。在这里，家长可以对孩子讲述澳大利亚选择袋鼠作为国徽上的动物之一，并且以它们为国家的荣耀，主要是因为袋鼠象征着只会前进、不会后退，永不放弃、永不退缩的精神，在生活中也应该学习袋鼠的这种精神。家长也可以引导孩子观察，袋鼠虽然表面可爱温驯，却有着一双强有力的后腿，以及力道十足的尾巴，是一种只可远观的动物。家长也可以带孩子乘坐穿梭在丹顿农山脉国家公园的普芬比利小火车，这是观赏袋鼠的最好方式。通过火车窗口的玻璃，游客可以在山脉植物茂密生长的沟壑里发现袋鼠的身影。可爱的袋鼠令孩子欢腾不已，家长也可以借袋鼠的精神教育孩子为人处世的道理。澳大利亚丹顿农山脉国家公园因独具特色的气质堪称假期亲子游的最佳山脉公园之一。

> **温馨提示**
> 请穿着舒适的步行鞋，携带太阳镜、防晒霜、帽子、水壶、相机，天气较冷的月份最好带上一件外套

# 阿尔卑斯山
## 音乐之声的迷离

关　键　词：滑雪　少女峰　冰川
国　　　别：瑞士
地　　　区：瑞士的阿尔卑斯山脉
最佳旅游时间：7—8 月

阿尔卑斯山位于欧洲中南部，是一条贯穿欧洲主要国家的山脉，覆盖了意大利北部边界、瑞士、奥地利、法国东南部、德国南部、斯洛文尼亚等国家和地区。阿尔卑斯山脉最靓丽的风景在瑞士部分。绵延不绝的山脉占据了瑞士国土面积的 62.5%。瑞士的阿尔卑斯山满山遍野花团锦簇，令人目不暇接，如童话世界一般梦幻浪漫，生动得令人屏住呼吸。壮美的雪山每年吸引

▼ 阿尔卑斯山的火车是这里的一大景观

▲ 阿尔卑斯山每年都吸引很多的滑雪爱好者前往

## 亲子理由

让孩子观赏欧洲山脉的美景，享受滑雪运动的乐趣，体验欧洲文化

着众多游客的到来，奇丽俊俏的冰雪风光是滑雪、登山、赏雪爱好者的天堂。在假期，家长带孩子去瑞士的阿尔卑斯山旅游，在异国他乡感受山脉的迷离色彩和浪漫的艺术格调，无疑是非常明智的选择。

瑞士的阿尔卑斯山脉旅游景点颇多。在交通方式的选择上，游客可以先从香港坐飞机抵达瑞士的首都伯尔尼，然后从伯尔尼坐火车到瓦莱斯州的策马特。策马特小镇人口只有 15 000 人，海拔 500 多米。在这儿没有一辆排尾气的汽车，交通方式是马车、电动巴士或者步行，因而空气纯净清新、环境幽雅。在小镇上矗立着高 4 478 米、钢铁般角锥形造型的阿尔卑斯山脉最为人所知的山峰——马特洪峰。马特洪峰意为"平缓的草原"。整座山峰

犹如擎天柱，直指苍穹。山峰特殊的三角锥造型是阿尔卑斯山形象的代表。每当朝晖夕映之时，山体上的积雪在阳光照射下发出金属般的光芒，摄人心魄。山峰陡峭险峻，一般观光者认为马特洪峰是一个难以接触的美景，登山者却认为它是一处高难度的胜地。它的险峻每年都吸引着众多登山爱好者做极限挑战。

除了马特洪峰，这儿的策马特峰也有深深令游人折服的壮丽景观。在策马特峰顶，游客可以观赏世界上最大的冰川世界，领略策马特峰画卷一般的诗意美景，欣赏阿尔卑斯山的无限风景，体验满目的运动项目。这里有闻名遐迩的滑雪场地，每一个滑雪爱好者都把策马特峰当作体验滑雪运动的天堂。

瑞士有一条连接着阿尔卑斯山脉自然风景的铁路——雷塔恩铁路。这条铁路从瑞士的圣莫里茨或者库尔出发，穿过瑞士东南部的意大利语区，最终到达意大利边境小镇蒂拉诺。这是世界知名的窄轨铁路，全程只运行4个小时。游客可坐火车看尽阿尔卑斯山的美丽山色。在行驶过程中，火车在山间呈螺旋状爬坡，透过玻璃，游客可以观赏白雪皑皑的阿尔卑斯山、精巧的山中小镇、飞流而下的瀑布、灰白或者碧绿的高山湖泊从眼前飞快掠过。山间的青山绿水、蓝天白云如精灵一般闪过，美得令人叹服！

游客在蒙特勒和卢塞恩可以乘坐金色快车前往因特拉肯，观赏瑞士著名的少女峰。少女峰被称为阿尔卑斯山的"皇后"，是阿尔卑斯山脉的最高峰之一。它宛如一位披着长发、银装素裹的少女，恬静地在蓝天白云之间仰望。从少女峰的山下到山顶，景观是充满活力、变幻无穷的。山腰绵绵不尽的翠绿青草衬托着花儿的艳丽，山坡上散布着悠闲嚼草的牛群，牛的叫声在山谷中清脆地回荡，这一切美景都令人如痴如醉。在山谷间可以观赏恬淡安详的村落中人们质朴又闲适的生活方式。山顶上雪雾弥空，白雪飘飞，一派冰雪世界的奇观。这种多变的自然风景构成了阿尔卑斯山独有的迷人气质，令每一个游人都如坠仙境，流连忘返。

▲ 黄昏中的阿尔卑斯山灯火辉煌，更加迷人

## 不可不游

**冰川快车**

冰川快车全程大约需7.5小时，途中跨越291座桥梁，穿过91条隧道，翻过阿尔卑斯山口，是瑞士最受欢迎的全景观火车游览路线。列车全景观车厢顶部的弧形大窗可以让游客全方位观赏窗外的景色。空调设备使车厢内气温适宜，并保持空气清新。坐在舒适的列车里，壮丽的景色尽收眼中。

> **温馨提示**
> 
> 瑞士的几大城市都位于"全球最安全城市"榜单上，但我们提醒游客不要放松警惕，在旅途中仍需要增强安全防范意识

## 第九章
# 湖光艳影，大地碧绿的瞳孔

在地球上，滋润大地的除了广袤的蔚蓝海洋、奔涌的河流，还有星罗棋布的湖泊。这些湖泊是大地的眼睛，如同水晶一样纯净，又如翡翠一样迷人。本章搜集了全世界著名的湖泊旅游地点，方便家长带着孩子去水的梦幻世界旅游，享受独一无二的湖泊风情。

## 082

# 丹江口水库

## 神州的天涯明珠

关　键　词：奇山　中原文化　小三峡
国　　　别：中国
地　　　区：中国湖北省丹江口市和河南省南阳市淅川县
最佳旅游时间：4—10月

丹江口水库位于汉江的上游，分布在湖北省丹江口市和河南省南阳市淅川县，水域横跨湖北、河南两个省份。丹江口水库是亚洲第一大人工淡水湖，依山傍水、风景旖旎，湖面水质透明、视野开阔。在假期，家长带孩子去丹江口水库旅游，在山清水秀的湖光风景中领略当地悠久而厚重的文化，无疑是一个很明智的选择。

在交通方式的选择上，国内游客可以先选择飞机、火车或者高速公路巴士抵达河南南阳市，然后从南阳直接搭乘到香严寺的直达车（一天只有一班，14:30 出发）。丹江口水库空气清新，日照时间长。水面碧波万顷，清晰透明的湖水倒映着蔚蓝天空与白云的倩影，犹如画卷一般美丽。湖两边矗立的奇山异石有着独具特色的姿态。游人坐渔舟或游艇荡漾在碧波上，仿佛行走在画卷中，四周的群山如飘在水上，美得令人心旷神怡。

▼ 丹江口水库美丽迷人的景象

当坐船抵达水库时，游客会观赏到一处几十千米的狭长的江面，江面两岸奇峰对峙，四面环山，陡壁峭立，野藤倒挂，这就是著名的丹江"小三峡"——大自峡、云岭峡、雁口峡，其风景可以与长江三峡一带美景相媲美。在江面挺拔的狮子山壁上，有一尊高达15米的天然石佛，佛像面对江面，平视前方，面容神态安详，正襟危坐，很有乐山大佛的气概。石佛面容端庄、慈颜肃穆，两手合掌于胸前，仿佛给来往的人送去平安祝福。

丹江口水库边缘的情人岛度假村的房屋设计是家庭套房式的，去情人岛欣赏风景如在家一样舒适方便。风和日丽的时候，丹江水面平滑如缎子，翔集江面的海鸥、嬉戏的野鸭，更使人觉得丹江口水库祥和温馨。日出或日落的时候，在空中飘浮的彩霞使漫漫的江面如同锦绣一样灿烂，更使人觉得丹江辉煌雄壮。斜风细雨的时候，大珠小珠一样的雨滴坠落，如同碎玉飞溅，青山如同披纱含羞的少女，山拥抱着水，水亲吻着山，更使游客体验到丹江风景的甜蜜和柔美。

丹江口水库不仅拥有幽雅的湖光山色，更蕴含着中华民族传统文化的底蕴。丹江口水库淹没的地方是战国时期楚国著名的古都丹阳。历史上著名的诗人屈原在流放的时候写下了许多流芳百世的诗篇，其中《国殇》描绘的秦国与楚国发生的丹阳之战就发生在这里。在水库岸边，游人可以看到许多春秋战国时的古墓群，其中25座楚墓中一共有7 000余件珍贵文物，记载着昔日顺阳川的繁荣。楚国令尹子庚墓中出土的编钟是目前全国编钟类中最佳的一套，还有昔日的府排箫、铜禁等出土文物都反映了2 000多年前楚国的文明盛况和悠久的历史文化底蕴。

丹江岸上的香严寺是河南省四大古刹之一，给游览区又镶嵌了一颗璀璨的明珠。"倚树听泉声，忽鸟唤高枝"，这是对香严寺胜景的真实写照。香严寺是一座气势磅礴的建筑，山脚的阶梯和山腰的庙宇被古树苍柏包围，处处藏秀，显得环境神秘幽雅，电视剧《包公》《阮氏三雄》都在这里拍摄。在丹江沿岸4千米内，有20余处文物景观。繁多的古迹文物与自然景观的汇融，使丹江口水库显得更为瑰丽和神秘。

◀ 丹江口水库更有中华文化传承的底蕴

**亲子理由**

观赏丹江口水库湖光美景，可以让孩子领会中原文化，感受2 000多年前的中华文明

**不可不游**

淅川丹江大观苑景区 景区从西向东有多个岛，为情人岛、凤凰岛、龟岛、鹿岛、鹤岛和观音岛。其中情人岛伸入水中最远，与龟岛形成一个半环状的天然港湾。景区依山傍水，山水相连，是镶嵌在丹江湖畔的一颗璀璨明珠。

> **温馨提示**
>
> 坐船游玩的时候，最好携带一套干净的衣服，以便下船时更换，同时最好携带一双塑料拖鞋或一次性鞋子，以便在船上穿。最好穿凉鞋

083

# 青海湖
## 高山下的花环

关　键　词：草原　湖泊　藏族
国　　　别：中国
地　　　区：中国青海省西北部的青海湖盆地
最佳旅游时间：4—8月

"在那遥远的地方，有位好姑娘……我愿流浪在草原，跟她去放羊……"这首优美的民歌赞叹的是青海湖高原的美丽。青海湖，又名"措温布"，在藏语中是"青色的海"的意思。青海湖位于青海省西北部的青海湖盆地内，是我国最大的内陆湖泊，也是面积最大的咸水湖。青海湖地处青藏高原的东北方向，湖的四周为巍峨的高山，东边是雄伟巍峨的日月山，西面是嵯峨峥嵘的橡皮山，北边是雄伟壮丽的大通山，南边是绵延逶迤的南山。在假期，家长带孩子去青海湖旅游，可以领略我国青藏高原神秘又博大精深的文化，获得异域风情的体验。

在交通方式的选择上，游客可以先从国内坐飞机、火车抵达青海的省会城市西宁，然后从西宁坐大巴抵达青海湖。在青海湖畔眺望风景，可以观赏一片苍翠的山岭合围环抱的湖水，碧波连天，波光潋滟，明亮如镜子的湖面倒映着白雪皑皑的雪山。在水天一色的蓝天碧湖间，万鸟翱翔、鱼群欢悦。湖岸地势平坦开阔，葱葱绿绿的草滩上，浮现的是如白云一样的羊群。这里气候温和，水源充足，水草丰美，是青海省富饶的天然牧场。青海湖四季的风景是不一样的：夏季与秋季的大草原，天高气爽，景色旖旎。辽阔的草原上如同铺了一层厚厚的绿绒毯，点缀在青翠碧草间的，是金黄色的油菜花和五彩缤纷的野花，迎风飘散着香气。湖边牧民们的帐篷如繁星一样点缀在绿草地上。数不清的结实的马和膘肥体壮的牛羊如五彩斑斓的珠子一样洒满草原。在湖畔，齐整整的田园麦浪随风翻滚，如画卷一样令人心旷神怡。此时，清澈如镜的青海湖如同一壶琼浆，在微风中微微荡漾。冬天寒流

▼ 湖边悠闲散步的羊群给青海湖增添了几分生机

▲ 金灿灿的油菜花，羊、水、山，这一切构成了一幅完美的油画

来临的时候，围绕湖面的群山和草原变为枯黄一片，有时还会裹上一层厚厚的"银装"。11月时，青海湖碧水结冰，碧澄浩瀚的湖面银装素裹、冰封玉砌，如同一面在阳光下熠熠闪光的宝镜，散发着炫目的光芒。

鸟岛面积约0.8平方千米，位于青海湖的西北部，是青藏高原鸬鹚、棕头鸥、斑头雁、鱼鸥等10多种候鸟繁衍生息的地方，鸟的数量可以达到100 000只以上。现在在鸟岛上建立了专门的鸟岛自然保护区，家长可以带着孩子观赏稀有鸟类，学到教科书没授予的知识。

青海湖的南侧是著名的二郎剑景区。在景区里，有别具特色的藏式风情宾馆、购物中心、餐厅等，周围还有藏传佛教的雕塑、经幡等，设有赛马、快艇、沙地摩托等娱乐项目。孩子可以在这里游玩，体验藏族文化的异域风情。在二郎剑景区的广场上，沿着湖滨有一圈木质栈道。散步在栈道上，可以观赏天空中翱翔的海鸥，景色宜人。走在栈道的东侧可以观赏西王母、福娃等雕像。在我国神话传说中，青海湖是天宫王母娘娘居住的瑶池。在湖中可以看到一处鱼雷基地遗址，那是新中国成立之后151鱼雷基地所在地，因此也被称为151景区。家长可在这里对孩子讲述我国的神话传说，还有藏族的故事，让孩子体验别具风情的藏族文化。

**温馨提示**

青海湖昼夜温差大，如果在4—6月、9—10月来青海湖旅游，要穿加绒冲锋衣和秋裤。青海湖地处高原，紫外线非常强烈，一定要备帽子、墨镜、长袖衬衫、防晒霜

**亲子理由**

领略青海湖美景，让孩子了解藏族文化和青藏高原美景

**不可不游**

**日月山**

日月山位于湟源县的西南部，历来是内地赴西藏的咽喉要道，历史上曾是唐朝与吐蕃的分界。相传当年文成公主到达日月山时将宝镜抛了出去，正好落在两座小山上，东边的半块朝西，映着落日的余晖，西边的半块朝东，照着初升的月亮，日月山便因此得名。日月山独一无二的景色令游客觉得不虚此行，最佳旅游时间为6—9月。

第九章 湖光艳影，大地碧绿的瞳孔 | 213

# 五大湖

## 世界最大淡水湖

关　键　词：五大湖　淡水　稀有动物
国　　　别：美国、加拿大
地　　　区：美国与加拿大之间
最佳旅游时间：7—8月

五大湖是世界上最大的淡水湖群。它位于北美洲的中东部、美国与加拿大之间，是五个相互连接的湖泊的总称。五大湖为苏必利尔湖、密歇根湖、休伦湖、伊利湖和安大略湖。这五个湖泊所构成的五大湖，是世界上最大的淡水水域，总面积为245 660平方千米，再加上丰沛的水量与地处北美大陆的中部，又有"淡水海"和"北美大陆地中海"的美称。五大湖地区气候宜人，温度一般保持在25~35℃之间，环境舒适，适合七八月暑假的亲子游。

在交通方式的选择上，游客可以先从国内坐飞机抵达美国著名工业城市芝加哥，然后坐巴士去观赏著名的密歇根湖。密歇根湖是美国五大湖中第三大湖，也是唯一属于美国全部管辖的湖泊。湖泊北端多岛屿，以比弗岛为最大。湖域气候温和，冬季虽然常年港湾冰封，却很少全面结冰，一年四季都有轮渡往返。在湖岸上有湖水冲蚀成的悬崖，东南岸沙丘比较多，最为著名的是州立公园和印第安纳国家湖滨区的沙丘。湖北岸曲折的港湾盛产鳟鱼、鲑鱼等，渔业和垂钓业比较发达。

▼ 加拿大苏必利尔湖风景宜人

之后，游客可以从密歇根湖坐轮船，抵达美国最西北和最大的一个湖——苏必利尔湖。它也是世界上第二大湖，是面积最大的淡水湖。湖的西南面是美国，东北面是加拿大。湖岸丛林茂密，人口稀少，风景秀丽。苏必利尔湖幽雅宁静，水质清澈，湖面风浪多，冬寒夏凉。湖中岛屿主要有罗亚尔岛、阿波斯特尔群岛、米奇皮科滕岛和圣伊尼亚斯岛，其中最美丽的是罗亚尔岛，它也是美国著名的国家公园之一。

接着，游客坐轮船抵达的第三个湖是休伦湖。在五大湖中，它位置居中，为第二大湖。在湖面上，可以领略加拿

◀ 密歇根湖岩石与波浪的撞击

大北方微寒的气息，迎面拂来的微风有松树的清香味和跨越冰冷水域远道而来的松针味。当到休伦湖的上游圣玛丽河时，两岸宽广、空旷、寂静的森林给人一种幽静的感觉。翱翔于碧空的海鸥，更为这一片湖水增添了淡雅的姿色。

游客坐轮船抵达的第四个湖是伊利湖，伊利湖的南面、东面、西面为美国领土，北面则属于加拿大，美国许多著名河湖如底特律河、休伦湖、格兰德河等都注入该湖泊中。湖的西端集中了许多岛屿，最大的是加拿大的皮利岛。湖的北岸是农业平原，一派田园风光，情趣盎然。

游客坐轮船抵达的最后一个湖是安大略湖。安大略湖是五大湖中最小的一个，湖面流露着如梦似幻的美景。这儿有闻名世界的飞溅直下的尼亚加拉大瀑布，是安大略湖与其他四大湖的一座虚幻的屏障。

五大湖区南部自然风景柔和优美，尤其在夏秋季节，沿着伊利湖和密歇根湖散步，可以观赏美丽的湖光水色。湖滨地区种类繁多的针叶林、阔叶林在气候寒冷的冬春季节比较单调。在夏秋两季，红枫叶与翠绿的松杉交相辉映，构成了最美的自然景色。还有湖边连绵的丛林与青翠的草地，犹如绿色海洋，令人心旷神怡。

五大湖区的森林中还珍藏着罕见珍贵的野生动物，如美洲麋、熊、狼和狐狸等，湖中有美洲水貂、水猴和海狸等。偶尔还可看到极为罕见的北美野牛。迷人的风景和罕见的动物一定会给孩子快乐的假期体验。

**亲子理由**

领略美国五大湖如画卷一样美丽的风光，体验美国独特的文化氛围

**不可不游**

尼亚加拉大瀑布

尼亚加拉大瀑布是世界第一大跨国瀑布，瀑布的水在尼亚加拉河下游形成了一个长湖，主航道是加美领水分界。这两个岛屿分别是山羊岛和鲁纳岛。它们将瀑布一分为二，岛上绿树成荫，景色优美。

**温馨提示**

去之前做好旅游计划，了解当地的气候和实时旅游状况，错开高峰期，准备一些户外必备的物品以便旅途之用

第九章 湖光艳影，大地碧绿的瞳孔 | 215

## 085

# 尼斯湖

## 水怪的神话

关 键 词：水怪 高地 壮丽
国 别：英国
地 区：英国苏格兰高原北部的大峡谷
最佳旅游时间：夏季

英国苏格兰高原北部大峡谷中的尼斯湖，凭借着神秘的色彩、迷人的风景、神话传说成为举世瞩目的旅游景点。它是英国最大的淡水湖，宽阔的湖面从奥古斯都堡南端一直延伸了37千米。湖水是幽静的蓝色，平均深度是200米，最深处的水域是300米。湖水终年不冻，湖岸两边山峰陡峭，覆盖着茂密的树林。湖北段的河流与英国的北海互相连通。尼斯湖因为美丽风光闻名于世，"怪兽"的传说更为其增添了神秘色彩。假期家长带孩子去英国尼斯湖旅游，欣赏美景的同时探索神秘传说的渊源，是一个很明智的选择。

在交通方式的选择上，游客可以先从国内坐飞机抵达英国首都伦敦，然后坐飞机或者火车抵达苏格兰著名城市因佛内斯，在因佛内斯搭乘917路、19路公交车可以抵达尼斯湖。当走近尼斯湖，游客感受到的是大自然那一份神秘莫测——波光潋滟的湖面，随风飘起隐隐约约的风笛声，如同坠于神话般的仙境之中。游客走在湖边的厄克特城堡上，站在古堡的残垣断壁间，可以饱览碧水蓝天中山光水色的美景。在湖边，游人可以观赏矗立着的一尊尼斯湖水怪雕像，家长可以对孩子讲述尼斯湖的闻名不在于秀丽，而在于广为流传的关于水怪的神秘传说：传说中的尼斯湖水怪是一只长得如同蛇颈龙的庞大生物。这可不是无稽之谈，古今书籍和报纸上都有记载这件事，目击水怪的事件超过百起。为了查清尼斯湖里是否有水怪，人们采用水下摄像机、声波定位仪、电子计算机等现代化的手段探索湖水秘密，都没有任何迹象。所以，研究者总结，水怪这一类巨大的爬行动物是不可能生存

▼ 幽静的蓝色湖水与神秘怪兽的传说让尼斯湖有着神秘的色彩

◀ 尼斯湖水怪与苏格兰城堡

的，因为湖水蕴藏的食物难以满足其生存需要。湖中怪兽的身影可能是湖水上层和下层由于温差所引起的水流波动，深层的水流与湖面水流呈现逆方向流动，使湖水中树枝之类的物体看上去像庞然大物，如怪兽一样逆流而动。还有人认为，湖中水怪可能是鳕鱼、巨鳗等大型水生物，它们自身不同寻常的巨大头部使人以为是怪兽。但这些都是推断，没有确切的事实证明。但无论如何，怪兽的传说使尼斯湖笼罩上了一层神秘的色彩，也为当地旅游业的发展创造了重要的契机。

之后，游人可以观赏环绕着尼斯湖的苏格兰高地的美景。它作为冰河世界的最后一个据点，美得令人难以置信。游人在苏格兰高地上眺望，可以看到这儿没有北欧蔓延的森林，也不存在枯寂的荒漠，覆盖的都是舒缓起伏的低矮绿草和苔藓。苍凉生长着的低矮又稀疏的植被不像英格兰原野的植被青翠欲滴，却给人一种古老沧桑的美感。这里遍及视野的裸露岩石、清新的空气提醒游人正处在海岛的高原之上。在夏天，虽然这儿缺少百花怒放的繁荣生机，没有山花开放那一种夺目的烂漫绚丽，却可以看到满山的原野覆盖着一种叫帚石楠的紫色小花，无边的紫色在阳光照耀下显得过于固执和刺目，却给人一种用尽生命热情怒放的昌盛感。这一片寂寞的土地留给游人的是一种壮美的记忆。

### 亲子理由

欣赏尼斯湖美景，感受神秘传说，领略苏格兰高地的文化情调

### 不可不游

**苏格兰高地**
那里的山丘与原野永远充满浪漫、粗犷、孤寂的自然美。深蓝色的天空覆盖着紫色的山脉，海风永不止歇，天空的边缘永远镶嵌着云朵。四处分布的苏格兰湖泊时时映照着苍穹的变幻。这里的美景一直都如史诗般壮观。

> **温馨提示**
>
> 英国汽车靠左行，过马路时记住先看右边，不少人行横道红绿灯需行人按按钮才亮。乘坐手扶电梯请靠右站，把左边留给其他人通过

# 086

# 粉红湖泊

## 世界十大奇景

关 键 词：粉红湖泊 微生物 漂浮
国 别：澳大利亚
地 区：澳大利亚西部洛切切群岛的希利尔湖
最佳旅游时间：3—10月

世界上有很多粉红湖泊，其中位于澳大利亚西部洛切切群岛的希利尔湖，是堪称世界十大奇景的粉红湖泊之一。希利尔湖约200米长、80多米宽，是一个不小的盐水湖，美丽的粉红色湖水使它荣登2013年《国家地理》杂志的封面。假期家长带孩子去粉红湖泊旅游，观赏令世人惊艳的美丽湖泊，探索大自然的奥秘，无疑会令孩子度过一个快乐又有意义的假期。

在交通方式的选择上，游客可以先从国内坐飞机抵达澳大利亚著名城市墨尔本，然后租自驾车到达这一著名景点。粉红湖泊是一个如梦似幻的粉红瑶池，湖面呈椭圆形，宽约600米，在沿岸密集分布的是晶莹的白盐。湖的周围是呈深绿色树林，在森林之外有一条狭窄的白色沙带，把湖与深蓝色的海水隔离开来。郁郁葱葱的树林和湛蓝透明的海水围绕着粉粉嫩嫩的湖泊，令海岸风景如彩色宝石一样璀璨迷人。游人把粉红湖泊比喻为蛋糕上的糖霜，这为米德尔岛茂密的森林增添了几分奇异的色彩。坐在直升飞机上俯瞰，粉红色与周围的深蓝、深绿和白色交相辉映，使希利尔湖的粉红光彩更为耀眼，让人不得不惊叹原来大自然也有一颗少女心，让浪漫的粉色普照大地。

▼ 粉红湖泊全景，一半蓝色一半粉色，风景如画

不同时间来希利尔湖，湖泊的粉红色程度是稍微有差异的。在湖水盐度变化的过程中，湖面颜色由淡绿色变为浓稠的粉红色。在这儿，希利尔湖除了有少女的妆容，还有少女的风情。虽然湖水含盐量非常高，湖水却没有任何毒素。所以游客可以穿上自己的泳装，在大自然的湖水怀抱中畅游一番。美丽的湖水是旱鸭子的天堂，游客可以如在死海一样，轻松地浮在湖面。

◀ 坐在粉红湖泊边休憩也可心旷神怡

当孩子对希利尔湖粉红色的水面疑惑不解的时候，家长可以对孩子讲述科学家研究希利尔湖粉红色湖水形成原因的成果。

第一种说法是，在湖水里存在一些极端嗜盐的微生物，导致湖水向世人呈现出粉红色。科学家也指出，嗜盐微生物是地球生态系统中最奇特、最怪异的生物之一。这些微生物一般生活在极端的环境中，如澳大利亚希利尔湖这样的高盐度湖泊里。

家长还可以让孩子了解科学界对粉红湖泊成因的第二种说法。在希利尔湖存在一种叫盐生杜氏的藻类植物，平日在湖水中制造一种叫类胡萝卜素的色素化合物。著名科学家汉克·格林解释，正是这种胡萝卜素积极吸收太阳光线，使藻类变成了粉红色。大量粉红色藻类的存在使这个湖泊也变成粉红色。

家长也应该补充，虽然科学家研究了许久，但仍没有一个确切的湖泊变粉的正确解释，这也是粉红湖泊的神秘所在。家长还可以让孩子把湖水装进瓶子里，观赏水即使在瓶子里颜色还是呈现粉红色的。在这一游玩过程中，孩子领略了大自然的美丽和神奇奥妙，增长了见识，学到了课堂上没教的知识。

### 亲子理由

观赏大自然的神奇与美丽，领会神奇的奥秘，对孩子普及科学知识

### 不可不游

#### 玫瑰湖

玫瑰湖位于塞内加尔首都达喀尔市区以北30多千米处，是一处盐水湖，是达喀尔的一处旅游胜地，可与著名的死海相媲美。由于玫瑰湖的含盐量丝毫不亚于死海，所以也会出现人平躺在湖面上不会沉的现象。

> **温馨提示**
>
> 澳大利亚道路系统为英联邦制，车辆靠左行驶，车辆方向盘在右。过街时一定要先看右边，再看左边，正面为绿灯时先确定无右转或左转车，走画有白线的人行横道过街，注意安全

## 087

# 瓦卡蒂普湖

## 魔幻电影《指环王》的童话

关　键　词：高山湖泊　指环王　潮汐
国　　　别：新西兰
地　　　区：新西兰南岛中南部
最佳旅游时间：全年皆宜

新西兰有一片美丽的湖泊，那就是瓦卡蒂普湖。它位于新西兰南岛中南部的湖泊中，呈 S 形，是新西兰第三大湖。这里不仅湖水风光优美，湖岸还有一个著名的皇后镇，是魔幻电影《指环王》的拍摄地。假期家长带孩子去这个《指环王》中精灵公主出没的地方旅游，让孩子感受那一份纯真的童话情调，无疑是很明智的选择。

在交通方式的选择上，游客可以先从国内坐飞机抵达新西兰的首都惠灵顿，然后从北岛惠灵顿坐轮渡到南岛皮克顿。在坐轮渡过程中，游客可以观赏马尔堡峡湾超凡脱俗的美，以及海豹、海豚、鲸鱼等罕见的动物。

抵达瓦卡蒂普湖，游客可以观赏这个美丽的高山湖泊，湖水散发着美丽的宝石蓝光芒，令人迷醉。在湖边，可以眺望远处湖畔的库克山和南阿尔卑斯山脉。褐色的山峰上沉淀着未融化的白雪，倒映在碧绿的湖水中。幽静的湖光山色成为新西兰最美丽动人的标志性景色。在这儿，天、地、云、阳光、微风、树、湖水都是纯净的，人浮躁的心灵在心旷神怡的环境中也变纯净了。游人在夕阳西下时可以拍摄到湖中一棵形态奇异的孤树的美景。远处的雪山被太阳的余晖染成橘红色，倒映在清澈如镜的湖中，与奇异孤树的倒影合二为一。这个图景温暖又充实，略显冷清伤感，颇有感伤的艺术气息。

▼ 超脱世俗的湖光山色

瓦卡蒂普湖有一种奇妙的现象，每隔 25 分钟湖水就会有 10 厘米涨落，这种现象叫"潮汐"。在这里，家长可以对孩子讲述一个关于湖水传说的神话故事。相传很久以前，有一个叫默特乌的水怪抢走了毛利人酋长的女儿，一个毛利青年奋勇去营救，趁水怪睡觉时

▲ 皇后镇就坐落在瓦卡蒂普湖岸边，黄昏中的湖泊与小镇更加美丽迷人

把他烧死了。然而，当这个青年把水怪推入湖泊中后，水怪的心脏却一直没有停止过跳动，湖水的涨落就这样开始了。

游客可以搭乘 TSS 厄恩斯洛号古董蒸汽船驶向湖泊的另一端——华尔特峰。TSS 厄恩斯洛号高约 12 米，有亮红色的烟囱，船身呈白色，配备宽敞的杉木甲板。这一艘代表工业时代的古老蒸汽船现在变为新西兰的象征，在船上游客可以饱览湖泊精美绝伦的风景。在湖畔，游客可以体验钓鱼活动。在瓦卡蒂普湖的绿石河和洛奇河河口有丰富的鲑鱼，一定会令游客觉得不枉此行。夏季，清凉的湖水也决定了它是游泳避暑的绝佳胜地。

距离瓦纳卡湖 70 多千米的皇后镇，又名昆士顿，是魔幻大片《指环王》的拍摄地，因风景高雅美丽适合女王居住而得名。这个宁静和谐的小镇如同婴儿一样安适地依偎在由白雪皑皑的南阿尔卑斯山脉和深蓝色的瓦卡蒂普湖围成的臂弯中。皇后镇四季变化分明，春天时百花繁盛，夏天艳阳高照，秋天金黄一片，冬天白雪皑皑。如果游客乘坐缆车到皇后镇附近的鲍勃山观景台观景，可以看到在华灯初照的时候，天空颜色依然幽蓝一片，小镇夜景繁华又很含蓄，令人感受到不同凡响的艺术气氛。

**亲子理由**

领略新西兰美景，体会《指环王》的奇幻气质，感受新西兰独有的文化

**不可不游**

**瓦卡蒂普湖**

瓦卡蒂普湖是新西兰户外活动的集中地。上山滑雪，下水冲浪，拖行降伞，喷气飞船，激流划艇……在这里应有尽有，风靡世界的蹦极就是从这里最先兴起的。TSS 厄恩斯洛号每天都在湖面上巡游。一年四季，游客都可以在这里钓鳟鱼。

**温馨提示**

新西兰四季时序与中国相反，春季 9—11 月，秋季 3—5 月，夏季 12 月至次年 2 月，冬季 6—8 月，早晚温差较大，约 10～20℃，请自备所需衣物

# 088

## 维也纳地下童话王国
### 天鹅湖上的芭蕾舞

关　键　词：地下湖　清澈湖水　莫扎特
国　　　别：奥地利
地　　　区：奥地利维也纳西部的亨特尔布旅村
最佳旅游时间：4—10月

维也纳地下童话王国，位于水色清秀的奥地利首都维也纳。它是奥地利著名的旅游胜地之一，也是欧洲最大的地下湖，每年慕名观光的游客络绎不绝。假期家长如果带孩子去素有"音乐之都"的奥地利旅游，让孩子在美丽梦幻的地下童话王国中度过快乐的时光，无疑是一个很明智的选择。

地下童话王国坐落在维也纳西部的亨特尔布旅村。在交通方式的选择上，游客可以先从国内坐飞机抵达奥地利首都维也纳，然后在维也纳坐9线到默德灵，然后坐364路或365路到地下童话王国。从地铁站Praterstern到地下童话王国只需要花费57分钟。

地下湖是由一座石膏山改造而来的。游客如果要进地下童话王国，需要先走过一条长约450米的坑道，然后坐小船经流水抵达目的地。小船可以坐十来个乘客。坑道里面全部都是石壁。石壁墙上暖暖的橘红色灯光的反射与清澈透明的流水交相辉映，营造了一个扑朔迷离的童话世界。沿着流水，小船在坑道中就游到了尽头——大厅。在大厅中，游客看到的是灯火通明的礼堂和酒吧，可能是当年矿工工人留下的。墙上挂着一幅巴尔巴拉画像，是专门用来向上帝祈祷的。

走入扑朔迷离的地下湖洞穴，游客仿佛进了迷宫，分不清东西南北，不知道往哪里前进。游客沿石阶而下，就可以走到地下湖的湖边，湖面和地面仅仅有100米的距离，湖面与天空都呈现着一色清澈明亮的蓝。游客可以乘坐机动游艇观赏湖面上的美丽风光。在绿树青湖的倩影辉映下拍照留下美好的瞬间，做一个有情趣的旅游纪念。游人在饱览湖面风景的时

▼ 每个女孩都有个童话公主梦，带她去维也纳地下童话王国吧

▲ 维也纳城市公园的游乐场，热闹非凡

候会产生一种误走入画卷之中的诗意浪漫感。面对清澈见底的湖水，游客可以坐在船上享受清爽的微风，观赏诗意的风景，享受这种登峰造极的快乐享受。

目前地下湖一共有 7 条小溪，水流量可以达到 60 立方米，然而却没有一个天然的出水口。所以，游客乘坐的游船都是靠着地下水发电机推动前进的。地下湖瑰丽的风景和变幻莫测的奇光让所有游客都觉得仿佛身临其境，进入了童话世界，看来"地下童话王国"的美誉果然名不虚传。

奥地利著名音乐家莫扎特姥姥家就在湖边的小镇上。镇上的房子很漂亮，非常有特色。湖边的一块空地上有秋千、跷跷板、滑梯，家长可以让孩子玩这些游乐设施，并且讲述奥地利著名音乐家莫扎特的故事，对孩子进行音乐艺术的熏陶，让孩子度过一段快乐而充实的旅游时光。

**温馨提示**

每次游览的等待时间最多为 20 分钟

**亲子理由**

领略地下湖水精美绝伦的风景，对孩子讲述音乐家莫扎特的故事，进行音乐艺术教育

**不可不游**

**维也纳城市公园**

维也纳城市公园的花钟、草坪和鸟群以及音乐家雕像构成相当优美的景象，是散步和踏青的好去处。城市公园如同一座雕像的展览场地，在这里可以寻找著名古典音乐大师弗朗茨·舒伯特的雕像，让孩子享受音乐艺术的熏陶。

第九章 湖光艳影，大地碧绿的瞳孔 | 223

# 089

## 日内瓦湖
### 浮云间的蓝色沉淀

关　键　词：喷泉　爱的教育　卢梭岛
国　　　别：瑞士
地　　　区：瑞士日内瓦和洛桑的日内瓦湖
最佳旅游时间：夏季最佳

　　日内瓦湖，是瑞士与法国交界处的跨国湖泊，也是阿尔卑斯湖群中面积最大的一个。日内瓦湖湖面面积约 580 平方千米，海拔 370 多米，长约 74 千米，湖面最宽处为 13.7 千米，湖水最深处为 310 米。日内瓦湖是西欧著名的湖泊，有着悠久的历史文化，许多著名的诗人、作家都用优美生动的文笔赞美过它，讴歌过它的美丽。如法国大文豪巴尔扎克赞美日内瓦湖是"爱情的同义词"，英国著名诗人拜伦赞美日内瓦湖是一面晶莹的镜子，"有着沉思需要的空气和养料"，作家亨利·詹姆斯称赞日内瓦湖是"杰出的蓝色的湖"。假期家长带孩子去这一处闻名遐迩的湖泊旅游，在秀美的湖光水色之中领略大自然的美丽，无疑是一个很明智的选择。

　　在交通方式的选择上，游客可以先从国内坐飞机抵达瑞士的日内瓦市，然后坐巴士抵达日内瓦湖。从日内瓦市到日内瓦湖的另一个湖岸城市洛桑，每 20 分钟有一趟火车来回往返，耗费车程大约 1 小时。坐轮船要花费半个小时。

▼ 小女孩被湖边的天鹅和湖水上空的海鸥吸引了

　　日内瓦湖的形状如同一弯新月，月缺的部分与法国是相连接的。闻名世界的日内瓦湖湖面如镜子一样清澈明亮，水波涟涟，烟霞万顷。湖水终年平静，水不扬波，终年不结冻，永远都是那一片清澈的深蓝。湖南边是风光秀丽、白雪皑皑的山峦，湖北部是葡萄园和牧场。湖面港湾绿树林荫掩映之间，挺拔着一幢幢整洁漂亮的别墅，给日内瓦湖增添了婉丽的秀色。

　　游客可以租船，在日内瓦湖面上游划。湖畔上徜徉的群群白鸽将气氛渲染得和平又宁静。湖面上彩帆和游艇游

◀ 鲜艳盛开的花朵，蔚蓝的湖水与远处的雪山构成一幅精彩的风景画

弋，天鹅与水禽在湖面上搏斗戏水。风和日丽的日子里，微风吹拂，水雾飘浮不定，如同一件薄羽轻纱，使游客有仙气缥缈之感。湖中有人工喷泉，采用强大电力使湖水喷出一股高达150米的水柱，水柱如白练，直冲云霄。当泉水喷射到高空，水花又变为四处飞溅的云雾，在阳光照射下，有若隐若现的彩虹出现。夜幕降临之后，映照在湖面上的霓虹灯闪烁，使湖水大放异彩。湖面上漂浮的豪华游船举办的舞会和音乐会的歌声编织为一首波声与乐声交会的交响乐，别有一番情趣。

日内瓦湖畔有许多历史名胜古迹，湖中有一处卢梭岛，以法国大革命的思想先驱卢梭的名字命名。在卢梭岛旁边还建造了一座人权与和平纪念塔。昔日的小岛现在已变为了一座美丽的公园，是日内瓦人假日与周末散步的好地方。国际红十字会总部和联合国欧洲本部等国际组织都设立在日内瓦湖畔，附近还有一座20多米高的断了一只腿的木椅雕塑时刻在提醒人们：每隔20分钟世界就有一个人受难。在这里，家长可以讲述卢梭的事迹及国际红十字会精神，让孩子明白自由、博爱、健康是人类社会共同关注的主题。

**亲子理由**

在日内瓦湖，让孩子领略美丽的湖水风光，并且开展健康、博爱等的教育

**不可不游**

霞慕尼

霞慕尼离日内瓦的白朗峰仅有100千米，是世界上首屈一指的度假景点。霞慕尼山峰高度超过300米，镇上尽是森林木屋，站在平地就能欣赏终年不溶的冰河遗迹，还可搭缆车登上世界最高的缆车站，感受与日内瓦完全不同的阿尔卑斯山风情。

**温馨提示**

湖上的游船绕湖一周要12个小时，缓慢的船速让游人得以轻松地欣赏湖景甚至用餐。不过建议随便选乘一小段，体会一下湖光山色的浪漫即可，其余则可利用火车以节省交通时间

第九章 湖光艳影，大地碧绿的瞳孔 | 225

# 死海
## 地球的肚脐眼

关　键　词：漂浮　美容泥　盐分
国　　　别：约旦和以色列
地　　　区：约旦和以色列交界的死海
最佳旅游时间：4—10月

语文教材中有一篇课文名为《死海不死》，里面描述了游人漂浮在死海水面看报纸的悠然神态，令无数人心驰神往。课文所说的死海，位于约旦和以色列两个国家交界的地方，处在一个南北走向的大裂谷地区的中间地带，是闻名遐迩的内陆咸水湖，被世人称作"地球的肚脐眼"。死海是世界上海拔最低的湖泊，海拔负422米，是裸露的陆地最低点。死海长为67千米，宽约18千米，面积达810平方千米，最深处达380米，湖水盐度达300克/升，为一般海水的8.6倍。死海的湖中和湖岸富含大量的盐分，浓度达到30%，水中只有几种细菌和一种海藻，其他水生物很难生存。死海岸边和周围地区由于盐碱化的作用，很难有花草生长，所以人们把这个湖称为"死海"。在假期，家长带孩子去死海旅游，感受这个闻名世界的咸水湖的风情，无疑能给孩子留下快乐的假期记忆。

▼ 远处火红的大山，近处色彩不同的几处海水和晶白的海盐，这壮观的景象让人心驰神往

在交通方式的选择上，国内游客可以先坐飞机抵达约旦的首都安曼，然后选择包车或者乘大巴的方式抵达死海。游人在死海岸边徜徉，会深深感受到这里空气的新鲜。这里是全球空气中氧气含量最高的地方，紫外线辐射不严重，再加上干燥温暖空气的浸透，让游人不用涂任何防晒霜就可以美美地享受日光浴。在这里，强烈的阳光照射着死海，海水蒸发之后留下钾、钙、溴、钠和独特的氧化盐——镁。溴以独有的镇静疗效闻名于世，有着独特的精神疗养作用。

在清晨或者傍晚，游客可以慢慢远离人群密集的区域，在水面上平躺着，让耳朵半浸在海水中，产生一种被水温柔以待的快乐感觉。在这里，蔚蓝透明的天空恍如

◀ 悠闲地漂浮在海水上，还可以读书，真神奇

锅盖，笼罩水天一色蓝。熠熠闪光的洁白盐结晶，把碧绿的海水衬托得清澈透明。仰望蓝天，可以远眺约旦的红色山崖，仿佛这个世界唯一存在的个体就是自己，天、海、人都是连接为一体的。

死海浓度过高的盐分决定了它是旱鸭子的天堂。不会游泳的人都可以实现下水的梦想。游客可以走到湖水中，到过膝深度的地方，然后在水中蹲下来，把腿伸直，身体完全放松，让四肢慢慢离开湖底的盐晶。慢慢地，游客会发觉自己真的漂浮起来了。等到熟悉漂浮动作之后，可以到齐腰深的地方体验这一动作的快感。

在死海漂浮时必备的一个摆设道具就是报纸，任何人都会留下在死海漂浮看报纸的纪念照。在死海里是不可能游泳的，游泳健将很难在这里施展才能。因为在水中正常的游泳动作都会让水溅到嘴巴或者眼睛里，在盐分的作用下会十分痛苦。当盐水溅入眼睛的时候，游客可以准备一瓶矿泉水清洗。下水的时候，游客也可以准备一双涉水鞋。水底都是尖锐的盐晶晶体，容易硌脚，也容易使皮肤划伤。

死海不仅含盐量高，也富含各种矿物质。游人在海水中浸泡可以治疗皮肤病、关节炎等多种慢性疾病。在死海不能错过一个美容体验，那就是死海泥。用死海泥涂抹全身，可以去角质和美容，这也是著名埃及艳后克里欧佩特拉以及现在约旦王后拉尼亚·阿卜杜拉都钟爱的护肤秘方。家长可以尽情让孩子享受死海的特有风情，并且讲述《圣经》中有关死海的故事，让孩子获得中东文化的熏陶。

### 亲子理由

体验在死海漂浮的快乐感觉，感受中东文化的独特风情

### 不可不游

**安曼**
约旦首都安曼，是一座历史悠久、融传统与现代为一体的古城。它坐落在七个山头之上，气候宜人，景色秀丽。在街上，常常出现骆驼与汽车并行的情景。最引人注目的是当地贝都因人的装束，他们身材魁梧，头裹红方格布头巾，身穿黑色袍子。古色古香的氛围，使游人仿佛回到了中世纪。

> **温馨提示**
> 在死海会漂起来，只能仰面躺在水面上。死海的水有杀菌消毒的作用，身体有伤口者要考虑清楚忍耐力再决定是否下水。中午不要漂，以免晒伤。漂浮不要超过40分钟，否则会失水过多

第九章 湖光艳影，大地碧绿的瞳孔 | 227

# 091

## 的的喀喀湖
### 位于世界之巅的湖泊

关　键　词：野鸭子　浮动小岛　高原
国　　　别：秘鲁和玻利维亚
地　　　区：秘鲁和玻利维亚交界处
最佳旅游时间：春秋冬三季为宜

的的喀喀湖位于南美洲秘鲁和玻利维亚两个国家的交界处，海拔为3 820米，是世界上面积最大、海拔最高可航船的湖泊。在这个比我国西藏拉萨还要高的高原湖泊，可以欣赏到如大海一样宽阔的湖面，湖中央是玻利维亚和秘鲁两个国家的国界线。的的喀喀湖一直被印第安人奉为"圣湖"，四周被常年积雪的群峰环绕，一派祥和的湖光山色，风景旖旎。由于常年获得高山冰雪融水源源不断的补充，湖水一直都清淡不咸。再加上安第斯山脉的屏蔽，湖面一直不受冷气流的侵袭，水面终年流动不冻结。假期家长带孩子去这个号称世界之巅的湖泊旅游，在宁静清澈的湖光山色中，让孩子度过快乐的假期，无疑是很明智的选择。

在交通方式的选择上，国内游客可以先乘飞机抵达秘鲁的首都利马，然后从利马坐火车或飞机抵达坡罗依或马丘比丘，在那里坐一条经典的火车线路。在火车上，游客可以饱览南美洲安第斯山脉的美景，最后到达的的喀喀湖边的普诺城。需要注意的是，这一班列车仅在每周一、三、日运营。在普诺城可以坐当地安第斯山脉的主要交通工具——骆马抵达湖泊。然后，可以乘坐当地的新式小型渔船或者芦苇船游览湖泊。

坐在船上，游客可以仰望的的喀喀湖上湛蓝的飘浮着丝丝白云的天空，明媚的阳光暖洋洋地照在身上。海拔3 820米的的的喀喀湖有着独特、清新、稀薄的空气。空气透明度非常高，这使得最接近太阳本色的阳光飘洒在大地上，折射的光芒更为五彩斑斓、绚丽多姿。湖上的微风给游客带来丝丝的凉意。的的喀喀湖盛产鱼类和飞禽，游客可以观赏清澈透明湖水里的

▼ 水天一色，风景优美的的的喀喀湖

◀ 湖上身着民族服饰的当地女子在跳民族舞

鱼虾，以及在茂密水草中鱼儿游嬉的姿态。在香蒲丛中觅食的野鸭在游艇来临时如受到惊吓一样咯咯地扑棱着翅膀，飞向远方。其中有一种两翅五彩缤纷、头是墨绿色、面颊雪白名叫"波科"的野鸭子，它如同脸上涂了厚厚一层白粉的小孩，格外惹人喜欢。湖中岛屿众多，点缀在其中的是月亮岛和太阳岛，岛上地貌呈棕色和紫色两种颜色。其中最大的岛屿是埃斯特维岛，岛两头高、中间低，在凹下地方隆起了漂亮的旅社。站在岛上的旅客可以俯瞰湖面风光，优美的环境给人一种枕于水波之上，饱览山光水色的乐趣。

游客泛舟在的的喀喀湖面上可以看到三五户人家构成的"浮动小岛"在水上漂浮。这些左右漂浮的"小岛"不是陆地，而是用当地盛产的香蒲草捆扎成的。这一种香蒲草是多年生草本植物，叶子细长，高达2米，可以用来编织蒲包和席子。厚厚的香蒲草堆铺在一起会产生很大的浮力，当地的乌罗人就在香蒲草堆上盖起简陋的小屋。乌罗人就这样在香蒲草的世界中传承着民族风俗。平日乌罗人就用约2米长，可载4~5个人的用整根香蒲草捆扎的小筏在香蒲草丛生的浅水区中纵横驰骋，给游客别有一番风味的异域民族文化体验。

家长还可以带着孩子登上湖上的小岛，领略当地人的生活风俗，感受南美洲高原文化情调，这对增长孩子的见识是非常有利的。

**亲子理由**

让孩子在欣赏南美洲高原湖泊美景的过程中，体验当地土著人的文化

**不可不游**

**蒂亚瓦拉科文化遗址**
这处遗址位于的的喀喀湖东南21千米处，巨大的石柱耸立在地面上，组成气势雄伟的石林。这里还有许多形状奇异的巨大石像。石像身上好像刻有许多天文标记和远古星空图案似的，令人迷惑不解。据考古学家分析，这里可能是古代印加帝国祭祀太阳神的祭坛，是的的喀喀湖艺术的荟萃。

**温馨提示**

的的喀喀湖地处高原地带，需要做好防晒准备。早晚温差比较大，需要准备好衣服

第九章 湖光艳影，大地碧绿的瞳孔 | 229

# 第十章
# 动物世界，
# 欣赏生命的多姿与美妙

动物，是与人共存于地球上的生物。动物有着千姿百态的面庞、别具风格的姿态、多种多样的生活习性……在动物可爱憨态的行为举止中，孩子能领略世界上生物的丰富，感受生命的美妙，由此更为热爱生活，享受生命。本章搜集了世界上著名的动物园，那里有一流的动物饲养设施，完善的管理设备，收藏着各种奇珍异兽，原汁原味地还原着动物的生存环境，这个"第二课堂"能使孩子学到丰富的动物知识，获得宝贵的知识财富与人生经验。

# 092

## 广州长隆野生动物世界

### 孩子的动物世界

关　键　词：自驾区　爱心　动物教育
国　　　别：中国
地　　　区：中国广州市广州长隆野生动物世界
最佳旅游时间：全年皆宜

广州长隆野生动物世界，是以"保护野生动物、普及环境教育"为宗旨修建的一座大型动物园。长隆动物园是中国最具有国际水准、综合规模最大的国家级野生动物世界。它是全国首批国家级AAAAA旅游景区，占地面积100多万平方米，以大规模野生动物种群放养与自驾车观赏为特色，集动植物保护与研究、旅游观赏、科普教育于一体。在假期，家长带孩子去广州长隆野生动物世界旅游，可以让孩子观赏500多种、20 000多只来自世界各地的野生动物。这个动物的天堂能实现激发孩子的好奇心和想象力，开展丰富多彩的动物知识性教育，达到亲子游的目的。

广州作为中国一个特大城市，交通系统完善。国内游客可以选择飞机、大巴抵达，可以乘坐地铁三号线直达汉溪长隆站，然后从E口出，直接坐长隆免费车到达终点。车程约3~5分钟，自己步行需要十几分钟。在那里，游客将会看到整个长隆野生动物园分为步行游览区和乘车游览区两大部分。步行游览区在东半部分，饲养着来自世界各地的多种珍稀野生动物。乘车游览区在西半部分，放养着种类繁多且数量众多的各种野生动物。

▼ 动物园内在发呆的大熊猫，煞是可爱

长隆野生动物园的步行游览区，一共分为考拉园、大象园、百虎山、长颈鹿广场、儿童天地、非洲长廊、亚马孙雨林、猿猴王国、侏罗纪森林、非洲森林、丛林发现、雨林仙踪等部分。长隆野生动物园的乘车游览区，一共分为第1站澳洲森林、第2站美洲丛林、第3站西亚荒漠、第4站南亚雨林、第5站欧洲山地、第6站南非高原、第7站东非草原。长隆野生动物世界场景庞大的动物剧场表演一共有4场。游

◀ 动物园内的火烈鸟是孩子们最喜欢的动物

人可以观赏惊心动魄的大型白虎表演，驯兽师与凶猛庞大、尖牙利齿的狮子、白虎等猛兽同行共舞；也可以观赏身子笨重的大象滑稽搞笑的动作，明"猩"云集的"西游记"剧场也会令人开怀大笑；非洲动物表演剧场中，上演着各种非洲动物的现场秀，尤其是百兽奔腾、百鸟归巢最为壮观。

游人可以从园区的北门或南门进入动物园的步行游览区。在那里，可以观赏大熊猫、小熊猫、考拉、东北虎、白虎、孟加拉虎、美洲虎、獴哥、亚洲象、大赤袋鼠、金刚鹦鹉、大食蚁兽、环尾狐猴、黄猩猩、金丝猴、叶猴、黑犀牛、黑猩猩、白颊长臂猿、葵花鹦鹉、巨嘴鸟、大嘴犀鸟、金毛狮绒、倭河马……数量达到几百种，令游客大饱眼福。在这里，家长可以让孩子与各种动物亲密接触。如可以购买动物喜欢的食物，让孩子投食喂动物。当孩子用香蕉喂大象的时候，大象也会用鼻子举过头顶对孩子表示谢意。在长颈鹿广场，家长可以吩咐孩子拿着树叶，亲自喂给温文尔雅的长颈鹿。在动物区里，也可以让孩子给小猴子喂奶。当孩子目睹动物妈妈照顾动物宝宝的温馨场面，也会联想到亲情的伟大，培育孩子的感恩心理。

乘车游览区是完全根据动物的习性与生活地域营造的。它改变了传统的动物圈养方式，以区域为标准来放养动物。在全开放的环境中，动物能够自由自在地生活，人与动物在休闲与安全并重的状态下，相依相伴。游客进入动物的地盘，与动物擦身而过，体验与野兽同行之快感，这就是人与动物和谐相处的世界。

**亲子理由**

观赏各种动物，学到有关动物的知识

**不可不游**

**广州塔**

广州塔是广州市的地标与象征。塔上的488摄影观景平台是目前世界上最高的户外观景平台，亦是游客观光所能到达的至高点。立于城市之巅，360度俯瞰羊城全貌，沐浴着漫天星光，怀抱着城市的万家灯火，感受居高临下的王者之风。

**温馨提示**

直接入住长隆酒店，尽管住宿可能比其他附近的酒店要贵点，但是入住的话长隆旗下的四大景点都有很大的优惠，而且可以获得优先权（不用排队），酒店的大堂就有活生生的白老虎，可以边吃饭边欣赏白虎。同时他们还有专车接送

第十章 动物世界，欣赏生命的多姿与美妙 | 233

## 093

# 冲绳水族馆
## 海底生物奇妙世界

关　键　词：黑潮之海　深海探险区　状鲸鲨
国　　　别：日本
地　　　区：日本冲绳岛水族馆
最佳旅游时间：全年皆宜

坐落在日本冲绳岛北部的海博公园的冲绳水族馆，是冲绳海洋的微小缩影，饲养和展出了650种、75 000尾鱼类。它拥有着许多世界第一，如世界水吨位第一、鱼种类第一、鲨鱼种类第一、水槽厚度第一、世界上第一次在水族馆饲养自然珊瑚，以及被吉尼斯纪录的世界第一大有机玻璃的鱼槽。水族馆先进的设备，使人仿佛置身于清澈奇幻的冲绳海底世界，与色彩斑斓的海洋生物亲密接触。在假期，家长带孩子去这个规模庞大、种类繁多的水族馆中旅游，观赏丰富多彩的海洋生物种类，度过梦幻的海洋假期，是一件非常有意义的事情。

在交通方式的选择上，游客可以先从国内坐飞机抵达日本的冲绳，然后从冲绳的那霸机场坐120或111高速公交车到名护公交车终点站，然后再坐65、66或70路公交车抵达海博公园，全程大约耗费3.5小时。一进水族馆，游客仿佛置身于冲绳神秘莫测的海洋生物世界。生物种类的繁多、情境之奇幻、波光粼粼的珊瑚海水，使人不得不佩服冲绳海的魅力。

▼ 水族馆内的大鲨鱼是孩子们的最爱

美丽的冲绳水族馆一共分为水族馆和海边两个景区。水族馆是一栋4层楼高的建筑物，设计比较巧妙。在水族馆区，一共分为鲸鲨纪念碑、渔夫之门、触摸池、珊瑚之海、热带鱼之海、珊瑚世界、深层之海、水边生物群、美丽海剧场。游览顺序是先穿过4楼的渔夫之门，然后沿着台阶进入3楼的珊瑚大厅的入口处，从3楼沿路欣赏深海的海洋生物展品，之后步行到2楼与1楼，最后扑面而来的是冲绳大海。

在大海旁，就是冲绳水族馆的海边，一共分布着海豚剧场、海龟馆、海牛馆、海豚湖等景点。

▲ 水族馆吸引着大量的游客

在冲绳水族馆中，比较经典的是"黑潮之海"，这是一个拥有多项世界第一纪录的巨大水槽。在水槽里引进了来自琉球群岛海域黑潮的海水。海水湛蓝清澈，可以容纳水量750吨，养殖了3只镇馆明星——身长2米多的巨型鲸鲨，还有数只如飞碟形状的巨型鬼蝠鲼，一群群在冲绳海域黑潮洄游的原生鱼族悠游在海底水域之间，美得令人叹为观止。游客可以通过视频录像，观看喂食时段海洋生物抢夺食物的场景。驯养员丢了食物之后，鲸鲨先抢夺到了食物，然后一刹那高高立起庞大的身躯，张开血盆大嘴合着水吞掉食物，身体带来的巨大冲力，使水面形成了一个大漩涡。众多鱼群、水生动物在抢夺美食时在水中翻滚追逐、满场飞舞的情景让人叹服。这是一场真实又惊心动魄的现场秀，热闹非凡，动感十足，能令游客观赏海洋生物生动的倩影。

**亲子理由**

观赏千姿百态的海洋生物，学习海洋生物知识，激发热爱科学之热情

第十章 动物世界，欣赏生命的多姿与美妙

▲ 正在水族馆门前合影的一家四口

## 不可不游

**大草坪**

在美丽海边的一座断崖之上，可以欣赏一望无垠的大草原、海天一色的风景，以及被指定为冲绳县天然纪念物的植物群落。这里还有犹如大象头的隆起珊瑚礁形成的悬崖绝壁以及拍打岸边岩石的巨浪，大自然的雄伟气势尽收眼底！任何人都会被海水惊涛拍岸的壮丽景致所震撼。

冲绳水族馆比较特别的是"深海探险区"。在这里，游人可以观赏在黑压压昏暗光线无法穿透的深海底生存着的一群与世隔绝的生物。它们静静地卧着，身上散发着点点萤光，在黝黑的海底世界点缀出一片美丽的光彩。在墙上嵌着的一个个独立的水族箱，犹如"海中万象仪"，展现着在冲绳海域下栖息的海底生物的姿态。黑黝黝又神秘的深海区，能激发好奇心强的孩子去探索神秘未知的深海生物世界。

总之，在这个神奇又美妙的冲绳水族馆中，孩子能与海洋生物近距离接触，领会浩瀚海洋作为孕育万物生生不息温床的伟大，自然也会让孩子萌发热爱科学的热情，家长也实现了亲子游教育的目的。

> **温馨提示**
>
> 进入水族馆，在大厅处可排队与可爱的海豚造型合影。在结束参观出口处，可以免费领取拍摄的照片，或者付费购买更为精致的立体照片贺卡（1 200 日元）。

# 黄石国家公园

## 奇妙无比的国家动物公园

关　键　词：北美野牛　黄石湖　动物
国　　　别：美国
地　　　区：美国黄石国家公园
最佳旅游时间：5—11月

美国黄石国家公园（Yellowstone National Park）：简称黄石公园，这是世界上第一座国家公园。在1872年3月1日，就被称为保护野生动物与自然资源的国家公园，在1978年被列入了《世界遗产名录》。黄石国家公园是美国国家公园里景观最丰富的公园，在这里能观赏森林、雪山、湖泊、峡谷、河流，以及最奇特的景观——地热。同时，黄石国家公园保存着60多种哺乳动物品种，包括灰狼、灰熊和猞猁，还是美国最好的巨型动物群的栖息地。在假期，家长带孩子去美国黄石国家公园，领略独特的自然风景和品种繁多的野生动物，一定会丰富孩子的阅历，拓展知识面，达到寓教于乐的亲子教育目的。

◀ 黄石国家公园内的温泉吸引着很多游客

▲ 公园风景优美，牛羊成群

在交通方式的选择上，游客可以先从国内坐飞机抵达美国蒙大拿州的比灵斯市，然后在当地报团，或者租车从北门和东北门自驾游玩公园。游客在公园如画的河湖、草地和山林世界中，可以观赏黑熊、野鹿、麋鹿、野花栗鼠、野生加拿大鹅、白鹭、棕熊、野牛、大雁、鹈鹕等野生动物。在这里，最具有代表性的动物就是黑熊。游客经常可以目睹一只大熊身后跟着一两只小熊，如丐帮的帮主一样，拦住游人的汽车，伸出宽厚的熊掌向游人伸手乞食。那一种滑稽可爱的模样，实在令人忍俊不禁。在路上，还可以观赏成群的北美野牛闲庭信步。

黄石湖的水面是绝美的。黄石公园郁郁森林掩盖的湖水和皑皑雪峰，在晨曦与落照的光辉中，金碧辉煌，如天仙一样迷人。在风平浪静的季节中，湖水如镜子一样清晰地倒映着森林与群山美丽的倩影。黄石湖是美国最大的高山湖，它大约有 30 千米长，宽大概是 24 千米。湖岸曲折蜿蜒，连绵 180 多千米，水质清澈见底，蕴藏着超过 16 种鱼类，以及天鹅、鹈鹕、大雁、野鸭、鹤、苍鹭等在内的 300 多种鸟。在湖岸边可以观赏在觅食和散步的不同种类的鸟，还有在湖边一边喝水、一边环顾四周的黑熊等野生动物。

在黄石公园中，人们观赏最多的动物是美洲野牛。美洲野牛是北美大陆上体积最为庞大的动物，一头成年的美洲公牛会超过 1.8 米高，有 3.6 米长，体重超过 900 千克。美洲野牛的特征是全身长满了厚厚绒绒的棕色卷长毛，无论公牛还是母牛，头上都长着一对朝上弯曲的小尖角。虽然这些小尖角不威猛，却没有人会怀疑其强大的杀伤力。7 月，正好是黄石国家公园野牛的繁殖季节，在路上游人可以观赏成双的野牛"情侣"。最令人觉得有趣的，就是"情侣"行走的时候，都是母牛走在前面，公牛在后面寸步不离跟着，被重点保护对象是小牛。

在公园里，游人还可以目睹雄健的野生麋鹿在清晨的水池里，沐浴在阳光之下，或者在草地上休息。此外，游人还可以观赏普通潜鸟、丑鸭、鹗、游隼和黑嘴天鹅等 311 种鸟类。如此庞大的动物种类与千姿百态的动物姿态，一定会使孩子热爱动物、珍惜生命、热爱生活，亲子游的教育目的也就这样潜移默化地实现了。

## 亲子理由

在欣赏北美洲特有的野生动物的过程中，领会大自然的美景，并且对孩子开展尊重生命的教育

## 不可不游

**黄石峡谷**

流经黄石峡谷的河水陡然变急，被悬崖峭壁冲开，变为四溅的水花，形成两道壮丽的瀑布，直奔太平洋。瀑布看上去如同油彩涂成，颜色是那样鲜艳，牢固的色彩既不会被冲刷掉，也不会因风吹日晒而褪色。见过的人都不禁感叹这景色太奇异、太不可思议了。

### 温馨提示

❶ 最佳游览的方式是自驾与露营，如果实在没条件，建议报 1 日团或 2 日团，也无遗憾
❷ 国家公园温差较大，任何时候都要准备足够的衣服
❸ 1 日游可以从北门进，按照猛象热泉—黄石大峡谷—间歇泉区—黄石湖等顺序游览，大部分精华都在这一线

# 095

# 多伦多动物园

## 动物知识课堂

关　键　词：北极熊　原生态　热爱自然
国　　　别：加拿大
地　　　区：加拿大安大略省
最佳旅游时间：全年皆宜

多伦多动物园位于加拿大的安大略省，里面有 400 多种、5 000 多只野生动物。这些动物包括鱼类 1 900 只、无脊椎软体动物 250 多只、鸟类 750 只、爬虫两栖类动物约 250 只、鸟类 750 只、哺乳类动物将近千只，覆盖范围从美洲驼到澳大利亚袋鼠，从非洲狒狒到印度象，从南极企鹅到北极熊。此外，还有 500 多只从国外引进的动物。在假期，家长带孩子去加拿大多伦多动物园旅游，领略千百种美洲动物多姿多彩的风情，一定会让孩子过一个快乐而又充实的假期。

▼ 动物园内的企鹅很可爱呀

第十章　动物世界，欣赏生命的多姿与美妙

▲ 动物园吸引着很多游客带孩子游玩

**亲子理由**

观赏原生态的动物生长环境，学到丰富的动物学知识

在交通方式的选择上，游客可以先从国内坐飞机抵达加拿大的多伦多，然后坐地铁布鲁尔—丹佛士线到肯尼迪，然后乘公交 86A 向北自驾，从市中心沿着 Don Valley Pkwy. 到 Hwy. 401 东边，出口在 Meadowvale Rd., 沿途有标记。入园之后，游人将会看到这儿没有一排排动物笼舍。取而代之的是一座座现代化的玻璃展厅，里面是一片疏林掩映、绿草茵茵的原野风景，种植着悬葛垂萝与奇花异树。仔细一看，还可以观赏绿树林荫的大王椰子树，枝干参天的榕树，品种繁多的凤梨、勒杜鹃、蕉葵、红花羊蹄甲，色彩鲜艳的小乔木、灌木等，以及悬挂缠绕的常春藤、绿萝。游人还可以经常听到鸟类啾啾的鸣叫声，动物活泼乱跳的倩影，一派生机盎然的自然风景，令游客仿佛置身于南亚、非洲、南美洲等热带丛林、热带雨林之中，丰富多彩的植物与动物自然地展现独特的生命姿态。

倘佯于动物园的道路上，一串串由不同动物足迹连接起来的彩色标记，

一步步把游客引到动物的栖身之处,使人与被驯服的动物自然亲近。游人可以随处观赏在空旷草坪上傲然开屏的孔雀,领略在空中成群而飞的鸽子群的风采,时不时还有鸽子在游人的手掌心中啄食。在公园的交通干线上,成群结队的驯鹿和牦牛在散步,即使公园管理人员的巡逻车与满载游客的游览车在路上遇到它们,也要在一边等候,让着这些动物。

在多伦多动物园的溪谷区里,可以看到一片地形起伏、花草繁盛、林木蓊然的美景。在这里,空气中飘散着迷人的清香。白天鹅在澄净如镜的湖面上戏水,候鸟轻轻飞起,时不时在湖面刮起一道道水痕。水禽在湖水中轻轻游荡,梅花鹿、野羊等动物在丛林中出没。在这一片溪谷林地中,动物不受任何干扰,自然繁殖,留给游人的是一派质朴清幽的田园美景,具有自然淳朴的野趣。当冬天来临的时候,游人可以登上滑雪板,在积雪1米多的雪地上滑尽全园,在滑雪过程中可以观赏动物在雪地中觅食游戏的情境。

▲ 多伦多动物园也有来自中国的大熊猫

多伦多动物园还采用现代化的管理技术,原生态还原动物的生活习性。如在热带展厅与亚热带展厅,玻璃展厅都安装了自动调节湿度、光照与温度的装置,可以控制的生态条件,为动物创造了与原野生环境相似的生活条件。游人可以在水下展窗观赏夏天时北极熊钻出冰窟,在水中游泳觅食之情景;还可以欣赏它们在湛蓝的海水中开展追逐游戏,捕捉活食的场面。仿佛置身于海底世界之中,真实体验北极熊的自然生存状态。

多伦多动物园的特色,还在于是"全世界最大的课堂"。每一年都有老师带着成千上万的学生在这里开展动物学知识的教学活动,这是普及动物知识的大百科全书课堂。在动物园里有许多流动车、售书亭,对游人免费提供或出售各种动物学资料,让公众知道更多动物的知识与信息。在这里可以让孩子学到更多有关动物的知识,并且唤起孩子热爱动物、热爱大自然的情感,获得意想不到的精神收获。

### 不可不游

**皇家安大略博物馆**

这是多伦多最大的博物馆,皇家安大略博物馆里的藏品多达600万件。孩子们在这里可以聚集在蝙蝠洞、表演区,还能动手实践,增长知识。这座博物馆像一个巨大的水晶,透过玻璃窗,还会看到一座高高耸立的恐龙骨架。

> **温馨提示**
> 加拿大即使在夏季早晚也很凉,所以必须准备好长袖衬衫和毛衣或者风衣等。此外,对室外活动者而言,上下分身的雨衣和风雪大衣也是必携之物。

第十章 动物世界,欣赏生命的多姿与美妙 | 241

## 悉尼野生动物园

### 考拉袋鼠的微笑

关　键　词：考拉　袋鼠　澳大利亚动物
国　　　别：澳大利亚
地　　　区：澳大利亚悉尼
最佳旅游时间：全年皆宜

悉尼野生动物园，拥有总数6 000多只、大约130种的澳大利亚本土野生动物，是当今世界上最大的室内野生动物园，也是拥有澳大利亚动植物种类最多的室内动物园。在假期，家长带孩子去悉尼野生动物园旅游，在世界一流的室内生存环境中，观赏上千种动物。孩子在这里可以欣赏冰冷的爬行动物、凶残恐怖的猛兽、罕见的澳大利亚动物的风情，更能与拥有卡通形象、可爱至极的考拉熊亲密接触。在奇特梦幻的游玩过程中，孩子能获得非同凡响的旅游体验，留下快乐的假期记忆。

在交通方式的选择上，游客可以先从国内坐飞机抵达澳大利亚悉尼，然后乘城铁到布莱克敦下，然后转乘725路公交车抵达悉尼野生动物园。在那里，游客将会看到整个动物园分为十大展览馆：彩蝶飞舞、无脊天下、爬行异族、峡谷飞行、午夜迷踪、骄阳似火、热带雨林、袋鼠悬崖、澳洲宝贝和半干旱大草原。这里采用高科技的手段，把动物生存环境真实还原，让人无论何时何地都可以身临其境。每参观一个展览馆，都可以令游客获得刺激惊险的体验和梦幻般的感觉。

▼ 悉尼野生动物园内可爱的考拉在爬树

游客在昆虫馆里可以观看蜘蛛、蝗虫、蝎子、甲虫标本、象鼻虫、蜂巢剖面、蚁穴剖面、2厘米长的大蚂蚁等等。在爬虫馆，可以看到这儿一间间的动物栖居室，隔着玻璃窗，模拟着动物们熟悉的生活环境，里面栖息着澳大利亚本地的乌龟、蛇、鳄鱼等等。

整个动物园，是一栋2层高的建筑物。1楼游览区就是夜间动物馆。游客在漆黑的环境中，依稀可以辨清跑来跑去的小袋鼠、老鼠，还有栖息在枯枝上警惕地望着游人的猫头鹰。在游完夜间动物馆之后走上昏暗的坡

▲ 悉尼野生动物园大门外游人如织

道，可以观赏顶棚上星星发出来的点点亮光，那亮光如同夜幕星空一样迷人。充盈在周围的，是夜间各种动物活动的响声。

顺着曲折的坡道走到顶，就到了袋鼠馆。在这里，孩子可以看到桉树上可爱的考拉，有的在睡觉，有的在嚼着桉树叶，有的在玩耍。实际上，桉树叶有一种油，吃多了真的会"醉"，很多考拉在睡也是理所当然。此外，还可以观赏澳大利亚独特的袋鼠，在游人身边跳跃行走着。孩子可以亲自用手去喂袋鼠，抚摸睡得昏昏沉沉的树袋熊，与袋獾玩耍。看到这些可爱的小动物的憨态，孩子一定欢喜不已。在这里，家长可以讲述澳大利亚动物的习性，让孩子学到书本上没授予的知识。

野生动物园最后一站是蝴蝶园。在蝴蝶园中有一个小展厅，里面有两个圆形的陈列柜，展示着蝴蝶标本和飞蛾标本。每一个柜都陈列着几百种标本，显得十分壮观。在这里，游客可以观赏漫天飞舞、色彩斑斓的蝴蝶群，它们在空中翩翩起舞的倩影，一定会令游客获得视觉美的享受。悉尼野生动物园多姿多彩的风景，足以证明它是假期亲子游的最佳动物园之一。

**温馨提示**

澳大利亚使用的是220—240伏特、50赫兹的交流电。当地三脚插座与其他国家不同，所以最好能带一个转换器或万能插座

**亲子理由**

观赏可爱的考拉、袋鼠，让孩子学到澳大利亚动物的知识

**不可不游**

**考拉公园保护区**

考拉公园保护区这所小熊们的避难所犹如一块磁铁般吸引着各地的游人。在这里，可以抱住这种可爱的小东西，如袋鼠、袋熊、针鼹鼠、澳大利亚野狗和本土鸟类等。来到这里很方便，乘坐火车前往槟榔山，然后再搭乘631路、623路或633路公交车前往。

第十章 动物世界，欣赏生命的多姿与美妙 | 243

# 097

## 马赛马拉国家公园

### 热带动物之风情

关　键　词：非洲草原　热气球　野生动物
国　　　别：肯尼亚
地　　　区：肯尼亚西南部
最佳旅游时间：全年皆宜

马赛马拉国家公园，建于1961年，位于非洲肯尼亚西南部和坦桑尼亚交界的地方，与坦桑尼亚境内有名的塞伦盖蒂国家公园相互连接。马赛马拉国家公园的出名，在于其是世界上最著名的野生动物保护区。它占地面积为1 672平方千米，由绿荫繁盛的林地、开阔的平原、茂密的河岸森林构成，一共拥有450种鸟类、95种哺乳动物，是世界上最大的野生哺乳动物之家。这里有着动物种类最多、色彩最浓厚的一望无垠的大草原，人与自然、人与动物在优美的自然环境中得到奇妙的和谐相处。中央电视台著名的电视节目《动物世界》中很多镜头就是在这里拍摄的。在假期，家长带孩子去非洲这一座举世瞩目的野生动物公园旅游，体验独特的非洲原始文化、仙境一般美妙的草原日出和日落，忘却现代都市人一切的心事与压力，享受心灵中那一份快乐与轻松，是一个很明智的选择。

▼ 马赛马拉国家公园内悠闲散步的斑马

在交通方式的选择上，可以先从国内坐飞机到迪拜、多哈、亚的斯亚贝巴等地再转机到非洲肯尼亚的内罗，然后坐巴士抵达这一座著名的野生动物公园。在这里，任何人都会被草原粗犷之美所震撼。在一望无际的大草原上，随处可见长颈鹿、猎豹、大象、野牛等野生动物。草原上日出日落的曼妙风景，原始风景带来的感动和冲击，一定会令游客留恋不已。在深入动物保护区之后，还可以看到成千上万头美丽纤细的角马为了生存，从鳄鱼的血盆大口中奋勇挣扎而出，前赴后继地奔向生命的彼岸场景，任何游客都会觉得达尔文的"物竞天择"生存规律一下变得如此美丽又神圣。

在马赛马拉野生动物公园，野生动物在草原中自然

▲ 马赛马拉国家公园中疯狂的野牛过河时壮观的景象

生存，被严格又人性化地保护着。游客大多数是坐着传统的专用吉普车深入动物群之中。在游客入园的时候，每一个人都会有一份详细的游玩规定：如不能随便下车，不能以任何方式惊吓动物，喂养动物，等等。这里与传统动物园相反，游人的活动受到了有限的控制，动物根据固有的生活方式繁衍和生存，人与动物和谐相处。

当乘坐一辆旅客专用车驰骋在原野上，可以观赏马赛马拉国家公园连绵起伏的低矮丘陵、一望无垠的宽阔草原、散落在草原中的宽阔的金合欢树和波巴布树。有时可以欣赏成群结队的斑马群行走，走在其中的是南非羚羊，徘徊在左右的是粗壮的非洲水牛，大象也时不时地环顾左右。挡住道路的，乍一看仿佛是石头，仔细一瞧才知道是几只匍匐不动的旱龟。猛然间从丛林中窜出来的一两只猎豹、豺狗，让你觉得速度如闪电之快，也令你惊吓得一身冷汗。马拉河有许多纵横交错的支流与湖泊，景色绝美。在湖边可以领略

**亲子理由**

观赏罕见的非洲大草原野生动物，感受非洲草原文化，教育孩子热爱生命

第十章 动物世界，欣赏生命的多姿与美妙 | 245

▲ 落日下正在回家的大象与小象，好有爱呀

## 不可不游

### 察沃国家公园

这是肯尼亚最大的野生动物保护区。东察沃是一望无际的平坦草原，加拉纳河横穿其间。西察沃地形复杂多变，火山泉缔造了一片片生长着棕榈树的湿地，吸引大批水鸟和河马栖息。园内建有一个水下观察室，可欣赏河马"花样游泳"和鳄鱼潜伏等景色。

稀有动物红鹤的美丽倩影，千万只红鹤齐集在湖面上，或展翅高飞，或漫步于湖上。这一种落霞与红鹤齐飞，湖面共长天一色的情景，人生很难得见。在动物园里，游客还可以看到马塞部落的牧民。一座座用红土和牛粪混合搭建的小屋，在蓝天白云的映衬下格外耀眼。夕阳西下，马赛牧民发着粗犷的吆喝声，扬鞭而落，成群的牛羊结队前行，别有一番非洲草原文化的原始风情。

除了传统的吉普车游览之外，游客还可以乘坐热气球升空，在高空中鸟瞰大草原和繁多的动物群。夕阳西下，热气球升天，脚下的大地就一点点地变小，草原也由此染成了金黄色。动物、热气球与非洲大草原就变为了一幅色彩斑斓的壮美油画。如此美景，一定会令孩子心旷神怡，并由此热爱自然、热爱生命。

**温馨提示**

这个奇妙的地区绝对值得长时间逗留，建议参加为期2~3天的游览，跟着当地的向导一起观看动物迁徙

# 加拉帕戈斯群岛
## 野生动植物的天堂

关　键　词：象龟　海鬣蜥　自然
国　　　别：厄瓜多尔
地　　　区：厄瓜多尔加拉帕戈斯群岛
最佳旅游时间：全年皆宜

　　加拉帕戈斯群岛，又叫科隆群岛，以下简称科隆群岛，位于南美大陆以西1 000千米的太平洋上，隶属于厄瓜多尔。它的占地面积为7 500多平方千米，一共包括13个小岛和19个岩礁，由海底火山喷发的熔岩凝固而成。群岛的多样性气候和独特的火山地貌环境，使拥有丰富多彩习性的植物和动物都能够生存与繁衍，使这个岛屿变成了一个奇花异草荟萃、珍禽怪兽云集的场所，被世人誉为一个典型的"生物进化活博物馆"。19世纪英国著名的

▼ 寂静的群岛，美丽的风景

▲ 好大的仙人掌，带着孩子游玩在这奇美的风景内，多么惬意

**亲子理由**

欣赏海岛多样化生物和美景，增长见识、拓展知识面

生物学家达尔文来这个岛屿考察过，在研究多种动植物习性基础上提出了著名的生物进化论。在1979年，科隆岛被列入《世界遗产名录》。在假期，家长带孩子去科隆岛上旅游，可以观赏各种自然生活的、罕见的动植物，与野生动植物亲密接触，领略大自然淳朴原始的风情，让被现代文明玷污的浮躁心灵回归自然的宁静，孩子的童年也会留下快乐的记忆。

在交通方式的选择上，游客可以先从国内坐飞机抵达荷兰的阿姆斯特丹，然后从阿姆斯特丹转航班抵达基多，然后从基多坐飞机抵达瓜亚基尔，最后从瓜亚基尔到达科隆岛的巴尔特拉岛。虽然全程长达40个小时，但科隆岛的美景一定会令你觉得没有浪费时间。在科隆岛上，你将会发觉这里长

期都是与世隔绝，动植物都是自行发育生长的，没有任何人工雕饰，形成了独自的特征。散步在海滩上，可以观赏爬行的巨型陆龟，也叫象龟。它们数量繁多，大多数身长在1米以上，顶着巨大的龟壳蹒跚前进，脚类似大象的粗腿，号称龟中"巨人"，群岛加拉帕戈斯（西班牙语"巨龟"的意思）就以它命名。据说象龟是地球上最长寿的动物，基本都能活100年。在岛上，还可以看到非同寻常的动物品种——海鬣蜥。这是一种引起全世界关注的史前爬虫类动物。它以海草为食，能深潜入海水，一共有七个品种，每一品种都存在明显的差异，并且通过不完全发育的蹼足适应了陆面上的生活。

▲ 群岛沙滩上，瞧这一家子，多么温馨

此外，游客还可以观赏岛上罕见的飞禽走兽。在岛上许多物种都是举世无双、难觅其二的。这些动物中既有适合寒带生存的企鹅，也有适合热带生活的大蜥蜴。在岛上没有任何猛兽出现，动物都不怕人，人也没必要怕动物，人与动物就这样和谐地生存。

游客也可以坐轮渡，抵达科隆群岛中的波多黎各埃加斯岛。在岛上栖息着各种鸟类，达到58种，其中有28种鸟类是举世无双的。科隆群岛给达尔文研究生物的灵感，就在于岛上的成群结队的雀科鸣鸟，基本上都是南美洲大陆偶然飞抵岛上繁衍的后代。有些雀科鸣鸟具有典型的食籽喙；有一些鸟长着尖又硬的嘴，专门啄食仙人掌；还有一些鸟儿拥有小乳头似的鸟喙，专门叮食昆虫。

家长还可以带孩子去沙利文湾浮潜，邂逅神奇的海底世界。在沙利文湾海底，可以看到加拉帕戈斯龟、可爱的热带小企鹅，以及白鳍鲨……

总之，在科隆群岛，虽然没有奢华的五星级酒店的享受，也没有泛滥的奢侈品攀比，人看动物就如同对待自己的孩子一样平和亲切。人面对动物，只要看着动物质朴的脸庞，绝对心平气和。在这儿，只有阳光、沙滩、海浪、仙人掌，还有驾驭船只的老船长。孩子呼吸着太平洋海风中纯净的空气，能健康成长，度过快乐的假期。

## 不可不游

**基多**

基多，厄瓜多尔首都，地势高峻，气候宜人，四季如春，是理想的避暑胜地。基多市许多地方保留了印第安人和西班牙人的建筑风格，著名的有圣弗朗西斯科教堂、孔帕尼亚耶稣大教堂等。基多南端面包山的大型基多女神石雕像，被誉为基多人民争取独立自由的象征。

---

🔸 **温馨提示**

❶ 不要对园区的植物、动物，或其他自然对象触碰或移动，很不安全
❷ 不允许运输任何活的生物进入海岛，或从一个岛屿携带到另一个岛屿

第十章 动物世界，欣赏生命的多姿与美妙 | 249

# 099

## 克鲁格国家公园

### 野生动物的天堂

关 键 词：狮子 犀牛 大象
国 别：南非
地 区：南非德兰士瓦省东北部
最佳旅游时间：6—9月

克鲁格国家公园，位于南非德兰士瓦省的东北部、勒邦博山脉以西，是南非最大的野生动物园。整个公园长320千米、宽约64千米，占地面积为2万平方千米，是人类为了保护野生动物所建的动物园。在公园一望无际的旷野上，聚集着114种爬行类动物、147种哺乳类动物、49种鱼类、507种鸟类、336种植物，其中羚羊数量就超过了14万只，在非洲羚羊拥有数量排名第一。此外，克鲁格国家公园还有斑马2万匹、野牛2万头、犀牛2 500头、非洲狮1 200只、非洲象约8 000头，以及数量众多的鸵鸟、花豹、鳄鱼、长颈鹿、鸵鸟。在假期，家长带孩子去克鲁格国家公园旅游，让孩子欣赏非洲原野风情，领略非洲独有的动植物特色，达到观赏与教育的亲子旅游目的。

▼ 花豹路过，游人狂拍

在交通方式的选择上，游客可以先从国内坐飞机抵达南非的约翰内斯堡，然后乘1个小时飞机到克鲁格国家公园的斯库库扎机场，也可以从约翰内斯堡乘6个小时汽车抵达目的地。当抵达克鲁格国家公园时，游客会观赏到这里的壮丽风景，一种独特的异国情调迎面扑来。整个动物园位于一望无际的低纬度亚热带丛林低地大平原上，在无边无际的原野上活跃着非洲独有的庞大野生动物群，这一种气势磅礴的自然美非常震撼人的心灵。

游览克鲁格国家公园的方式，是自驾游或者坐公园的观光敞篷车。在车上，游人可以观察到公园的风景大多数是由岩石构成的开阔草原，还有一部分是灌木丛和森林，在北部有众多温泉，穿过公园的是6条面积不大的河流。

▲ 斑马过河，好美的风景线

有趣的是，经人们评论，在克鲁格国家公园动物的五霸是狮子、猎豹、水牛、犀牛、大象，五丑是河马、鳄鱼、秃鹰、土狗、油猪。坐在车上欣赏风景，都可以随时领略这五霸与五丑之风情。如五霸之一猎豹，它的脸颊有如同眼泪一样的斑点。豹子的前爪如同狗爪一样，是陆地上跑得最快的动物，当处在追捕动物之状态中，跑动速度可以达到每小时110千米。

公园拥有的非洲草原上百兽之王狮子的数量是1 200只，大部分都在公园中央栖息，附近还聚集着许多狮子钟爱的猎物——斑马和其他野兽。狮子群的活动受到不同的限制。狮子白天都喜欢躲在树荫之下，活动时间一般是清晨或者傍晚。

非洲水牛头上的牛角沉重又宽阔，在外表上如同人类蓄养的水牛，却比水牛要凶猛得多。游人观赏到的水牛群，一般由100头以上的水牛构成，有时甚至多达500头。非洲水牛的食物，主要是杂草。有时非洲水牛的公

**亲子理由**

欣赏种类繁多的非洲草原动物，树立保护野生动物的意识

第十章　动物世界，欣赏生命的多姿与美妙 | 251

▲ 克鲁格国家公园内风景优美，大象悠闲地在湖边漫步

牛会离群单独行动，攻击性很强。非洲水牛的凶猛，令非洲狮子都不敢轻易去招惹。

公园里拥有地球陆地上体积最大的动物——非洲象，数量为7 500~8 200头。大象每天吃的食物是树叶、草、树根、树皮等，对环境破坏的程度是比较大的。有时大象为了吸取更多汁液的树叶和树根，经常把一整棵树都推倒。非洲象最喜爱的食物应该是蝶翅树，这一种树主要聚集在克鲁格的象河以北。

当孩子在克鲁格国家公园诗情画意的草原上欣赏动物淳朴自然的憨态时，家长可以对孩子讲述克鲁格国家公园的创建故事。它建于1898年，由一位名叫保尔·克鲁格的总督所建，现在已成为世界上动物品种最多、自然环境保持最好的公园。在这里，动物都是原生态地生存，人与动物、人与自然之间实现了和谐与默契。家长可以教育孩子，关爱动物，人与动物和谐生存，这是人类社会发展的宗旨。这样，孩子获得了动物知识，也树立了保护野生动物的责任感。

## 不可不游

### 非洲博物馆

非洲博物馆位于南非的约翰内斯堡市，展示了几种非洲的生态环境，其中有长达2千米的道路横跨几个景观生态区。博物馆藏品的多样性体现了多元化的理念，令游客获得对非洲文化多样化的体验和无拘无束的轻松氛围。

> **温馨提示**
> 游客只能乘车在园区游览，不能下车，不能喧哗，惊扰了动物，后果不堪设想

# 迪拜水族馆

## 最大的海底生物剧场

100

关　键　词：海底生物　深潜　水獭
国　　　别：阿联酋
地　　　区：阿联酋迪拜
最佳旅游时间：冬季

位于阿联酋最大城市——迪拜的迪拜水族馆，是世界上最大的"水箱"之一，已被列入《吉尼斯世界纪录》。在迪拜水族馆中，有着许多世界之最。如高达 8.3 米、宽为 32.8 米的水族观赏幕墙，这是世界之最。在这里饲养着 33 000 多只海洋水生物，包括 400 余只鲨鱼、鳐鱼等，品种已超过了 85 种，这也是世界之最。在这里有独特的海底体验活动，如与海底鲨鱼"共处一室"、潜水、浮潜等娱乐活动项目，这也是世界水族馆之最。此外，水族

▼ 好壮观的景象，鲨鱼、海豚都来了

▲ 水族馆内正在参观的游客

馆还有号称世界上面积最大的丙烯酸观光隔离板。在假期，家长带孩子去迪拜的迪拜水族馆参观，在世界一流的服务中，观赏海底生物精彩缤纷的演出姿态，让孩子学到丰富的海底生物知识，无疑是一个很明智的选择。

在交通方式的选择上，游客可以先从国内坐飞机抵达阿联酋的第一城市迪拜，然后坐地铁到迪拜购物中心下车就可以到达。在水族馆，游人走进一条长50多米的海底隧道，可以看到在周围与头顶游弋着的水生动物与各种鱼儿，它们在水中展示着优雅的身姿，做着千姿百态的动作，如此色彩绚丽的世界使你仿佛进入了一个童话世界。

当走出了海底隧道，游人将直接坐电梯上2楼，这才是迪拜水族馆的真正入口，也是鱼最为集中的地方。在水族馆中，任何游人都会有真正置身

## 亲子理由

在世界一流的水族馆中，观赏海洋生物，学到海底生物知识

于海底世界的感觉。在这里有许多叫不上名字的热带鱼，如在南美洲俗称"摩托罗迪格洛"的红尾鲶鱼，以及一种濒临灭绝的密西西比河的匙吻鲟。匙吻鲟在游动的时候，经常长时间张着大嘴巴，如同庞大的口袋，模样非常可怕，然而并不凶猛。

在水族馆中可以观赏水獭的多种表演活动。这些水獭模样可爱，在驯兽师的指导下为游客表演丰富多彩的节目，特别适合孩子观赏。如观赏水獭画画，可以看到它紧紧握着颜料笔在纸上有规则地点着。它画的内容游人也看不明白，只是它的动作与反应特别滑稽搞笑，小朋友非常开心与喜欢。此外，小水獭在领地中四处乱窜，爬树潜水钻来钻去，忙得不亦乐乎的模样也是非常有趣，这些都适合孩子观赏。

▲ 迪拜水族馆内的水母鲜艳美丽

迪拜水族馆还为游客提供刺激的深潜服务。游客可以潜进大笼子里与鲨鱼共舞，这是非常惊险的娱乐项目。游客还可以坐玻璃底船，获取游览水族馆的快乐体验。如穿上救生衣站在一处双层平台上，可以近距离接触海洋世界，观赏周围种类繁多的海洋生物与珊瑚群。

此外，在迪拜水族馆中，游客还可以看到五花八门的海洋动物。如只能看不能摸的狮子鱼、小丑鱼、花园鳗、巨骨舌鱼、颜色与花纹非常丰富的海参海星、透明优雅的小水母，以及漂亮的花斑海鳗、长脚蟹、小鲨鱼、罕见的"活化石"鹦鹉螺，等等。

参观完 1 楼之后，在 2 楼有爬行动物的科普馆。在那里，游人能观赏蛇、蜥蜴、昆虫、阿拉伯沙蚺、金黄色的沙蛇等。

在水族馆里，游客可以在一个宽达 2.5 米，长为 90 厘米的栖息池里与宽吻的海豚一起游泳，这是独一无二的体验活动。最令游客惊讶的，就是可以观赏世界上濒临灭绝的洪氏环企鹅。这种企鹅身上的图案非常特别，毛色入水之后如鳞片一样光洁亮丽，非常显眼可爱。洪氏环企鹅在驯兽师的指导下表演节目，也令孩子非常喜欢。迪拜水族馆独具特色，堪称假期亲子游的最佳动物园之一。

## 不可不游

### 迪拜海豚馆

迪拜海豚馆位于迪拜湾公园，这是一个梦幻般的室内场所，宽吻海豚与海豹是这里的表演明星。这些迷人的生物在这里跳舞、表演杂技、玩球、穿过圆环，甚至还能表演画画。晚上的表演有舞台幻术与水上杂技。在特定的下午，还有机会与海豚一起游泳。表演前后，还可探索阿联酋唯一一座令人眼花缭乱的镜之迷宫。

---

> **温馨提示**
>
> 阿联酋是免税的，但多数酒店和餐厅会在账单上加收 10%~16% 的服务费，因此不用付小费；如果账单没有包括小费，就是要付账单的 10% 费用作为小费；出租车司机、搬运工、邮递员、清洗工等通常付 2 迪拉姆小费。

本图书是由北京出版集团有限责任公司依据与京版梅尔杜蒙（北京）文化传媒有限公司协议授权出版。

This book is published by Beijing Publishing Group Co. Ltd. (BPG) under the arrangement with BPG MAIRDUMONT Media Ltd. (BPG MD).

京版梅尔杜蒙（北京）文化传媒有限公司是由中方出版单位北京出版集团有限责任公司与德方出版单位梅尔杜蒙国际控股有限公司共同设立的中外合资公司。公司致力于成为最好的旅游内容提供者，在中国市场开展了图书出版、数字信息服务和线下服务三大业务。

BPG MD is a joint venture established by Chinese publisher BPG and German publisher MAIRDUMONT GmbH & Co. KG. The company aims to be the best travel content provider in China and creates book publications, digital information and offline services for the Chinese market.

北京出版集团有限责任公司是北京市属最大的综合性出版机构，前身为1948年成立的北平大众书店。经过数十年的发展，北京出版集团现已发展成为拥有多家专业出版社、杂志社和十余家子公司的大型国有文化企业。

Beijing Publishing Group Co. Ltd. is the largest municipal publishing house in Beijing, established in 1948, formerly known as Beijing Public Bookstore. After decades of development, BPG has now developed a number of book and magazine publishing houses and holds more than 10 subsidiaries of state-owned cultural enterprises.

德国梅尔杜蒙国际控股有限公司成立于1948年，致力于旅游信息服务业。这一家族式出版企业始终坚持关注新世界及文化的发现和探索。作为欧洲旅游信息服务的市场领导者，梅尔杜蒙公司提供丰富的旅游指南、地图、旅游门户网站、APP应用程序以及其他相关旅游服务；拥有Marco Polo、DUMONT、Baedeker等诸多市场领先的旅游信息品牌。

MAIRDUMONT GmbH & Co. KG was founded in 1948 in Germany with the passion for travelling. Discovering the world and exploring new countries and cultures has since been the focus of the still family owned publishing group. As the market leader in Europe for travel information it offers a large portfolio of travel guides, maps, travel and mobility portals, apps as well as other touristic services. It's market leading travel information brands include Marco Polo, DUMONT, and Baedeker.

**DUMONT** 是德国科隆梅尔杜蒙国际控股有限公司所有的注册商标。
**DUMONT** is the registered trademark of Mediengruppe DuMont Schauberg, Cologne, Germany.

**杜蒙·阅途** 是京版梅尔杜蒙（北京）文化传媒有限公司所有的注册商标。
**杜蒙·阅途** is the registered trademarks of BPG MAIRDUMONT Media Ltd. (Beijing).